沖縄ことばの遊《あし》び庭《なー》

目次

序

もとより僕は歌や言葉の専門ではない。歌や言葉が好きなだけである。僕はアルコールの研究家でもない。しかし酒の味は人並みに分かる。好きこそものの上手なれと言う。僕は上手ではないが歌と言葉の中にいる。

改めて沖縄の歌や言葉を考えてみたい。わらべ歌、民謡・俗謡、毛遊び歌、綱引き歌、そして沖縄芝居、黄金言葉《ことわざ》、むぬあかしー《なぞなぞ》、よく耳にする言葉等の意味や背景を探ってみたい。あるいはまた南米へ移民したウチナーンチュの言葉を見てみたい。

歌や言葉には歴史や民俗文化が織り込まれている。時代の歴史、行事や習俗、そして何よりも沖縄の人々の心が表現されている。歌や言葉は沖縄を記憶するアルバムである。そのアルバムを開いて見ようと思う。

第一章　わらべ歌

わらべ歌は子どの為の歌である。わらべ歌には子守歌や教訓歌等がある。身の回りの自然や行事が歌われている。星、月、虫、動物、伝統行事、家の手伝い等が子守歌や教訓歌として歌われている。わらべ歌は自然と共にある暮らしを歌っている。かつての沖縄の暮らしを歌っている。

子ども達はわらべ歌を通して自然や暮らしを学ぶ事になる。人は誰でも子どもから大人になった。その中で僕たちはわらべ歌から多くを学んできた。なにげなく親んだわらべ歌は僕達の血や肉となっているに違いない。

わらべ歌には理屈や理論はない。文学や芸術もない。ただ、分かりやすく優しい言葉で呼びかける。だから誰にでも親しまれる。子どもの歌だけどその世界は深く広い。改めて慣れ親しんで来たわらべ歌の世界を覗いてみよう。

一、うーしーもーもー　　牛さんが田んぼへ行くよ
うーしーもーもー田《たー》かいどー　　牛さんが田んぼの水をこぼしてしまった
田《たー》ぬ水じぇーくんけーらち　　昼ごはんも夜ごはんも
あしばんゆうばん　　我慢しないといけないよ
をぅがらしよー

牛を幼児語で「うーしーもーもー」と言う。もーもーは牛の鳴き声である。牛さんが田んぼの水をこぼしてしまった。だから昼飯も夕飯もないよ。ここで「田ぬ水」とあるのは「ターグの水」のあやまりではないかと思う。

ターグは桶のことで桶の水をこぼしてしまったという意味だろう。持参して来た桶の水をこぼしてしまった。だから昼飯も夕飯も作れないからひもじいのを我慢しないといけないよ、という意味だろう。これは水を大切にしなさいと言っている。

牛が人に引かれて畦道を行く様子や田植え作業の風景が見えるようだ。大人が牛の手綱を引き後ろからついて行く子ども。この「うーしーもーもー」には牛や馬や山羊や豚と共存したかつてのムラの暮らしの原風景がある。

《畦道を　農夫に引かれ　牛が行く》

＊以後、項目最後の《　》は筆者

＊田ぬ水→「ターグ」（飼い葉桶）ぬ水。飼い葉桶とは動物の飼料を入れる桶。

＊もーもー＝蝉の幼虫を「もーもーぐゎー」と言う。蝉の幼虫は牛に似ているからだろう。

＊南風原の黄金森公園の東側一帯のハルナー（小字名）を田原《タバル》という。田んぼ地帯と言う意味である。

＊余談だが男という字は田と力から出来ている。力は農具のスキのことである。スキで田を耕すのが男なのである。

＊おじぃおばぁの名前に「牛」がある。男はウシ、女はウシーである。寡黙でよく働く牛のような人

になってほしいと言う願望の名前なのだろう。

*くんけーらち＝ひっくり返して。僕の喜屋武では「くんてーすな」（減らすな・無駄に使うな）と歌った。「田の水を無駄に減らしてしまうと稲が実らず昼飯も夕飯もないよ」の意味になる。

*あしばんゆうばん＝昼飯・夕飯。おやつはアシーという。朝飯はストゥミティ。ストゥミティは日本古語で「冬はつとめて」と枕草子にある。

*をぅがらす＝御飯抜き。ひもじくさせる。

*丑＝うし。干支の二番目（子丑寅・・・）。方角では北北東。時間では午前二時。僕は丑（牛）年生まれだから寡黙で真面目で働き者ということになる。

二、とーとーめーさい　とーとーめー

とーとーめいさい　　お月さま

とーとーめーさい　　お月さま

うんじょーまーかいめんせーが　　あなたは何処に行くのですか

にしぬ海かい降《う》りてぃ　　西の海に行って

ガニ小捕《がにぐゎーとぅ》ぃがどぅ　　カニを捕りに

うんじょーめんせーるい　　あなたは行くのですか

月は動いて移動している。真上にあった月がいつの間にか西の方の海に沈んでしまった。お月さんあなたは西の海でカニを捕るのですか。海に沈む月に無邪気に疑問を問いかけている、いかにも子どもらしい歌である。

地球は廻っているという道理を知らないこども。月は自らの意思で動いていると子どもは思っている。西の海に月が沈む（降りる）のはカニを捕るためと子どもは想像する。子どもにとってカニは食べる為ではなく遊び相手なのだろう。

月にはウサギがいると信じている子ども。かぐや姫は月から来たと思っている子ども。欠けては満ちては欠けるお月さま。地球の夜を明るく照らす聖なる月。月は「とーとーめー」(尊い御方)なのである。

《とーとーめー　何処に行くのと　聞く子ども》

＊とーとーめー＝月のこと。「尊い」が語源。月を神様のように崇めた表現。祖先を祀る仏壇の位牌も尊いから「とーとーめー」と言う。拝む際は「うーとーとぅ」（あー尊い）と声を発する。

＊うんじゅ＝あなたさま。御主《おぬし》。

《シーブン一》月の力

健康な人の呼吸数は一分間に一八回である。そして寄せては返す波の回数も一分間に一八回。潮の満ち引きは月の引力の作用である。呼吸数一八の倍三六は体温である。その倍の七二は脈拍数でその倍の一四四は血圧でその倍の二八八は人が誕生するまでの月日である。このように人の命が月の引力に支配されている。

スク（小魚）は旧暦の三月三日に寄せて来る。そして、サンゴの産卵は旧暦の一五日の満月に行われる。さらに人が誕生する時刻は満ち潮の時間帯で人が死亡するのは引き潮の時間帯であると言う俗信が沖縄を含め全国にある。

この俗信に興味を持った看護婦さんがいた。彼女は産婦人科医院で赤子の誕生時刻を新聞の死亡広告でその時間を調べた。その結果、赤子は満潮時間帯に誕生し人は干潮時間帯に死亡する割合が高いことが分かった。

このように月の引力が人の命に深く関わっている。人だけでなく海のスクやサンゴも月の引力が深く関わっている。観月を楽しむだけの月ではない。やはり、月は人間や生き物にとって「とーとーめー」（尊い）なのである。

＊血圧一四四＝日本の正常値は一二〇〜一三〇であるがアメリカは一四四。一四四は正常なのである
＊二八八＝人は一〇月一〇日（とつきとうか）で生まれる。月齢の一月（ひとつき）は二八日なので一〇月で二八〇日。後の八日は一〇日に限りなく近い。
＊赤子が満潮時に誕生するのは満潮時には産道が開くからではないかと言う。但し科学的には証明されていない。一九七四年（昭和四九）〜一九七八（昭和五三）年までの五年間、松山日赤病院で四五九〇例の出産を調査したが満潮時出産は特に確認できなかったと言う。しかし、だからといって俗信が間違いと言えないのではないか。科学で証明できないのはいくらでもある。この

俗信は多くの経験から出た結果なので無視出来ないのではないか。この俗信は全国に流布しているのである。

＊看護婦さんの死亡時刻の調査は南風原文化センター所蔵の新聞で行った。

《シーブン二》月の歌

欠けては満ち満ちては欠ける月に対して人間は古くから様々な思いを抱いてきた。月からやって来たかぐや姫、月の中のウサギや天秤棒を担ぐ農夫、さらに農業暦や漁業暦は月暦（旧暦）である。かつて月を中心とした暮らしから多くの歌が生まれた。

月々に　月観る月は　多けれど　月観る月は　この月の月（読み人知らず）

月《ちち》や昔《んかし》ぬ　月やしが　変わてぃ行くむぬや　人《ひとぅ》ぬ心《くくる》（読み人知らず）

「雨降りお月さん」「月の沙漠」「十五夜お月さん」「月見草の花」「お月さん今晩は」「月の法善寺横丁」「月よりの使者」「月光仮面」「月形半平太」「大利根月夜」等の童謡や歌謡曲、そして和歌や琉歌に詠まれた月は何時でも人々の身近な存在なのである。

《シーブン三》月と不死

ロシアの民俗学者ニコライ・ネフスキー著「月と不死」という民俗誌がある。宮古多良間島の民話を解説した名著である。

「月と太陽は夫婦であった。月（妻）は太陽（夫）より明るかったので嫉妬した太陽が月を後ろから突き落とした。月は泥だらけになった。桶に天秤棒を担いでやって来た農夫がそれを洗ってやった。月はお礼に農夫を月に招いた。月の影が天秤棒を担ぐ男に見えるのはその為である」。

今、月を目ざして競って人工衛星を打ち上げている。月に行ったついでに天秤棒の農夫を訪ねてその後の話を聞いて来て欲しいものである。

＊ニコライ・ネフスキー＝一八九二年（明治二五）〜一九三七年（昭和一二）。一九一五年（大正四）に日本に留学し宮古島の民俗を調査した。「天の蛇と虹」の著書もある。組踊「手水の縁」をロシア語の翻訳に没頭したらしいが完成したかどうかは不明。完成していればモスクワの劇場でロシア語の「手水の縁」が上演されていただろう。ネフスキーは日本人女性と結婚しロシアに帰ったがスパイ容疑で妻と共に処刑された。

三、

イサトゥイサトゥ　　カマキリさんカマキリさん
イサトゥイサトゥ
ぬーくゎいが　　君は何を喰っているか
まーみぬふぁーどぅ　　豆の葉を
くゎーとーる　　喰っているんのだよ
だんずかだんずか　　道理で道理で

くすひっちゃら

糞垂れたのだね

イサトゥ、つまりカマキリは手ごわい相手だ。誰にでも向かって来る蟷螂之斧《とうろうのおの》だ。そのカマキリに子どもが話しかける。君は何が好物かと。カマキリは攻撃することなく子どもの質問に答える。好物は豆の葉っぱだよと。

イサトゥーを「豚《うゎ》とぉーやー」という。豚とケンカするという意味である。豚小屋にイサトゥーを投げ込むと豚に向かって攻撃を仕掛ける。小さなイサトゥーが勝ち目のない豚に向かって立ち向かう。まさに蟷螂之斧である。

《両手に斧　豚に向かって　ボクシング》

《シーブン三》蟷螂之斧《とうろうのおの》

弱者が自分の力もわきまえず強者に立ち向かうこと。蟷螂とは何が来ても逃げないこと。斧はカマキリの爪。カマキリの語源は鎌《カマ》を持つキリギリスという説がある。日本のある地域では拝み虫、イギリスでは祈り虫というそうだ。なるほど拝んだり祈ったりしているように見える。

カマキリの爪は攻撃する為にあるのではない。あくまでも「エサ」を捕獲するためにある。勝てないと知りつつ豚に立ち向かうイサトゥ。その勇気に尊敬の念を込めて「勇闘《いさとう》」の漢字を捧げよう。最近、彼らの雄姿を見たことがない。元気にしているだろうか。

四、ジンジン

ジンジンたーくくぇー　　　　ホタルは蛸（桶）の水を食べるよ
さかやぬ水くゎてぃ　　　　酒屋の水を飲んで
くぅくゎて　　　　粉（酒粕）を食べて
うてぃりよー　ジンジン　　　　酔ってホタルさん落ちなさい
さがりよー　ジンジン　　　　飛んでいけ！ホタル達よ

ジンジンはホタルの幼児語。「ジンジンたーくくぇー」の「たーく」は、蛸ではなくターグ（桶）ではないかと思う。まさかホタルがタコを喰う訳がない。桶の水にホタルが群がって水を飲んでいるという意味なのだろう。

酒屋の水、つまりお酒を飲ませたら酔ってフラフラして落ちてしまうはずだ、どこかに飛んで行ってしまうはずだ。夏の宵、ホタルに呼びかけるようにあるいは歌いながらホタルを追っかけて行く子ども達。南国の風物詩である。

我が家の井戸の側に「ホタルギー」（ホタルの木）があった。夕暮れになると無数のホタルが飛び交いホタルの光りが弧を描いて飛び回る。洗面器を置いておくと多くのホタルが落ちて来る。それを捕まえてウムニーに閉じ込め「ホタルの光」にする。

周辺からホタルが消えて久しい。子や孫たちはもしかしたらホタルを知らないかもしれない。いや、牛もカマキリも蛙も鮒も実物を見たことがないかも知れない。だからか逞しい自然児《うーまく》はいなくなっている。夏の宵、子どもがジンジンを追うことはもうない。

《夏の宵　ジンジンピカピカ　弧を描がき》

＊ホタルの光は点滅する。その繰り返す点滅の様子を「ジンジン」と表現したのではないか。
＊僕の喜屋武ではジーナーという。点滅する様子が「ジーナジーナ」なのだろう。
＊うむにー＝芋煮。芋をふかして練ったもの。
＊ホタルの語源はヒタレ（火が垂れている）、即ち「火が飛んでいる」。確かにホタルの光の点滅は火が飛んでいるように見える。
＊うーまく＝やんちゃな子。
＊王府時代、泡盛の生産は首里城下の赤田、崎山、鳥小堀《とぅんじゅむい》の首里三個《しゅりさんか》が中心だった。「酒屋ぬ水くゎてぃ」とあるのでこの「じんじん」の歌はここで生まれた歌なのだろう。

五、堂小屋敷《どぅぐゎーやしち》ぬタンメー

堂小屋敷ぬ　タンメーさい　　堂小屋敷のおじぃさんよ
アタビーとぃがや　めんそーらに　　蛙捕りに行きませんか

ウムニーかむくとぅ　まっちょーれ　　芋煮食べるから待ってくれ
またんまたん　はぎタンメー　　待たぬ待たぬ禿じいさん早く来て

堂小屋敷は久米村《くにんだ》の片隅にあった貧民街で現在の那覇の福州園辺りである。小さなお堂があったことから堂小と呼ばれた。久米村に住む生活困窮者を救済する為に設けられた区域が堂小屋敷である。士族でありながら困窮し蛙や鮒を売って生計を立てる。この歌に出て来る禿じいさんも芋を食べて蛙を捕っている。心身ともにみじめな暮らしだったのだろう。堂小屋敷には唐船に乗って遭難した船員たちの遺族等が暮らしていたと言う。

「久米村ビタタイ」という言葉がある。久米村の祖先は中国から来た人たちで王府に重用され主要な役人に登用された。そして、高級な絹の衣を着けて那覇の街を闊歩した。「ビタタイ」とはこのような久米村の人たちの誇り高きエリート意識のことを言う。

五歳下の従弟がいた。赤子の時、オッパイもミルクも口にしない、夜泣きばかりで痩せ細った。病院に行っても何の病気か分からない。為すすべがない。万策尽きて物知りのおばぁさんに聞いたら蛙を食べさせなさいと言う。

現在の南風原町中央公民館辺りは田んぼが広がり蛙や鮒が沢山いた。僕たちは病弱な従弟の為に蛙を捕って食べさせた。二週間ほどでみるみる元気になった。夜も泣かずに寝るようになった。笑顔も見せた。体もどんどん大きくなった。

医者でも手に負えない病を蛙が治した。蛙をアタビチャーと蔑んではならない。従弟は成長してバスケットボールや高跳びの選手となった。蛙のように高く飛んで何回も優勝した。さらに一番の得意は蛙飛びだった。蛙の血が流れていたのだろう。

戦前から戦後にかけて村井戸《むらがー》で鮒を飼って商売する人がいた。蛙や鮒は伝統的な滋養薬なのである。堂小屋敷の禿げタンメーの蛙や鮒は多くの病人を救ったに違いない。瀕死の従弟を救った優れた医者は蛙なのだから。

《アタビーさん　ヤンメームンの　救世主》

＊アタビー＝蛙。「あった飛び」（急に飛び出す）が語源ではないかと勝手に推測している。
＊堂小屋敷のタンメーがアタビーを獲った場所はガーブ川のある牧志公設市場付近だと言われる。当時、公設市場や平和通り辺りは豊かな田園地帯だったのだろう。
＊アタビーの調理法はシンジムン（蛙の出し汁）である。
＊鮒＝ふな。たーいゆ。田んぼの魚。
＊ウムニー＝煮た芋を練ったもの。
＊アタビチャー＝蛙のようなヤナカーギーで役に立たない人を蔑む言葉。
＊クニンダクンクルバセー＝クンクルバセーは転ばしあい。久米村は競争心が激しいこと。久米村はビタタイ（誇り高く）もクンクルバセー（競争心）も激しい。堂小屋敷のタンメーは「クンクルバセー」からも「ビタタイ」からも疎外されたアタビーを捕る貧しい久米村人（クニンダチユ）なのである。「堂小屋敷ぬタンメー」のようにアタビーで生計を立てる人は他にも複数人いたのではないか。

＊ヤンメームン＝病める人、病弱者。

六、あちゃからあさてー
あちゃからあさてー
ユッカヌヒー
はなずみてぃさじや
ねーやびらん
はーちまんぬあやーめー
すーみてぃたーぼーり

明日か明後日の二・三日後は
待ちに待ったユッカヌヒーだよ
私は花染め手拭が
ありません
どうか八幡のおばさん
花染め手拭を染めて私に下さい

ユッカヌヒーは旧暦五月四日のことである。各地で賑やかなハーリーが行われ子どもにはおもちゃを買って貰える嬉しい日である。僕が小学校の頃までは学校も午前中で切り上げて那覇の町に遊びに行ったものである。

歌のお姉さんはハーリーを見に行きたいが肝心の花染め手拭がないので染屋の八幡のおばさんに花染め手拭を所望する。花染め手拭はハンカチのことで出かける時のお姉ぇさんたちの身だしなみであり、現代のハンドバックのようなものである。

小学校三年の頃、母に連れられて行った糸満のハーリー。母が買ってくれたアイスボンボンの汁で白い上着がまっ赤に染まった出来事が忘れられない。六五年前のユッカヌヒーの母との懐かしい思い出である。

《ボンボンを　ハーリー見ながら　吸《す》っぷって》

＊あやーめー＝お母さん、士族の言葉。吾母親前。庶民言葉はアンマー。吾母《あも》。

＊あちゃからあさてぃ＝明日か明後日。二、三日後のこと。

明日からぬ明後日《あさてぃ》　里が番上り　谷茶越《たんちゃこ》す雨ぬ　降らなやしが（恩納ナベ）

（二、三日後に彼氏が出張で首里に行ってしまう。谷茶ムラが水没するような大雨が降れば行かずに済むのに）

「谷茶越す」を「滝ならす」にした歌もある。ナベの恩納ムラから首里へは谷茶を通らなければならない。だから「谷茶越す」が正しいようだ（琉歌集・島袋盛敏）。

＊ハーリー＝旧五月四日に行われるクリ舟の競争。那覇、糸満、具志頭、奥武島など県内各地で行われる。ハーリー見学に行く様子の「スーヤーのパーパー」（塩屋のおばぁさん）という話芸がある。

＊アイスボンボン＝ゴム風船に入ったオッパイのような形をした氷菓子。ボンボンはフランス語の幼児語で美味いという意味。ポルトガル語でもボンは美味しい。ムイト・ボンはとても美味しい。アイスボンボンは美味い氷菓子という意味になる。

＊吸っぷって＝ボンボンをチューチュー吸うこと。

七、あちゃーアブシバレー

あちゃーやアブシバレー　　明日はアブシバレーだ
いいポーポーくゎゆんどー　　美味しいポーポーが食べられるよ
やーぬんなりよー　　来年も豊かに実っておくれ
たかいちゅばー　　野イチゴさん

アブシバレーとは、畑の畦道の草や害虫を取り除く行事。アブシは畔、バレーは祓うという意味である。旧暦五月に行われる。田や畑の害虫を海に流して豊作を願う行事でポーポーが定番の御馳走である。

有名な読谷村楚辺《そべ》のポーポーはアブシバレー御願の終了後に行われる「馬走《うまは》らしー」（競馬）の際の人気のおやつで飛ぶように売れたそうだ。この時期、野山には野生の苺が実り子どもたちが競って食べた山の幸である。

それにしてもユッカヌヒー、アブシバレーと行事が続く沖縄である。その前の三月には三月三日（さんぐゎちさんにちー）の浜降り行事もある。六月にはさらにはウマチー、綱引きと続く。沖縄は神様と共に生きている。

《アブシバレー　ポーポー食べて　虫祓《むしばれ》えー》

＊カチャシー歌に「アブシ」がある。

あぶし越《く》ぃる水や　うやぎりば止《とう》まる　一七、八頃ぬ　止《とう》みやならん

(畦を越える水は盛土すれば止められるが若い娘の恋する心は止めることが出来ない)

＊ポーポー＝小麦粉を焼いた生地に油味噌を塗ってクルクル巻いた沖縄伝統のお菓子。沖縄風クレープ。黒糖入りはチンピンという。最近は黒糖入りポーポーが流行っている。

＊たかいちゅばー＝野イチゴ。「いちゅばー」は「いちゅび・イチゴ」のこと。民謡「イチュビ小節」がある。

＊年中行事の多い沖縄だが一〇月にはない。「あちはてぃ一〇月」と言う。「あちはてぃ」とは「退屈な」と言う意味。行事がないから退屈なのである。ヤマトでは一〇月を「神無月《かんなづき》」と言う。神様が出雲に集まり地域には神様がいなくなるのである。出雲で「全国神様会議」があるのだろうか。出雲では神様が集まるから「神在月《かみありつき》」と言うようだ。

八、花ぬカジマヤー

花ぬカジマヤーや　　花のような風車が
風連《かじち》りてぃみぐる　　風を受けてぐるぐるまわっている
ティントゥン　テントゥン　　マンチンタン
うねたりウスメー　　さぁ長老達よ

うみかきれー

見事なこの風車をご覧あれ！

九七歳のカジマヤー祝いで歌われる「花ぬカジマヤー」である。カジマヤーとは数え九七歳のお祝いの事。沖縄では一二年毎に生まれ年を祝う「トゥシビー」（生年祝い）がある。カジマヤーは人生最後のトゥシビー（生年祝い）になるのでムラ挙げて盛大に行われる慣習がある。

かつては当人を先頭に家族や親戚、区民が盛大に村内《むらうち》をパレードして祝った。その際にカジマヤーの当人を白装束の衣装で墓の入り口まで連れて行ったと言う。「仮の葬式」である。これは一旦死んだ当人が子どもに生まれ変わり改めて新しい人生を生きることを意味する。命の再生である。

九七歳の老人が子どもに生まれ変わった印として風車《カジマヤー》を持って人生最後の節目を祝うのがカジマヤー祝いである。僕は八五歳のトゥシビーまで後九年、八八歳のトーカチまで後一二年、カジマヤーまで二一年。夢のまた夢か。

《カジマヤー　命の再生　子に還えり》

＊カジマヤーは九七歳の「生年祝い」の意味だけでなく「風車」のことでもある。カジマヤーは風がまわるという意味。

＊ティントゥンテントゥン＝三線の音を表している。囃子言葉。

＊マンチンタン＝万金丹。マンキンタン。伊勢参りのお土産で流行した万能薬。「はなくすまるめてマンチンタン」（鼻糞丸めて万金丹）という遊びがある。「ダルマさんが転んだ」の沖縄版である。

万金丹は鼻糞を丸めたようなものという意味である。この「花ぬカジマヤー」の歌では調子を取る為で特に意味はない。

＊ウスメー＝おじぃさん。御主前。

＊道ズネー＝ムラを巡るパレード。

《シーブン三》数え年

生まれたら一歳で年は正月にとる。例えば一二月三一日に生まれたら翌日の一月一日は二歳となる。小学五年生は一三歳祝いである。何故か。五年生は満年齢では一一歳にしかならないが数えでは一三歳となる。

生まれたら一歳という数え年の考え方は正しいと思う。生まれたらオッパイも飲むし、うんこも泣く事もできる。つまり赤い血が流れ命が躍動している。満年齢の誕生日を迎えるまでゼロ歳というのは赤子の命を無視して可笑しいのではないか。

《シーブン四》生年祝《とぅしびー》い

生まれ年を祝うのが生年祝いである。「トゥシビースージ（祝儀）」という。一三歳、二五歳、三七歳、四九歳、六一歳、七三歳、八五歳、九七歳である。生まれ年が一回りする一二年毎に行われる。

一三歳を「ジューサンユーエー」、九七歳を「カジマヤー」という。八八歳も「トーカチ」といって祝う。生まれた年は厄年である。家を建ててはならない、結婚してもならない、旅行してもいけない、さまざまなタブーが課される厄年である。

その厄を祓うのが生年祝いである。親戚、友人、知人が揃って祝うことによって厄に負けないエネルギーを獲得する。しかしそのエネルギーも一二年経てば衰える。そこで一二年毎にエネルギーを蓄え次の一二年に備える。

人生にはハレとケがあるという。ハレは簡単にいえば祭りや祝いの日でありケは日常である。日常（ケ）のエネルギーは次第に枯れていく。これが穢れ（ケガレ・ケ枯れ）である。失いつつあるエネルギーを再生産するハレの儀礼が生年祝いなのである。

＊四九歳を「ククントゥ・グンジュー」と呼ぶ。ククントゥは四九歳、グンジューは五〇歳。四九歳は死苦《しく》と読めるので危険な厄年、翌年の五〇歳は「晴れ厄」になる。四九歳と五〇歳は特に節目の年齢だから要注意という意味の言葉だろうと思う。「人生五〇年」と言われた時代の言葉ではないか。

九、ヘイヨーヘイヨー

ヘイヨーヘイヨー　なーくなよーヘイヨーヘイヨー泣くなよ

んみーがんみーが　むいたてぃてぃお姉さんが立派に守り育てて

じょうやくかちやく　しみゆんどー定役や書記にするよ

あしじゃん　さばぐぁーん　くますんどー　　下駄も草履もはかすよ
なんじゃん　くがにん　さしみらやー　　銀簪も金簪も挿させるよ
とーんやまとぅん　あっかさやー　　唐にも大和にも行かそうね

この歌は「あばーとぅあばーとぅ」と同じである。この「ヘイヨーヘイヨー」では、「あばー」の代わりに「んみー」となっている。将来は王府の役人にと願う姉《んみー》が弟へ期待する歌である。

これは農民ではなく士族の子守唄だろう。王府の役人になり下駄も草履も履いて金銀の簪も挿して中国や大和に留学させる、到底、農民の子どもに出来るわけがない。どんなに頭が優秀でも農民は士族にはなれない。

いや、逆になれそうもない役職や留学などの高い理想を叩き込んで勉強させる、そういう願いを歌ったのかも知れない。農民だからといって諦めずにしっかり頑張れと姉《んみー》が弟に言い聞かせているのかも知れない。

一八八二年（明治一五）、沖縄から優秀な若者五人が大和への留学生として選ばれた。第一回県費留学生である。五人の内、四人は士族出身で一人だけ平民がいた。謝花昇である。謝花は東風平村の平民（農民）である。この歌の姉《んみー》が大事に育てた弟は謝花昇であったに違いない。

《弟の　出世願って　子守り歌》

＊定役＝じょうやく。王府役人の事務方の筆者。「かちゃく」の書記とだいたい同じ。

＊第一回県費留学生＝謝花昇（一八）、太田朝敷（一八）、岸本賀昌（一五）、高嶺朝教（一五）、山口全述（一八）。第二代沖縄県令上杉茂憲が始めた制度。

＊謝花昇＝じゃはなのぼる。一八六五年〜一九〇八年（明治四一）。帝国農科大学卒。沖縄県技師。自由民権運動家。沖縄に君臨した第一六代沖縄県知事奈良原繁と対立した。奈良原は約一六年も沖縄に君臨し沖縄の近代化とヤマト化を推し進めた。謝花昇等の自由民権運動を弾圧した専制知事。

＊太田朝敷は新聞人、言論人。高嶺朝教は衆議院議員。岸本賀昌は第三代那覇市長。今帰仁朝藩と山川全述は留学を途中で辞退。

十、耳切り坊主《みみちりぼうじ》

大村御殿《うふむらうどぅん》ぬ　角《かどぅ》なかい
耳ちり坊主《ぼうじ》ぬ　立っちょんど
幾人《いくたい》いくたい　立っちょーがや
三人四人《みっちゃいゆったい》　立っちょんどー
いらららん　しーぐん
持っちょんどー

大村御殿の角々に
耳のない坊主（亡霊）が現れるよ
亡霊は何人現れるの
三・四人現れるよ
亡霊は鎌もナイフも
持っているよ

泣ちゅる童《わらび》や　耳グスグス　　泣く子はその鎌やナイフで耳を切られるよ
ヘイヨーヘイヨー　泣くなよ　　だから泣くのじゃないよ
ヘイヨーヘイヨー　泣くなよ　　どうか静かに寝ておくれ

「耳切り坊主」である。一八世紀頃、首里に黒金座主《くるかにざーし》という妖術を使って悪さをする坊主がいた。世間を騒がすその黒金座主の耳を切り落として殺害し退治した。退治したのは国王の命を受けた北谷王子であった。その後、北谷王子の住む大村御殿の角々に黒金座主の亡霊が現れ世間を怖がらせた。「耳切り坊主」はそのことを歌っている。黒金座主の亡霊の話を聞かせて子どもを寝かしつける子守り歌である。

従弟の子の五歳下の子守りしたことがある。帯でおんぶし寝るまであやす。なかなか寝ない。オムツはしてないのでしっこで背中が濡れる。降ろすと泣く。泣くとまたおんぶする。「耳切り坊主」を歌って聞かせばよかったと思う。

《もう寝たか　耳切り坊主　耳グスグス》

《シーブン五》黒金座主

黒金座主は波の上護国寺住職の盛海上人とされる。発言力が強く護道院という寺への隠居後は唐で身につけた三世相（さんりんそう・占い）で人気を呼び訪れた女性に妖術をかけて悪さを繰り返した。その噂を聞いた国王が北谷王子に黒金座主の成敗を命じた。

囲碁に勝った北谷王子が約束通り黒金座主の耳を削ぎ落として殺害した。その後、黒金座主の耳のない亡霊が現れるようになり世間に恐れられるようになった。人々は色が黒かったので亡霊を黒金座主と呼ぶようになった。

黒金座主の座主とは位の高い僧侶のこと。北谷王子も黒金座主も実在の人物であるがこれは実話なのだろうか。だが、この話はヤマトの怪談「耳なし芳一」にどこか似ているところがある。それに影響された作り話なのだろうか。

＊大村御殿＝うふむらうどぅん。場所は龍潭の向かいの県立博物館跡地。この場所は大村御殿→中城御殿→県立博物館と変遷している。二六年度の首里城再建に合わせて中城御殿として再建予定である。

＊北谷王子＝ちゃたんおうじ。一六四五年〜一七一九年。第二尚氏一〇代尚質王の四男（尚弘才）。文武両道に優れていた。黒金座主を退治した後、大村御殿には男の子が生まれてもすぐに死んだ。黒金座主の祟りと考えられたので男の子が生まれると「女の子が生まれた」というようになったと言う。

＊耳切り坊主＝北谷王子に耳を切られたので「耳なし坊主の幽霊」という意味。

＊いらら＝いやら。鎌のこと。イララは韓国語のイナナット（稲を刈る）から来た言葉（仲松弥秀）。

＊しーぐ＝小刀、ナイフ。「削ぐ」からきた言葉だろう。

＊耳グスグス＝耳を切り落とすこと。「グスグス」は切り落とす際の擬声語。

＊耳なし芳一＝盲目の耳なし琵琶法師である芳一にまつわる怪談話。耳のない黒金座主も法師で同じ怪談話と言うのがよく似ている。

十一、いったーあんまーまぁーかいが

いったーあんまー
まぁーかいがーぁ
べーべーぬ草刈いが
べーべーぬまさ草や
畑《はる》の若ミンナ
あんぐゎーそーてぃ
こっこい

あなたのお母さんは
何処に行ったの
山羊の草刈りに行ったのさ
山羊の好物はね
畑や野原の若いミンナの草だよ
姉さんも一緒に行ったよ

「いったーあんまーまぁーかいが」は山羊《ひーじゃー》の世話を歌っている。豚や山羊の家畜がどの家にもいた時代、山羊の草刈りは子どもの日課である。「ひーじゃーくさかやー」（山羊草刈り）と言う。何故かこの歌ではあんまーが山羊の草刈りをしている。

山羊の好物ミンナは葉が小さくかわいらしい草で至るところに生えている。桑の若葉も山羊の好物である。「べーべー」は山羊の幼児語。「べーべー」は山羊の鳴き声である。ついでに牛はモーモー、蝉はサンサナー、ホタルはジンジンである。

沖縄の食の王様は誰が何と言おうと山羊である。汁でもサシミでも最高の食。かつての家普請の際のスラブ打ち・フチブーイの夜の御馳走は山羊汁と決まっていた。朝から山羊を扱いなれた長老達が三・四人かがりで木陰の下で山羊を解体し夜に備えていた。

山羊通に言わせると内陸の山羊より海辺の山羊の方が美味しいと言う。塩味の草を食べているからだと言う。山羊は血圧に悪いと悪者扱いされていたが近年の研究で血圧を上げる犯人は塩で山羊ではない、と山羊に無罪判決が出た。これまでの山羊の冤罪が晴れた。

有難い研究である。この研究者きっと「山羊ジョーグー」に違いない。「山羊ジョーグー達」は研究者の功績を讃えて銅像を建立しなければならない。いや待て!。これは山羊にとって受難を推進する研究に他ならない。銅像の建立なんてとんでもない、と当事者の山羊達は反対するに違いない。

馬や馬車引かち　牛や鼻ふがち　哀りどや山羊小《ひざぐわ》　汁になやい（多賀谷）

（馬は重い荷馬車を引かされて　牛は鼻を空けられて自由にならず　山羊は汁にされて可哀相だよ）

馬も牛も山羊も人間にこき使われて最後は殺されて食べられてしまう。所詮、山羊も人間の為の家畜でしかない。

《スクブンやさ　山羊の草刈り　子ども達》（日課です　山羊の草刈り　子ども達）

＊山羊＝ひーじゃー。山羊の特徴は首の髭《ひげ》。髭の多い人を「ヒジャー」という。つまり「ひーじゃー」の語源は髭である。一方で池宮正治は「ひつじ」の可能性もあるとしている（沖縄ことばの散歩道）。

＊まさ草＝好物。「まさ」は「まーさん」「美味しい」。「優る」から来た言葉か。

＊こっこい＝囃子言葉で意味はない。歌の最後の切れにいい。

＊山羊の研究＝琉球大学農学部砂川勝徳教授。「山羊は血圧を上げない、上げる要因は塩である」。

＊家普請＝家の建築工事。フチブーイは屋根ふき。ブーイはプーリで祭りや祝いのことではないか。
フチブーイ（スラブ打ち）は山羊汁で祝う。

＊山羊ジョーグー＝山羊好き。ジョーグは酒を注ぐジョーゴから来ている。ジョーゴは「上戸」で税を納めて酒を飲める人のこと。税を納められずに飲むことが出来ない人を「下戸《げこ》」と言う。

＊スクブン＝役割、務め。

＊歌の続きがある。

いったーすーや　まーかいが　　あなたのお父さんどこへ行ったの
モーモーぬ　くさかいが　　牛の草刈に行ったんだよ
モーモーぬ　まさぐさや　　牛の好物はね
はーるーぬ　わかかんだ　　畑の若い芋のかずらさ
あんぐゎー　そーてぃ　　お姉も連れて行ったよ

《シーブン六》初めての山羊汁

加代は首里高校生である。父が山羊を飼っているので小さい頃から山羊に親しみを持っている。山羊の世話は加代の楽しい日課である。登校前や下校後の「エサやり」は充実した時間で山羊も加代になついている。

ある日、成長したその山羊を賭殺すると父から告げられた。親戚を集めて山羊会《ひーじゃーかい》をするのだと言う。加代は驚いた。ショックだった。山羊が可哀そうでならなかった。しかし父に反対する事は出来ない。

その日がついに来た。父が朝早くから山羊を解体し昼には大鍋でグズグズ炊いた。夕方、家族や親戚が集まり予定の山羊会《ひーじゃーかい》が決行された。親戚たちは山羊汁だけでなく山羊のサシミにも感嘆の声を上げた。

「ヌチグスイやっさー」

父も納得の笑顔である。

「加代！お前も食べてごらん」

あの可愛い山羊が汁になった。父に言われるまま泣く泣く箸をつけてみた。

「わぁー美味しい！」

加代はそのあまりの美味さに大声で叫んでしまった。悲しさと美味しさ。矛盾する自分に戸惑った。加代はそのいきさつを作文に書いた。

「悲しいがとても美味しかった」

と結んだ加代の作文は全国高校生作文コンクールで最優秀賞に輝いた。

＊ヌチグスイ＝命の薬。命が延びるほど美味しいこと。

十二、安平田山《あひだやま》なかい

安平田山なかい　　安平田山に
梅檀木《しんだんき》ぬ枯りてぃ　　枯れた梅檀があるから
でちゃよあんぐゎー　　さぁお姉さんたち
薪木《たむん》取ぃが　　薪木を取りに行こう
薪木取いあんぐゎ　　薪木取りのお姉さんたち
雨降《あみふい》いの哀《あわ》りよ　　雨降りは辛いね
冬ぬ草狩《くさかや》ぁやぐゎ　　いや冬の草刈りは
ゆくぬ哀り　　もっと辛いよ

子どもの日課に山羊の草刈り以外にも薪木《たむん》取りがあった。電気やガスのない時代の燃料は薪木である。その薪木は近くの山や森から枯れた木を拾って来る。この歌は南風原の照屋の歌なので近くの安平田山から梅檀《しんだん》の枯れ木を取って来ると歌っている。

梅檀を燃やしたことはない。梅檀は燃えやすく火力も強く薪木に適しているのだろう。かつてはどの家にもあった梅檀だが今は何処にも見当たらない。その梅檀、本土では縁起の悪い木として庭に植えてはならないとされる。その理由はさらし首を吊り下げた木だからと言う。
拾って来た薪木は台所《とぅんぐゎ》にあるスクバーラに積んでおく。スクバーラは薪木の置き場所のことである。スクバーラにはゲーン（ススキの茎）やキビの枯れ葉、キビの搾りかす（ウジガラ）等の燃料が積まれている。
子どもの日課には水汲みもある。近くの村井戸（共同井戸）から天秤棒のバケツで家のカーミヤー（甕屋・水タンク）に運ぶ。子どもは遊んでいるばかりではない。子どもには子どもの仕事や役割があり貴重な労働力なのであった。

《童達《わらばーたー》　水汲み　草刈り　薪木《たむん》取り》

《シーブン七》梅檀木《しんだんぎー》

梅檀はタンスの材料とされ女の子が生まれると屋敷内に嫁入り道具として植えたと言う。我が家にも大きな梅檀の木があったがタンスになることはなかった。梅檀には大量の蝉がとまり大合唱する。その汁が美味しいのだろう。歌劇「泊阿嘉」にヒロインの思鶴の屋敷の梅檀、主人公の阿嘉の屋敷のガジマルが歌われている。

ありに見ぃーゆる　　あそこの見える
シンダンギー　　梅檀の木の
枝持《えだむ》ちぬ清《ちゅ》らさ　　枝ぶりが素晴らしい
緑《みどぅり》さしすい　　緑豊かなあの家は
ありやまーやが　　何処の誰の家ですか？

男はガジマル、女は梅檀に例えている。ガジマルは力強く逞しく男らしい。梅檀は枝持ちが美しく花も可憐で女らしい。見事な比喩だと感心する。

＊安平田山＝あひだやま。一五世紀の豪族・安平田子《あひだしー》が住んだ屋敷跡がある。南風原町照屋給油所の後方の山。

＊スクバーラ＝とぉんぐわ（土間）のカマドから離れた位置にある薪木の置き場。

＊とぉんぐゎ＝仲松弥秀によれば「殿倉」のことという。土間の台所のこと。火や食を扱う神聖な場所だから「殿倉」なのだろう。シム（下）という地域もあるが「とぉんぐゎ」の方が神聖な場所を表している。

＊カーミヤー＝甕の屋。甕の水タンク。

十三、赤田首里殿内《あかたしゅんどぅんち》

赤田首里殿内
黄金灯篭下《くがにどぅるうさ》げて
うりが明《あ》かがりは
弥勒《みるく》ウンケー
みーみんめー　みーみんめー

赤田首里殿内の弥勒様が
黄金灯篭を下げて
町中を練り歩き
弥勒様をお迎えして豊年を願います
（囃子）両耳を両手でつかみ

しーやーぷー　しーやぷー（囃子）両頬を両手でつかみ
ひーじんとー　ひーじんとー（囃子）両肘を手で撫でて
いーゆぬみー　いーゆぬみー（囃子）指の豆を指さして

赤田首里殿内は瑞泉酒造の向かいにある現赤田公民館である。首里殿内とは高級神女の住む屋敷のことでここには弥勒菩薩が置かれていた。旧暦七月一六日、つまり盆のウークイの日に弥勒の神様を先頭に町中を練り歩くミルクウンケーがある。その時に歌われる歌がこの歌である。

囃子の「みーみんめー」は動作があって可愛らしい。幼児たちに適した歌であり遊戯である。幼児たちに沖縄のメロディを染み込ませる入門の歌であり、人生最初の歌と遊戯が赤田首里殿内である。

《みーみんめー　世果報《ゆがふう》来いと　弥勒様》

＊弥勒＝みるく。仏様のひとつ。弥勒世果報は平和で豊かな世。
＊しーやーぷー＝頬のこと。
＊みーみんめー＝耳のこと。南城市大里字古堅では旧暦四月一日に「みーみんめー」の行事がある。弥勒を先頭に区内を練り歩き棒術や踊り等が披露される。
＊いーゆぬみー＝魚の目。指などに出来る豆。魚の目に似ている。「いゆ」は魚で「みー」は目。ついでに魚のウロコはガファラとかイリチャという。頭のフケもガファラ、イリチャである。そうい

えば魚のウロコとフケの形はよく似ている。

十四、てぃんさぐの花

夜走《よゆるは》らす船《ふに》や
北極星《にぃぬふぁぶし》目当てぃ
我《わん》ん産《な》ちぇる親《うや》や
我どぅ目当《みあ》てぃ

暗い夜の海を航海する船は
北極星を頼りに航海する
私を産んだ私の親は
私を頼りに生きている

おなじみの教訓歌「てぃんさぐぬ花」である。羅針盤のない時代の航海は空の星を見て進むべき方角を判断する。沖縄から薩摩や中国やマラッカ海峡まで航海した昔の漁民や交易船は北極星で船の位置を確認し進むべき道を見極めることが出来た。

船は北極星を目当てに航海した。同じように年を取った親は子どもの私を頼りにしている。だからしっかりしなさい、正直にまともに生きなさいと諭している。船の頼りは北極星で親の頼りは子どもなのである。

ところで親と子の世代交代は何時するのか。

「親《うや》うとぅるさ　さんなれーからー　闇ぬ世《ゆ》どー」

（子どもが親のいう事を聞かない、親を怖がらなくなったらもはや闇世だよ）

と親は言う。一方で子どもは「老いては子に従え」と主張する。親に従うか子に従うか。

親から見れば子どもは何時までも子ども。一方で子どもから見れば頑固な親はうるさいだけのやっかいな存在。早く世代交代がしたい。そのせめぎ合いを何時どこで折り合うかそれが問題である。

戸主を継続するか思い切って引退して子どもに譲るか。いやいや待てよ、孫が六人もいるのではないか、もはや「老いては子に従え」と言われる年になっているではないか、そろそろ引退したら。

《てぃんさぐの　親の寄せ事　肝に染め》

＊てぃんさぐの花＝鳳仙花のこと。花の液で爪を染める風習があった。この歌を知らない人は沖縄人ではないと言っていいぐらいの馴染みの歌。
てぃんさぐの花や　爪先《つみさち》に染めて　　鳳仙花の花は爪先に染めて
親ぬゆしぐとぅや　肝《ちむ》に染みり　　親の教えは肝に染めなさい
＊てぃんさぐ＝「飛びさご」が語源。「さご」は「真砂」で砂のこと。砂は種を意味している。「殻から種が弾け飛ぶことからの命名」と池宮正治は説いている（沖縄ことばの散歩道）。
＊北極星＝にぃーぬふぁぶし。一二支の子丑寅《ねうしとら》の子《ね》は北で「ね」は「にぃ」となる。「ぬふぁ」は方向のこと。北の方の星が北極星である。南十字星は「はいむるぶし」という。「はい」は南風で「むる」は群れで「ぶし」は星のこと。天の川は「てぃんがーら」という。

＊「親うとぅるささんなれーからー闇ぬ世どー」。沖縄芝居「丘の一本松」で頑固親父が息子に向かって言うセリフである。

＊「親孝行したい時には親はなし」。子ども達に知ってほしい言葉である。

＊「教育とは学校で習ったすべてを忘れた後に残るものである」（アインシュタイン）。わらべ歌はまさにその教育ではないか。学校での勉強は覚えていないが「てぃんさぐの花」は誰の心にも染み付いて離れない。

＊親の寄せ事＝親の教え。

十五、デンサー節

むぬ言らば慎《ちち》みよ　　発言は慎重にしなさい
口《くち》ぬ端《はた》から出じゃすなよ　　人を傷つけることを口にしてはいけない
出《う》じゃち後からや　　口に出してしまったら
飲《ぬ》みやならん　　言い戻すことはできないよ

八重山西表島の教訓歌「デンサー節」である。「言葉銭使ぇー」（言葉はお金と思って大事に使いなさい）。この諺にもある通りこの「デンサー節」もまた言葉使いの大切さを説いている。言葉は言い間違えると人を傷つけることになる。

「お前はダメだ」と否定されると落ち込み無気力になり、「お前には出来る」と褒められるとやる気が出て前向きに生きることが出来る。言葉には魂が宿っている。生かすも殺すも言葉次第である。

デンサーとは伝詞という。つまり伝えたい伝えるべき言葉の意味だと言う。伝えるべき詞とは教訓のことである。説教ではなく歌によって価値観や道徳観を伝える。歌による教えは抵抗なく体に染みて行く。

「口に喰《くゎ》ーりーん」という言葉がある。「口は災いの元」という意味である。「口ガンスイ」という言葉もある。口はカミソリと言う意味である。「むぬ言らば慎《ちちし》みよ」「物言えば唇寒し秋の空」「口を閉じた魚は釣られない」。国の内外を問わず言葉使いの大切さを説いている。

言霊という言葉がある。言葉には霊力が宿ると言う。良い言葉を発すると吉事が起こり悪い言葉を発すると凶事が起こる。だから人は良い言葉を発して願い事が叶えられるように拝むのである。結婚式などのめでたい時には忌み言葉は嫌われる。これを言霊信仰と言う。人が言葉を出して祈るのは言霊を信じているからである。

「いいばっぺー」「いいやんじゅん」（言い間違い）しないようにこの「デンサー節」の「むぬ言らば慎みよ」の教訓を肝に染めるとしよう。「出じゃち　後からや　飲みやならん」（言い戻すことが出来ないのだから。

《慎《ちち》しみよ　口ぬ端《はた》から　出る言葉》

＊いいばっぺー＝言い間違い。「いいやんじゅん」は、「言って壊す」で同じ意味。

＊「言いーよーぬあれー聞《ち》ちよーんあん」＝言い方がよければ聞くほうも好意的になる。逆だと「売り言葉に買い言葉」となってケンカになる。
＊物言えば唇寒し秋の風＝余計なことを言えば災いを招いて後悔する。他人の欠点は絶対にしゃべるべきではない。
＊デンサー節は西表の民謡だがわらべ歌に近いので紹介した。

《シーブン八》ミンチュー
言葉には霊力が宿る。その例を紹介してみよう。

目に入ったゴミを「ミンチューー」（目の人）と言う。ミンチューが目に入ると目を大きく開かせて向かいの人がミンチューに呼びかける。

「ミンチューミンチュー　中毛小の後《くし》んかい　走《は》りよーひゃー」

その言葉の後にフゥーと息を吹きかける。そうするとミンチューは「分かりました」と目から自ら出て行く。子どもの頃のミンチュー対処法である。

「どうか出て行っておくれ」と言う言葉によって「ここにいるのは迷惑なんだな」と察しミンチューは自ら出て行くのである。言葉にはミンチューのようなヤナムン（悪霊）を払う霊力（言霊）が宿るのである。
＊中毛小の後を通る時は両手で両目を覆うて歩いた。ミンチューの溜まり場だからである。

＊因みにミンチューに呼びかける時の言葉は南風原町大名では「ケラマんかい走りよーひゃー」、照屋では「山川んかい走りよーひゃー」と言う。ケラマは大名の山川は照屋のミンチュウーの溜まり場なのである。

＊クシャミの「ハクション」の返しの呪《まじな》い言葉は一般的に「クスクェー」である。かつて南城市の大里と玉城辺りでは「クスクェー」ではなく「船越上門《ふなこしいーじょう》にうちくぃり」と言ったようだ。僕は貧乏で何もないから御馳走のある金持ちの船越上門に行け、と言う意味である。玉城の船越上門は「沖縄の三大豪農」のひとつで二代目沖縄県令上杉茂憲が沖縄県の巡回の際に宿泊した家としても知られる。

僕のムラでは「クスクェー」の代わりに「大道歩《うふみちゃー》にうちくぃり」と言ったらしい。貧しい僕よりも大道りを歩いているお金のある人の所へ行け、と言う意味である。いずれも言葉の力つまり言霊によってクシャミというヤナムン（悪霊）を退散させようとする呪いである。

＊沖縄の豪農＝「源河《げんか》ウェーキー」（名護市源河）、南風原外間《ふぇーばるふかま》（うるま市南風原）、城間《ぐすくま》ナーカ（浦添市城間）、船越上門（南城市船越）等。

＊うちくぃり＝差し上げろ、やってしまえ。

＊上杉茂憲＝うえすぎもちのり。（一八八四年～一九一九年）。元米沢藩主。県費留学制度を創設し沖縄県を巡回（沖縄県巡回日誌）し沖縄の窮状を政府や国会に訴え沖縄に寄り添った県令（知事）。

＊大道歩ちゃー＝うふみちゃー。大道り、街道を歩いている人。本来は「うふみちあっちゃー」。

十六、カマヤシナー節

寒《ひ》ぃーさそーしに　着物《ちん》くして
やーさすしね　むぬ喰《くぃ》ぃゆる
沙《さ》汰《た》ぬくち　カマヤシナー

寒がっている人には　着物を着けさせよう
ひもじい思いをしている人には　食べ物をあげよう
それが人の道だよ　そうでしょう

人間の慈愛や道徳を端的に説いている歌である。人は生れつき不公平である。経済的にも能力においても人それぞれ差がある。ある者はない者を支援・援助しお互い仲良く暮らす。福祉のスローガンにもなりそうな歌詞である。

寒がる人には着物を、貧しい人には食べ物を、目の見えない人には肩を、足の悪い人には車イスを、ある者はない者を思いやる社会にしたいものである。あんそーてぃどぅ浮世や渡らりる！（そうやって生きて行こうよ）。

《ちゅいしーじー《おたがいに》　手を差し伸べる　チムグクル》

＊カマヤシナー＝意味不明。そうじゃないの　そうか、そうだよね、くらいの意味か。
＊寒ぃーさん＝ひーさん。寒い。
＊やーさん＝ひもじい。沖縄戦での学童疎開は「やーさん　ひーさん　しからーさん」で象徴される。
「しからーさん」は寂しい。

＊ちゅいしーじー＝ひとりひとりお互いに助け合って。
＊「カマヤシナーー」は民謡だが歌詞が「わらべ歌的」なので紹介した。
＊チムグクル＝肝心。助け合いの精神。

十七、チンヌクジューシー

父《すー》が畑《はる》から　戻《むどぃ》いみそち
シブイにチンクヮー　チデークニー
クーフチ芋《うむ》ぬ　煮ぃーとんどー
豆腐臼《とうふうーし》ぬ　廻《み》ぐとんどー
くんくんクンス　七マカイ
三良《さんだー》マブヤー　落とぅちゃくとぅ
前田《めんた》ぬハーメーが　アートートゥ
花米一粒《はなぐみちゅちぶ》に　酒一壷《さきちゅちぶ》
三本線香《さんぼんうこう》に　塩《まーす》ぐゎー

父が畑から　トウガに　カボチャに
ニンジンを　取ってきたよ
粉がふいたような　美味しい芋が焚けたよ
庭では臼で　豆腐豆をひいている
ユシドーフが　七杯も食べれるよ
三良さんが　魂《まぶやー》を失くして元気がないので
前田の　おばぁさんが
花米一掴みに　お酒に
線香に塩も　お供えして

トートゥトートゥ　アートートゥ
魂《まぶやー》が戻るように　拝んでいるよ

沖縄の伝統食「チンヌクジュシー」とは里芋の炊き込みご飯である。「ジュシー」とは雑炊ことだ。クーフチ芋、七マカイ等の言葉がかつての沖縄の暮らしの原風景をよく表していて懐かしさを覚える。一番でシブイ、チンクヮー、チデークニー、芋、さらに豆腐臼で作る手作りのクンス、二番はマブヤー込めの花米、酒、線香、塩で沖縄の精神生活を描いている。マブヤー込めの情景が見えるようである。残念ながら現在では歌のような暮らは既にない。豆腐豆を挽く臼もない、マブヤー込めもしない、いや出来る人がいない。その前にそれを必要と考えない、迷信と片づける。知識は豊かになったが心は貧しくなっている。アートートゥ。

チンヌクも昔のように豊富ではなくなった。我が家ではチンヌクの代わりジャガイモを入れている。ジャガイモジューシーである。やはりジャガイモよりチンヌクの方がもちみがあり味にも優れている。

《ジューシーに　芋にクンスに　マブヤー込め》

＊チンヌク＝里芋。チンヌクジュシーは里芋入りの炊き込みご飯。
＊ジューシー＝雑炊から来た言葉。おかゆのようなボロボロジューシー、フーチバー入りのフーチバージュシー、栗国島の蘇鉄の実が原料のタンナージュシーがある。正確にはジュシーメーという。メーは米御飯のこと。冬至には「トゥンジージュシー」を食べる習慣がある。トゥンジーとは冬至のこと。我が家の毎週土曜日は「ジューシーとクンスの日」である。

＊シブイ＝すぶい。冬瓜のこと。
＊チンクヮー＝北京瓜。カボチャに似ている。ナンクヮー（南京瓜）もあった。
＊チデークニー＝ニンジン。チーは黄色のことでデークニは大根。黄色の大根。沖縄在来種のニンジンは黄色。
＊クーフチ芋＝粉ふき芋。美味しい芋の例え。クーは粉。百号、泊クルー等の品種があった。
＊クンス＝固まる前のボロボロの豆腐。ゆしどーふ。豆腐は各家庭で作っていた。
＊七マカイ＝おかわり七回。マカイはお椀のこと。七マカイは縁起のいい数字でそれぐらい美味しいという表現である。
＊マブヤー＝体内に宿る魂。転んだり驚いたりした時に体から抜けていく。マブヤーが抜けると元気がなくなり無気力状態になり黙り込んでしまう。「マブヤー落とぅ《う》ちゃん」という。落としたマブヤーを取り戻すのがマブヤー込めである。
＊前田《めんた》ぬハーメー＝マブイ込めの能力を持つおばぁさん。マブイ込めは誰にでも出来る訳ではない。半田のおばぁーはマブヤー込めの名人だった。
＊トートゥ＝尊い。手を合わせて祈ること。
＊チンヌクジューシー＝作詞・朝比呂志（普久原朝弘）は普久原恒勇の弟。他に「うーまくかまでー」「ゆうなの花」などがある。作曲は三田信一。他に「軽便鉄道節」。歌はフォーシスターズ。

《シーブン九》マブヤー込め

これは迷信ではない。ある日曜日、三歳になる長男を車の助手席に乗せ南風原町役場を過ぎ福祉センターの前をカーブして右に大きく曲がった瞬間、助手席のドアが開いて長男が外へ投げ出されてしまった。

僕と妻は車を急停車させ長男に駆け寄ったが血も出てないし泣きわめいてもいない。異常はない、と思ったが念のため近くの病院に急ぎCTスキャン等の精密検査をした。異常はなかった。

しかし様子がおかしい。風邪でもないのに鼻水が垂れ声を掛けても返事はなくただ黙って目は宙を見ているようだ。確かに異変が起こっているが何だか分からない。僕は隣に住む半田のおばぁに事の成り行きを説明した。

「かずきー塩・酒・花米、それに友喜（長男）の上着を準備しなさい」

半田のおばぁはさっそく車から落ちた現場でマブヤー込めの儀式を始めた。僕や妻や長男の生年月日、干支、車の車種や番号等を神様に告げた後、長男のマブヤーに向かい優しく呼びかけた。

「タクん　メーん　シシん　うさぎやびーくとぅ
追《う》ぅーてぃ来《く》ぅ　戻《む》どぅてぃ来ぅ　マブヤーマブヤー」

（蛸も御飯も肉もこの世の御馳走を差し上げ□からどうか戻って来ておくれ）

マブヤーに呼び掛けるその姿は真剣そのものでおばぁには確かにマブヤーの姿が見えている。そして最後におばぁはマブヤーを長男の上着で掬い両袖を軽く結んで「うり！」と傍らの妻に渡した。

それを家に持ち帰り寝ていた長男の両腕に通した。すると長男はワァーと大きな声で泣き出した。

「おなかがすいた！」

「チョコが食べたい！」

「アイスクリームは？」

といつもの我が儘な長男に戻った。

こうして医学では分からない治せない病を無学のおばぁの優しき力（言霊）が僕の長男を救った。マブヤー込めは迷信ではない。高学歴の裏で生き方を見失った現代の僕たちに価値観の見直しを問いかけている。

十八、てぃちぇーてぃどぅくん

てぃちぇー　てぃどぅくん　一つは手登根

たーちぇー　たなばる　二つは棚原

みーちぇー　みどぅるま　三つは目取間

ゆーちぇー　ゆなばる　四つは与那原

いちちぇー　いちかじ　五つは糸数

むーちぇー　むりしま　六つは盛島

ななちぇー　ながはま　七つは長浜

くくぬち　くんじゃん　　九つ国頭
くんじゃん　ぶにから　　国頭船で
なはたび　あっけー　　那覇へ行ったら
なぁーふぁぬ　がじゃのー　　那覇の蚊は
ちゅくぇーづーさぬ　　容赦なく人を刺すよ

数字と地名を掛けた面白い毬付き歌である。最後の結論に「那覇の蚊は人を刺して血を吸っている」と那覇の人を皮肉って批判している。憬れて那覇の町へ行った田舎の人が人情味のない薄情な那覇の人に意地悪やいじめを受けたのだろう。那覇の人は人を刺すガジャン（蚊）なのである。

ある日、喜屋武の大工が首里でA家の屋敷の石積み工事を請け負った。竹藪や木を切り倒しながら作業を進めると無数のガジャンが出て来てはたと困った。ガジャンが飛び交って顔や腕を刺されて悪戦苦闘の連続だ。そこへ一〇時茶（じゅうじじゃー・休憩）にお茶菓子を持ってA家のおばぁさんがやって来た。

「ガジャンぬ　まんどーい　びーれー」（蚊が多いでしょう?）

大きな山ガジャンだった。

「サムレーガジャンどぅ　やいびーんてー」（蚊の侍なのでしょうね）

作業中のBおじさんは応えた。

首里だから「サムレーガジャン」と咄嗟に表現したのである。見事である。首里のおばぁさんは優しかったがサムレーガジャンには閉口した。

《数え歌　手登根・長浜　島巡り》

《シーブン一〇》蚊とガジャンビラ由来記

交易船の船員が中国の町で聞いた美しい声で鳴く虫をお土産に持ち帰った。那覇港から小禄の実家に向かう途中の坂道《ひら》にさしかかった。気になって中国で買ったお土産の籠を開けてみた。その瞬間、籠の虫が一斉に飛び散って逃げた。

逃げた美しい声の主はガジャン（蚊）だった。こうしてガジャンはこの坂から沖縄中に広がって行った。その坂道《ひら》を人々はガジャンビラ（蚊の坂）と呼ぶようになった。これがガジャンビラの由来記である。

＊ガジャンビラ＝垣花から安次嶺に至る坂道。東恩納寛惇は「近くに住む我謝の屋号か人名から来た地名」（南島風土記）と説く。ガジャンビラはガジャンに由来する地名かそれとも東恩納説の我謝のどちらが正しいか、ガジャンに聞いて見るか。僕の名前は「かずき」なのでよく蚊が寄って来る。「蚊が好き」と蚊に誤解されている。僕は「かずき」だが「蚊嫌い」だ。誤解のないようにしたい。

＊東恩納寛惇＝ひがしおんなかんじゅん。一八八二年（明治一五年）～一九六三年（昭和三八）沖縄の歴史学者。「南島風土記」など。

第二章　民謡・俗謡等

沖縄は歌の島である。他府県では平均して一八曲前後しかないと言われるが、沖縄には歌が何千と無数にある。ここでは名も無い庶民が暮らしの中から生み出した民の謡、俗の謡を取り上げてみたいと思う。

織物や陶器も名も無い庶民たちから生まれた。民衆の工芸品、民芸である。同じように民謡は庶民が暮らしの中から生み出した民の遥である。民芸も民謡も俗謡も名もなき人々が生み出した優れた芸能であり芸術である。

民謡や俗謡は大らかで素直で正直で遠慮がない。ユーモアや風刺を利かせて時代を語っている。そこに沖縄人の本性が現れている。飾らない庶民の姿が民謡・俗謡にはある。だから意味があるし面白い。名もない人々の歌を見てみよう。

一、海ぬチンボーラー

辻《ちじ》やいんどー豆《まーみー》　辻の遊女はエンドウ豆のようで
仲島やとうふ豆　仲島の遊女は豆腐豆のようで
恋《くい》し渡地《わたんじ》いふく豆　渡地の遊女はインゲン豆のようだ

辻、仲島・渡地は那覇の三大遊郭地といわれている。遊郭には遊女《じゅり》がいて歌三線で客をもてなす。

この三つの遊郭の遊女にはそれぞれ特徴があったのだろう。その特徴を歌ったのがこの歌である。辻の遊女はエンドウ豆、仲島は豆腐豆、渡地はインゲン豆というのだがその意味はよく分からない。エンドウ豆は緑で細長く、豆腐豆は大豆だから丸っこく、インゲン豆は白く大きい。それぞれの豆は何を表し何を意味しているのだろう。

もしかすると遊女のランク付けか。エンドウ豆、つまり辻が上で豆腐豆の仲島は中、いふく豆の渡地は下の意味か。確かにエンドウ豆は緑色できれい、豆腐豆は茶色でずんぐり、インゲン豆は細長く形が悪い。辻は士族や金持ちが通い渡地は地方の人が通ったと言う。吉屋チルーは仲島だったと言われる。しかし何故、遊女を豆に例えたのだろう。

戦前、T翁は最終の軽便鉄道で那覇へ行って始発の軽便鉄道で帰って来たとう。何処に行ったか、言わずと知れた辻遊郭である。T翁によれば美人の遊女はケンダー（傲慢）で薄情、ヤナカーギーは優しかったと言う。

「T翁はどちらが好きでしたか」

「両方！」

ムラの大先輩のAは大阪の親戚の遺骨を那覇港で受け取りそのまま辻遊郭で遊び飲み過ぎて遺骨を遊郭に忘れてしまった。親戚たちは葬式の準備を整え遺骨の到着を待っていた。Aは久しぶりの辻ですっかり泥酔し遺骨のことを忘れてしまっていた。お陰で葬式は翌日に延期された。

大正五年、我らが喜屋武のムラは大豊作だった。その祝いに辻遊郭から遊女を呼んで二日間歌や踊りを楽しんだ。これを「フツカムイ」（二日盛）と言う。辻遊女の歌や踊りは現在のプロの民謡歌手や芝居役者のように憧れの存在だったのだろう。
《いんどー豆　歌たい舞《も》うたい　チンボーラー《遊女たち》》

《シーブン一一》シャンマ
明治の頃、青年達を遊郭に行かせないためにムラでシャンマを招いた。シャンマはムラに半年〜一年くらい滞在した。家々を順々に泊まり番に当たった家では食事も提供してもてなした。
稲嶺《うなんみ》ぬナバル（梅毒）　東風平《くちんだ》に譲《ゆ》ずてぃ　東風平二才達《にせた》　頭禿《つぶるは》ぎてぃ
シャンマが大里の稲嶺で梅毒を移した。次の東風平でも青年達が梅毒にかかり頭が禿げてしまった。明治時代、シャンマというムラ公認の性を売る女性がムラムラを渡り歩いていたと言う。ムラの古老の証言である。

＊辻・仲島・渡地＝ちーじ・なかしま・わたんじ。辻は波の上付近、仲島はバスターミナル付近、渡地は那覇港付近。辻遊郭は一七世紀に形成され最盛期の一九三四年（昭和九）には一七六軒もあった。遊女を尾類《ジュリ》と呼ぶ。
＊シャンマを詠んだ歌が「琉歌集」（島袋盛敏）に紹介されている。琉歌集に前出の歌はない。
シャンマ小《ぐゎ》ややとてぃ　人《ちゅ》ぬシャンマ笑らてぃ　汝《いゃー》やつとめとみ　ゆくぬシャンマ
（自分もシャンマぬくせに他のシャンマを笑うお前は品行に務めているかお前はもっと不良だ）
＊海ぬチンボーラー＝ちいさな巻貝のこと。遊女をチンボーラーに例えたのも面白い。チンボーラー

は若い遊女の例えかも知れない。海のチンボーラーの歌詞は意味不明が多く分かりにくい。伊江島の「前海《めうみ》ぬスィンボーラ」が元歌のようである。伊江島の青年達が辻遊郭で歌って人気を博した。歌詞の大半は辻遊郭で生まれたと思われる。

＊歌たい舞うたい＝うたたいもうたい。歌ったり踊ったり。

二、ぬんぬくそいそい

那覇に酒《さき》うるち　戻《むどぅ》る道しがら
城《ぐすく》ぬ下《しちゃ》ゆ　我身《わみ》ぬ通《とぅ》ゆるばす
天《てぃん》から女《いなぐ》ぬ　降《う》りてぃめんそち
男《いきが》といちゃとて　ぬんぬくそいそい

黄金《くがに》の御《みー》ジーファー差ち
絹衣《いとうじん》うちかさにかさび
確かに変わらん　うみないびぬ前
御城内居《うぐすくうちをぅて》ぃ　自由ねーならんち

那覇のお店に酒を卸してその帰り道
首里城の下を通ったら
綺麗な女性が天から降りて来て
待ち構えていた男と逢引きしたよ

黄金の簪を差して
絹の着物を幾重にも着て
確かにあれは首里城内の女性だ
首里城内は人目が多いので

城《ぐすく》ぬ下《しちゃ》や　語れどぅくる　　首里城外のここが密会場所さ
でぃーひゃーわったん　　さぁ我々も負けずにやりたいものだ
ぬんぬくそいそい　　愉しい逢引きを

あまり知られてない歌である。「ぬんぬくそいそい」とは男女が仲睦まじく寄り添う様を表した擬態語だろう。城内の女性や女中たちが城から逃れて彼氏とデートを楽しむ様子を酒屋の奉公人とその友人が歌っている。

歌のような出来事が確かにあったかも知れない。いやあったに違いない。田舎の青年や娘たちが近くの野原や毛で落ち合いデートを楽しむ毛遊びの様子と同じである。この歌は城内の格式ばった不自由な士族たちを皮肉っているようでもある。

友人同士のヤマーとマチャーの掛け合いで物語が進行する。長い歌の掛け合いであるが歌詞は一部だけを抜粋した。この歌の舞台はどの辺りだろうか。龍潭池辺りか現在の県立芸大付近か或いは城の裏側の崎山馬場（瑞泉酒造）辺りだろうか。

《女たち　城から逃れて　恋語れー》

*御ジーファー＝ミージーファー。高級なカンザシ。
*絹衣＝いとぅじん。高価な絹の着物。

＊うみないび＝女性、婦人たち。
＊恋語れー＝くいがたれー。デート。

三、廃藩《はいばん》ぬサムレー
拝《うが》でぃ懐《なち》かしや
廃藩《はいばん》ぬ侍《さむれー》
背骨小《こーぐぅぐゎ》や曲《ま》がてぃ
うすんかがん

唐や平組《ひらぐん》
大和《やまとぅ》や断髪《だんぱち》
我した沖縄《うちな》や
カタカシラ

お姿を見て哀れに思うのは
廃藩で都落ちしたサムレーだ
背中は曲がり
少しかがんでいるよ

唐（中国）は弁髪
大和（日本）はザンギリ頭
我らが沖縄は
カタカシラである

明治政府は一八七二年（明治五）琉球藩を設置し、さらに一八七九年（明治一二）琉球藩を廃止して沖縄県とした。廃藩置県である。これによって約四五〇年続いた琉球国は滅亡し日本のひとつの県となった。これを琉球処分、琉球併合という。

こうして土地や人民はすべて日本政府の支配下になった。王府に勤めていた士族たちは身分や地位、そして職を失い地方へと流れて生計を立てなければならなくなった。琉球処分の犠牲者である。

その結果、沖縄の各地に士族の集落が形成されていった。「屋取《やど》り」と呼ばれる集落である。沖縄の村落約六〇〇の内、一三八が「屋取りムラ」であると言う（田里友哲）。王府の消滅で士族の失業者が大量に発生し都落ちしたのである。

つまり、士族たちの職場である首里城がいきなり消滅し路頭に投げ出され地方へ流れて行ったのである。現在に置き換えればある日突然、沖縄県庁が無くなり何万人の公務員が失業して野に放り出されるのと同じである。

南風原の大名、新川、慶原や大里の銭又、福原などは屋取集落である。この集落の照喜名、銘苅、瑞慶覧は首里士族の名字である。土地を借り細々と農業をしながらも士族としての誇りは保ったままで頭もカタカシラを結ったままだったと考えられる。

この「廃藩ぬサムレー」は廃藩置県によって職を失い、都落ちした士族の哀れな姿を歌っている。彼らの形成した「屋取りムラ」の暮らしは「武士は食わねど高楊枝」の言葉通りみじめで貧しかった。

「背骨小《こーぐぅぐゎ》は曲がてぃうすんかがん」（苦労して腰は曲がり少しかがんでいる）

身分も地位も職も失った士族の哀れな姿である。一方で彼らは王朝の芸能を地方に伝える役目も果たしている。「屋取りムラ」は土地がなく農業が出来なかったので学問に力を入れて多くの人材を輩出している。

《都落ち　野山を開墾　屋取ムラ》

＊サムレー＝侍は「さぶらう」から来ている言葉。「さぶらう」は人に仕えるという意味。
＊屋取りムラの苗字＝銘苅、小橋川、瑞慶覧、渡名喜、高嶺、町田、伊佐、山内、津波古・・・。
＊士族の都落ちは廃藩置県以前からあったと言われる。組踊「花売りの縁」は都落ちした士族の物語である。
＊平組＝ひらぐん。みつ編みのこと。喜屋武の西の綱のカナチに「ヒレーグン」が施されている。
＊カタカシラ＝方結。頭の上にマゲを結う男の髪型。カンプーは女の髪型。
＊断髪＝だんぱつ。髪を切る事を「だんぱちちみーん」といい虎刈りを「ダンジラー」と言う。段々畑のような頭という意味だろう。段切りである。

《ザンギリ頭を　叩いてみれば　文明開化の　音がする》

ちょんまげを切り落とした断髪は「日本のあけぼの」の象徴という意味である。ザンギリとは短く切った髪のこと。断髪令は一八七一年（明治四）。

＊武士は食わねど高楊枝＝貧しくても気品を失わない武士の精神。食べ物がなくても楊枝を使って見せることで貧しさを隠すこと。高楊枝は食後にゆっくりと爪楊枝を使うことで満腹した様子を表す言葉。爪楊枝は爪で歯に詰まったものを取る、楊枝は「楊柳」の枝を使っていたから。「楊柳」は柳の一種。歯ブラシをハーヨージ（歯楊枝）と言う。
＊沖縄よどこへ行く（山之口貘）

　廃藩置県のもとに

ついに琉球は生まれかわり
三府四十三県の一員として
日本の道をまっすぐに踏み出したのだ
ところで日本の道を行くのには
沖縄県の持って生まれたところの
沖縄語によって不便で歩けなかった

＊「沖縄語によって不便で歩けなかった」＝一八八〇年（明治一三）、沖縄県学務課は沖縄方言と標準語を対比した「沖縄對話」（教科書）を作り標準語励行を推進した。標準語励行は皇民化教育の一環だった。皇民化とは沖縄の日本への同化のことである。

四、敷島《しきしま》タバク

敷島タバクや　点《ち》きやしむん　　敷島タバコに　火をつけるのは簡単だが
小禄《うるく》染屋《すみや》ぬ　一人女《ちゅいいなぐ》ん子《ぐゎ》や　　小禄の染屋の　ひとり娘は
落《うとぅ》とし苦《ぐ》りさ　　なかなか手ごわい

我ったーかい召《め》んせーねー　よー里前《さとぅめー》　　私を忍んで　我が家に来る時は

上《うぃ》から入《い》らわん　下《しむ》から入《い》らわん
足音《あしうとぅ》しみそーんなよー

上《いい》やウスメーど　下《しむ》やハーメーど
中前《なかめー》どぅ我んやくとぅ

上《うぃ》やウスメーが　下《しむ》やハーメーが
起《う》きてぃどぅ　寝《に》んとーる

上座からでも　下座からでも
足音を立てずに　入って来てね

上座には頑固な父親が　下座にはうるさい
母親がいて私の部屋は　その間なのだよ

父と母が寝たふりして　私を監視して
いるんだよ　心してねあなた

想い合う若い二人がうるさい親の目を忍んで密会の作戦をしている歌である。家の上座には父が下座には母が我が愛する一人娘に男が来ないか監視している。ひとり娘の私の部屋は父と母の間にある。だから足音を立てずに「そっと部屋に来て！」という娘。しかしうるさい親たちが両側から寝たふりして聞き耳を立てている。だから、「落とし苦りさ」（うまく行かない）なのである。親から愛され可愛がられるのも度を越すと干渉になり娘に憎まれるに決まっている。

遊《あし》ばする親や　　ふたりの仲を認める親は
若くないみしょち　　若くなって
遊ばさん親や　　ふたりの仲を認めない親は

がらしなり　　　　　　ガラサー（カラス）になってしまえ
罰《ばち》かんてぃ　　　　　　罰を受けて

最後は恨み節で反撃して娘のうっぷんを晴らしている。頑固の親たちよ、聞いているか！。

《右に父　母は左で　起きて寝る》

＊敷島タバコ＝一九〇四年（明治三七）～一九四三（昭和一八）年まで販売されていた人気のタバコ。
＊小禄染屋＝うるくすみや。民謡「三村踊り」に小禄・豊見城は織物の産地と紹介されている。織物の産地だから染屋がいくつもあったのだろう。
＊一人女ん子＝ちゅいいなぐんぐゎ。一人娘。可愛い一人娘だから手放したくない親。
＊里前＝さとぅめー。愛しい彼氏。
＊中前＝なかめー。上座（一番座）と下座（二番座）の間。家の入口辺り。
「遊びかいやしが　手拭《てぃさじ》まぁにうちぇが　中前《なかめ》入口に　下《さ》ぎてぃうちぇさ」
＊起きてぃどぅ寝んとーる＝起きながら寝ている、寝ながら起きている。寝たふり。いいウチナーグチあらに。黄金言葉に「寝んとーる人や　起くさりーしが　寝んたるふーなーや　起くさらん」（寝ている人は起こせるが寝たふりした人は起こせない）がある。
＊落とぅしぐりしゃ＝落としにくい。手ごわい。思い通りに行かない。
＊ばちかんてぃ＝罰を受けて。「罰ちかんじゅん」のかんじゅんは被《かぶ》る。

五、チョッキリ節

男　無蔵《んぞ》とぅむちりやい　　愛する彼女と一緒に
　　大阪ひんぎらや　　大阪に逃げたいな（行きたいな）
女　大阪ひんぎてぃしむしが　　あなたと大阪に逃げたいけれど
　　足止《あしどぅ》みさりらんがや　　親は反対するだろうね
男　大阪や島近かさぬ　　大阪は近すぎるから
　　東京にひんぎらや　　遠くの東京へ逃げようよ
女　東京にひんぎてぃしむしが　　東京に逃げてもいいが
　　我った母親《あんまー》　泣けさんがや　　私の母親は泣いて悲しむだろうね
男　泣ちゃんてぃ　しみどぅする　　いいじゃないか泣いたって

この歌の元歌は徳之島のチョッキリ節である。貧しい離島や地方から憧れの大都会である大阪や東京に愛する彼氏と行きたい。でも島の年老いた母親の事が気にかかる。思い悩む娘の姿が哀れである。島では畑や海の仕事ばかり。大阪や東京に行けば給料の高い仕事にありついて豊かな都会の生活が待っている。母親の事は心配だが島にいては何時までも貧しい暮らし。思い切って島から出て行こぅ。島から大阪や東京に行く事を「ひんぎーん」（逃げる）と表現している。それは母親や兄弟たちに後ろめたい気持ちがあるからであろう。「ひんぎーん」と言わざるを得ない心持ちが哀れである。

水は高いところから低いところへ流れる。人は低いところから高いところへ流れる。人は貧しい離島や地方から都会へと移動する。チョッキリ節は地方の貧しい人たちが故郷を捨てて行く時の葛藤の歌である。

《離島苦《しまちゃび》から　逃《ひ》ひんぎてぃ行ちゅさ　恋人達》

＊チョッキリ＝ちょうど、思い切ってと言ぅ意味か。
＊ひんぎーん＝逃げる。
＊離島苦＝しまちゃび。貧しい島の暮らし。
＊歌劇「伊江島ハンドー小」で主人公のハンドー小がこのチョッキリ節に乗せて絶唱する場面がある。
＊この歌は「こうもり段傘小《だんがさぐゎー》」とも呼ばれる。歌詞に「大阪土産《みやぎ》やこうもり段傘小」とある。

六、収納奉行《しゅぬぶじょう》

いぐまする収納奉行　　収納奉行達が
何時《いち》やめんせが頭《かしら》ぬ達《ちゃー》　　そろそろやって来る時期だね

今日《ちゅう》や浜比嘉《ばまひじゃ》から
うくしみせさ

収納奉行ぬ美童女《みやらび》や
誰《た》がなゆが我んたぬま
津堅《ちきん》神村ノロ殿内《ぬんどぅんち》ぬ
粒《ちぶ》（壺）ぬぎカマドー小《ぐぁー》

おーやさんすしどぅ
銭金《じんかに》やたみる
んぱどーんぱどーすしや
尻《ちび》どぅ打たりんど

御役人衆《うやくにんしゅ》の志情《しなさ》けや
匂《にゅ》いびんちきかばさむぬ

ほら隣の浜比嘉島から
勇んでやって来るよ

収納奉行のお世話をする娘を
私が選んで説得しておくよ
島で選りすぐりの野呂殿内の
カマドー小を

指名をひき受けたら
お金が貰えるよ
イヤよイヤよと拒否したら
お尻を叩かれるだけだよ

世話した役人からの謝礼は
匂いも香ばしいクリームや

うりやか外《ふか》にん紙包《かびじちん》ん
数々《かじかじ》あいびーさ
御役人衆《うやくにんしゅ》の志情《しななさ》けや
打ちかけ手拭《てぃさじ》に　いーびなぎー
わたかり役人　取ぃ持《む》っちゃる
しんぬん立たん

他にも紙包み（お金）など
いろいろあるのだよ
それからまた役人の心尽くしに
高級手拭や指輪もあるよ
しかし貧乏役人は世話した
かいもないよ（いいのが貰えないよ）

収納奉行とは地方を廻り税金を取りたてる首里王府役人のことである。この歌は浜比嘉島を経て津堅島に来る収納奉行たちを島の人たちが接待するいきさつを歌っている。役人を接待する事は島の大事な外交である。接待によって役人たちの心象を良くし少しでも税を手加減してもらう目的があるのだろう。

一方で島の娘に接待されたい役人たちの強い欲望もあったに違いない。そこで世話好きの新殿内《みぃどぅんち》パーパー《おばぁさん》が娘たちの手配をする。「んぱんぱ《いやいや》」して断ることは許されない。諦めて役人たちの手土産（謝礼）に期待するしかない。

役人たちの地方回りの様子とそれに右往左往する地方の対応ぶりがよく分かる「収納奉行」である。役人たちは手土産で娘たちを手名付けようとしている。いや娘たちの中にはそれを期待して喜んで

「おーやさん」（ＯＫ）する人もいたと言う。

歌の冒頭の「いぐましゅる」（勇んで）という歌詞には、津堅島めざしてやって来る役人の頭の中は島の娘のことで一杯だという意味が込められていると想像される。役人たちは仕事より娘たちに関心があるのだ。

この状況に島の男たちはただ黙って見ていたのだろうか。役人たちの横暴に立ち向かう気骨のある若者はいなかったのか。自分の想う人が役人に差し出されても取り返す勇気のある若者はいなかったのか。津堅島の二才達《にーせーたー》よ。

《収納奉行　頭《つぶる》の中は　姉小達《あんぐゎーたー》》

＊いぐましゅる＝勇んで心弾んで。浮き浮きしながら。

＊浜比嘉島は平安座島の向かいにある。浜と比嘉のふたつのムラがある。その沖合に津堅島がある。

＊ノロ殿内＝ぬんどぅんち。神女（ノロ）の家。

＊ちぶぬぎ＝粒から抜き出た一番の美人。（粒ぞろい）。または壷から抜け出たような美人。

＊おーやさん＝要求に応じる、ＯＫする。「おーうきーん」は了解する。返事の「はい」に「いー」「おー」「うー」がある。

＊んぱどーんぱどー＝「んぱ」は拒否する。

人の取ゆる年ぬ　んぱんぱぬなゆみ　うびらじに取たさ　六十ばんじゃ

「ヒヤミカチ節」である。人間、年を取ることは誰も拒否できない。いつの間にか六十歳の老人になってしまったよ、という意味である。「うびらじに」は知らない間に、いつの間にか、「ばんじゃ」は真っ盛り。

＊びんちき＝顔につける油。クリーム。鬢は顔のこと。ビンタ。

＊髪包み＝かびじちん。紙に包まれたお金。報酬、謝礼金。

＊手拭＝てぃさーじ、手ぬぐい、タオル。手拭は女性の愛の象徴。

三重城《みぐしく》に登ぶて　手拭持ちゃぎりば　早船《はやふに》ぬ習《な》れや　一目《ちゅみ》どぅ見ゆる（花風）

（三重城から大和へ帰る船上の彼に手布を振ったが速度の速い船なので一目しか見えない）

「手拭持ちゃぎりば」は女の手布が男を守る「おなり神」信仰の表れだと言う（池宮正治）。

＊腹かり役人＝わたかり。腹を「わた」という。「わたかり」とは「腹枯り」で下級貧乏役人。お腹が枯れたように痩せた役人。

＊取い持っちゃるしんぬんたたん＝「取ぃ持っちゃる」は世話を尽くした、「しぬんたたん」はやり甲斐がない。

＊地元津堅島の民謡歌手である神谷幸一氏によれば、歌詞は「津堅神村」→「津堅神谷村」、「津堅バンタ」→「ハンタ先」、「津堅浜」→「泊浜」が正しいと言う（新報二〇二四・一〇・一八）。

＊第一尚氏最後の尚徳王（一四四一年〜一四六九年）は久高参詣の際にクニチャサというノロの妾がいた。クニチャサとの間に黄金子《くがにし》という子どもがいる。国王さえも現地妻がいたのである。その黄金子は我が勝連門中の祖先にあたると言われ墓が大里の仲程にある。

＊参考までに「クニチャサは久高島のノロではなく金丸王側が送った首里の女だった」とする創作組

踊がある。

＊内間金丸は尚徳王が久高島滞在中に革命を起こし尚円王（一四一五〜一四七六年）として国王の座に就いた。第二尚氏の始まりである。

七、鳩間節

前《めー》ぬ渡《とう》ゆ　見渡《みわた》しば
出《い》じ舟《ふに》入り舟　面白るや
稲穂積《うなふち》んちき　粟穂積んちき
優《ま》さてぃ見事

鳩間島の前の海を見渡すと
港から出て行く舟入って来る舟に
稲穂や粟穂が満載されている
何と世果報の島であることよ

鳩間島は八重山の孤島である。土地は岩盤で稲作は出来ない枯れた地といわれる。首里王府は稲作が出来ない鳩間島にも米の税を課したのだろう。島民は向かいの西表島の船浦あたりに土地を求めて稲作をせざるを得なかった。

舟で荒海を越えて西表に仮屋を作り寝泊まりして稲作に励みそれを王府に収めた。島との往来で荒海に呑まれた事故もあったに違いない。稲作は時に命がけだったはずである。命を掛けて収穫した米や粟を首里王府に税として納める。

この歌からはそういう厳しい背景は感じられない。豊作に恵まれのどかで平和な鳩間島の暮らしが満ち溢れている。果たして海を隔てた地で米を作りその米を首里王府へ納めた鳩間島の人々は幸せだったのか。

これは島褒めの歌である。島褒めの歌は多い。生まれ島を褒め讃えるのは人情である。だが褒めすぎると島の負の歴史が見えなくなるのではないか。「島チャビ」が隠れて島の本来の姿が消えてしまうのではないか。

いや、ほんとうは島の苦しい本音を歌いたいのだが歌えなかったのか。そうであればもっと哀れである。軽やかな楽しい鳩間節（原曲はもっとゆったりしている）の歌や踊りを見る度に僕は複雑な気持ちになるのである。

《歌の如《ごと》　世果報《ゆがふう》だったか　鳩間島》

＊前ぬ渡＝まいぬとぅ。前の海。渡は海のこと。上り口説に「伊平屋渡《いひゃどぅ》立つ波」とあるのは伊平屋沖の海という意味。また浜千鳥に「渡海《とぅけ》や隔《ひじゃ》みてぃん」（海を隔てても）とある。

＊積んちき＝ちんちき。船に稲穂や粟穂を積み込む。

＊鳩間節の元歌はゆったりしている。軽やかな楽しい鳩間節はアレンジされたもの。

＊鳩間島の隣の小浜島の「小浜節」も島褒めの歌である。

小浜《くばま》てぃる島や　果報《かふう》ぬ島やりば　大岳《うふたき》ばくさてぃ　白浜前《め》なち

（小浜島は幸に満ちた島だよ背後の大岳に抱かれて前には豊かな白浜が広がっている）

大岳《うふだき》に登《ぬ》ぶてぃ　うし下《くだ》し見りば　稲粟ぬなうり　弥勒世果報《みるくゆがふう》

（大岳から見下ろして見ると稲粟が豊かに実りまさに豊穣の島だ）

小浜島の「結願祭」を拝見した。御嶽の前に設置された舞台を囲むように老人たちはみなお揃いのクルチョウ（黒い着物）を着け頭にはタオルを巻いている。次から次へ繰り出す島の芸能を見ていると小浜節に歌われた弥勒世果報の島であると実感する。

老人達のクルチョウは従弟の中村孫吉が染めたものと聞いて驚くやら嬉しいやら改めて小浜島に親しみを感じた。何故なら僕の父から染屋を引き継いだのが孫吉さんである。

文化センターが収集した大正時代の八重山初のＳＰレコードの歌手（蓄音機アッパー）は小浜島の出身だった。ＳＰレコードの縁で知り合った小浜島出身の松竹翁に「結願祭」に誘われた。松竹翁は蓄音機アッパーの孫であった。

八、豆が花ぬあやぐ

はいよはい　前里親仁座《めーざとぅうやにざ》　　おいこら　前里の百姓よ
うわが子ゆ　我《ば》ぬんふぃいる　　お前の娘を　わしにくれ
我が子ぬ　マカマドや　　私の娘の　マカマドは
目差親《みざしうや》と　たけあらん　　お役人様とは　身分が釣りあいません

我がむぬい　聞《ち》かだから　　わしの言う事を　聞かないなら
親ぬむぬい　聞かだから　　役人の言う事を　聞かないなら
二十絣《はたまし》ど　織《う》らさで　　難しい上布を　織らせるぞ
細物《くまむぬ》ど　抱かさで　　細かな上布を　織らせるぞ

二十絣《はたまし》まい織《う》り　ゆるさん　　難しい上布も織ります　でも娘はやりません
細物《くまむぬ》まい織り　ゆるさん　　細かい上布も織ります　でも娘はやりません

宮古島の歌「あやぐ」である。傲慢で欲の深い役人が百姓の娘を妾にと要求する。娘の親は身分が違う、娘はまだ子どもだとの理由で断る。役人は言うことを聞かなければ罰として二十絣（はたまし）やさらに細かい上布を織らすぞと脅迫する。

二十絣や細物の上布は最高の技術と時間をかけて織られる上質の上布のこと。これを織り上げると神経を使うあまり寿命が縮まるとまで言われた。娘の父親は二十絣や細物を織らされてもいいからと娘を差し出す事を毅然と跳ねのける。

権力を傘に着た横暴な役人の要求や脅しにもめげず断固として拒否し娘を守り通す親。あっぱれである。いや、これが本来の親ではないか。そうは言ってもこの時代、やはりこの親は筋金入りだ。娘たちを差し出す「収納奉行」の津堅島の親たちとは対照的である。

命を掛けた権力への抵抗の歌があるとは。さすがは宮古島である。宮古島のクイチャーは大地を蹴り上げ大地を踏み込む力強さがある。この親のように権力にも負けない宮古島のアララガマ魂に拍手をしなければならない。

《役人の　脅《おど》しに負けない　アララガマ》

＊豆が花＝美しくか弱い花。美しい娘・マカマドに例えていると思われる。

七読《ななゆみ》と二〇読《はてん》　綛《かし》かきてぃうちょてぃ　里があげず羽ぬ　御衣《んす》やすらね

（高級な織物を織ってトンボの羽のような美しい着物を彼に作ってあげたい）

古典舞踊「綛掛け」の歌詞である。二〇読《はてん》と二〇舛《はたまし》は同じ意味の高級な織物と思われる。

＊竹富島の民謡・安里屋ユンタは島の娘・クヤマが役人の求婚（妾）を断った歌である。反対に受け入れたという話も伝わっている。「与那国ションガネー」や「多良間ションガネー」は役人と現地妻との別れの歌である。現地妻が島を離れる役人を泣いて見送る。確かに文学的には叙情的で歌になるが現実の問題として何処か違和感を覚えるのである。

＊現地妻になるとその家は税を免除され豊かな暮らしが出来たという。それで島の人から疎まれたり羨ましがられたりした。多良間島では役人が帰った後からは現地妻は村八分のように扱われ一族の墓にも入れなかったという。

現地妻たちは「蝶々夫人」のようなものではないか。「蝶々夫人」は長崎の蝶々さんがアメリカ人のピンカートンと結婚する。だがピンカートンは妻のもとへ帰国する。捨てられた蝶々夫人はピンカートンとの間に出来た子どもと自殺する。

＊多良間ションガネー

片手しや　坊主小そうきよ　　片手に子どもを抱いて
片手しや　瓶ぬ酒むちよ　　片手にお酒を持って
主ぬ船うしゃぎが　よすが下りよ　　役人を見送りに行くよ

＊ションガネーとは「そうだよね」という意味。
＊アラガマ魂（精神）＝宮古の「なにくそ」という不屈の精神。
＊あやぐ＝古くから伝わる宮古の教訓歌。綾語と書く。

九、国頭大福《くんじゃんでーふく》

我《わ》んどさり　国頭大福　　俺こそは国頭一の金持ちだよ
銭持《じんむ》ち金持《かにむ》ち　かぁぎん姿《しがた》ん　　そのうえ俺は男前で
器量知恵《ちりょうじんぶん》備《す》わとる　城《ぐしく》ぬターリーどぅ　　知恵も教養も備わっている大主《うふすー》だよ
やいびーしーが　今年《くとぅし》我んねー六一歳ぬ　　だけど俺は今年六一歳になるまで

年なてぃういびーしが　今《なま》ちきてぃまでぃ
妻小《とぅじぐゎー》なてぃちゃる　女《いなぐ》ぬ居《う》らびらん
今日《ちゅう》や我んねー　下男《じなん》ぬ三良《さんだ》に
千貫銭《しんぐゎんじん》担《かたみ》らち　辻仲島後道前道《ちーじなかしまくしみちめーみち》
銭《じん》ぬ雨《あみ》降らしぃが　今《なま》からやてぃん
後生《ぐしょう》ぬ土産《なーぎ》ん　ないがさびーら

今まで一度も結婚したことはなく
女を知りません
だから今日は下男の三良に
千貫の大金を担がせて辻仲島の遊郭に
お金の雨を降らせに行くのです
辻遊郭で遊んで冥途の土産にしよう

国頭の田舎に金持ちの自惚れた独身の国頭大福という人がいた。働きずくめでお金を貯めたが使わないと宝の持ち腐れと気が付いた。そこで下男の三良に全財産の千貫の大金を担がせて遊郭にやって来た。雨を降らすほどの金を使おうと思うが六一歳になった老人を相手にする尾類《じゅり》（遊女）はいるのだろうか。いや大金を与えれば大丈夫なはずだ。大いに遊んであの世の土産にしよう。こういう内容の歌である（長い歌詞なので抜粋した）。

金は使わなければ役に立たない。使うために金はある。何に使うか。この国頭大福は遊郭の遊女につぎ込もうというのである。六一歳の独身だから誰にも文句はない。冥途の土産に遊郭とは正直な男である。

僕のムラに金持ちのおじぃがいた。

「どうしたらお金が貯まるのですか」

「簡単だよ」

「どうすれば？」

「使わなければ金は貯まるよ」

この金持ちのおじぃはケチで知られていた。例えばクルマフーひとつ買うのに両手に持って重い方のクルマフーを買った話は有名である。ケチのおじぃにはクルマフーの重さも分かるのだ。

なるほど使わなければ金は貯まる。しかし使わない金は単なる紙切りに過ぎない。使ってはじめてお金の価値があるというもの。大事に金庫にしまって使わなければお金に糀《かびじ》（コージ・カビ）が生えるだけだ。国頭大福のようにカビが生える程の大金を手にしたいのだが夢のまた夢か。

《大福主《でーふくすーしゅ》　冥途の土産に　花の街》

＊大福＝金持ち。大ぼら吹き。
＊器量知恵＝ちりょうじんぶん。容姿や教養。
＊辻・仲島＝ちーじ・なかしま。那覇の遊郭。
＊千貫銭＝現在のお金で約二五〇〇万円と言われる。
＊後生＝ぐしょう。あの世。
＊銭《じん》ぬ雨降《あみふ》らすん＝大枚をはたく。千貫使い果たす。大判振る舞い。
＊この歌は嘉手刈林昌にしか歌えない難曲中の難曲の名曲。

十、しみどぅするぬが
美ら姉小《あばぐゎー》　はい行《い》逢《ち》ゃてぃ
妻小《とぅじぐゎー》なりんち
しかきてぃんーちゃんなー
美《ちゅ》らーさふらってぃ
迷惑《みーわく》さるむん
妻ん居《う》るむん　しみどぅするぬが

女見《いなぐみ》しれー目《み》ぃーや
とぅじゃなてぃ
意地《いじり》どぅやるんち
しかきてぃんちゃんなー
我《わー》が居るむん　合点《がってぃん》すんなー
なまちやっさー　しみどぅするぬが

綺麗なお姉さんと出会って
結婚しようと
プロポーズしたら
見事に振られて
赤恥をかいたよ
まぁいいさ　妻もいることだし

女を見せたら
銛《もり》のように鋭い目になって
思い切って
声を掛けたのあなたは
私もいるのに許さないわ
いい加減の男だねでもまぁいいか

美ら二才《にせー》が　飲《ぬ》みーがめんそち
笑らてぃ飲《ぬ》だれー　我《わ》んにどぅ
惚《ふ》りとんでぃち　サービス出来《できぃ》らち
一大事《いちでじ》なたせ　勘定《かんじょー》いみれー
酔《い》ぃーたるふーなー
だぁあんせちゃーすが
しみどぅするぬが

あんだ口《ぐち》し　酒小飲《さきぐゎーぬ》まさに
ポケットさぐやい
銭小《じんぐゎー》けー盗《と》ぅやい
ぬーんでぃ言やってぃん
仕事《しくち》どぅやるむん

男前が飲みに行って
笑って飲んでいるので僕に惚れていると
勘違いして飲み過ぎてしまった
勘定を見たらさぁ大変！
お金は持ってないので
酔ったふりして誤魔化したのさ
まぁそれでいいじゃないか

褒めちぎって酒を飲ませ泥酔させ
ポケットの中を探して
お金を盗るのだよ
何と言われても
これが俺の仕事

だぁあんせちゃーすが　　泥棒家業なので仕方ないのだよ
しみどぅするぬが　　まぁいいじゃないの！

自由で大らかで遠慮のない正直な歌である。沖縄人の素直な無邪気さと寛容な精神がこの歌にはある。ひとりでに「片口笑ぇー」する歌だ。こんな不道徳な反社会的な歌があってもしみどぅするぬが！ウチナーンチュのいい加減さ無責任さ、いや大らかでユーモアが散りばめられている愉快な歌である。ありそうでなさそうな、まさかと思いながらも成る程、やっぱりと納得してしまう。こんな人、こんな出来事があっても、しみどぅするぬが。

妻がいても何のその。勘定の時は泥酔したふり。酒を飲ませてポケットからお金を失敬する。道徳も常識も関係ない。泥棒さえ許してしまう寛容さ。泥棒家業を「トィムンゼーク」という。泥棒は大工のような職人なのである。泥棒を「トィムンゼーク」と認める寛容な社会があっても、しみどぅするぬが。どんな困難な状況にも「しみどぅどぅるぬが」と大らかに笑い飛ばせば人生は開かれる。「しみどぅするぬが」には柳のようなゴムのようなクッションのような柔軟性がある。「柔よく剛を制す」と言う。「しみどぅするぬが」「なんくるないさ」「てーげー」は無責任さやいい加減さのことではない。沖縄の苦難の歴史を生き抜いて来た中から生れた沖縄の知恵であり哲学ではないか。いやこの僕の主張が間違っていても、しみどぅするぬが！。

《女《いなぐ》見《み》しれー　目《み》ぃや銛《とうじゃ》　妻《とうじ》ん居《をぅ》しが　しみどぅする》

＊しみどぅどぅするぬが＝まぁいいじゃないか。「ぬが」が妙である。相良直美の歌に「いいじゃないの幸せならば」がある。
＊とぅじゃ＝銛（魚を突き刺す先の尖った道具）
＊合点＝がってぃん。納得する。
＊なまち＝生意気、いい加減。
＊トゥイムンゼーク＝盗みの大工。盗みの職人。泥棒稼業。
＊あんだ口＝あんだぐぅち。口に油を塗ったようにあることないこと言いふらす。褒めちぎる。
＊片口笑ぇー＝かたくちわれー。納得のうす笑い。
＊金城睦松《きんじょうぼくしょう》の歌詞を採用した。金城睦松は嘉手刈林昌や登川誠仁の先輩格。変幻自在な彼の歌声と三線のサグ（飾り音）は聞く者を圧倒する。このような自由気ままな歌が本来の民謡の精神であろう。
＊なんくるないさ＝「誠《まくとぅ》そーけーなんくるないさ」が本来の言葉。誠実に生きていれば道は開ける、何とかなる。なんくるは自然に。不誠実ではなんくるならない。
＊てーげー＝大概。おおざっぱ。いい加減。

十一、カテームン

今日やまじゅん　飲《ぬ》でぃ遊《あし》ばな　　今晩は一緒に飲もうじゃないか
割り勘さーい　でぃきらさや　　割り勘で大いに飲もうね

暇や我んが　出《う》じゃすくとぅ
銭《じん》や汝《い》ゃーが　出じゃしよー

銭ぬまんどる　方々や
鉄筋コンクリート　作《つく》やぎり
銭ぬねーらーん　我ったーや
借金コンクリート　作《つく》やびら

ディスコ行じ　遊ぶがや
ピンクサロンどぅ　ましやがや
胴一人《どぅちゅい》さーねー　決《き》みららん
妻《とぅじ》とぅ相談　しみそーれー

飲む時間は僕が負担するので
君は勘定を頼むよ

金のある人たちは
鉄筋コンクリート作ればいい
金のない僕たちは
借金コンクリートを作るのさ

ディスコで遊ぼうか
ピンクサロンの方がいいかな
ひとりでは決められないから
妻に相談してみたら

「カテームン」というユーモア・ナンセンスソングである。カテームンとは厄介者、困まった者、おめでたい人という意味である。決して家庭的な人という意味ではない。一番の歌詞では暇（時間）と勘定の割り勘というのが面白い。

二番の「借金コンクリート」はかつて流行った言葉である。我が家も借金コンクリートである。世の中ほとんどがそうではないか。何千万円のコンクリートの家を現金で建てられる人はそういない。鉄筋と借金をかけた言葉遊びがいい。

さらに面白いのが三番である。ディスコにするかピンクサロンで遊ぶか迷っている。迷う理由はお金の問題である。ディスコは安くすむはずだがピンクサロンは高いはずだ。そこでピンクサロンで遊ぶお金を妻にお願いする。さて妻はどう出るか！。

《ディスコか　ピンクサロンか　妻に聞く》

＊作詞・照屋林助　作曲・照屋林賢。このカテームンは「しみどぅするぬが」の遊び心を受け継いでいる沖縄らしいユーモア・ナンセンスソングである。照屋林助は漫談・ワタブーショーで人気を博した。作曲の林賢は林助の子ども。

十二、県道節

監督やでぃかし　立っちょてぃ手間《てぃま》取ゆい　　監督はいいね何もしないで給料を貰い

我《わ》した人夫ちゃー　牛馬《うしうま》ぬ扱《あちけ》ぇ　　俺達人夫は牛馬のように扱って

監督ぬ位《く》れぇや　眼鏡《がんちょ》までかきてぃ
我した畑《はる》すがい　ましやあらに

いかな監督ぬ　はまりよやさんてん
はまるなよ臣下《しんか》　時間ぐらし

今日《ちゅう》ぬ一二時や　くんちが下《さ》ぎてーら
なまでぃ一二時ぬ　あてぃんねらん

監督の身分はメガネまでかけているが
俺達百姓の作業着姿の方がいいじゃない

どんなに監督が働けと命令しても
励むなよ適当に時間暮らしで行こう

待ち遠しい一二時は縛ってあるのか
こんなに働いても昼休みは来ない

一九〇九年（明治四二）、郡道が県道に整備されることになり至る所でその工事が行われるようになった。明治・大正・昭和の県道工事の様子を歌ったのが県道節である。工事の監督は大和から来て人夫は近くの農民たちがかり集められた。

メガネをかけた監督は立ったまま命令だけして高給を取り、俺たち人夫は牛馬のようにこき使われる。だから監督が働けといくら命令しても聞かんふりして終業時間まで適当に過ごそうよ。

皮肉たっぷりの農民労働者の愉快なレジスタンスソングであり労働歌である。ヤマトゥンチュの監督への皮肉であり抵抗である。県道工事では実際に監督のやり方に反発してストライキもあったと言う。

国場から津嘉山を通って喜屋武に至る道路は、一九二〇年（大正九）に開通した県道である。翔南小学校前の堀割りはその工事の際に作られた。工事で出て来た大量の土は照屋十字路周辺の湿地帯に埋められて現在のようになった、と当時作業をしたシマの先輩は語る。県道節は時代を証言する歌である。

《監督の　牛馬の扱い　県道節》

＊手間＝てぃま。給料のこと。
＊畑すがい＝はるすがい。畑の作業服。粗末な服装のこと。
＊はまる＝頑張る、全力を尽くす。
＊一二時やくんちがさぎてーら＝一二時が縛られて下げられている。なかなか一二時にならない。お昼時間が来ない。
＊首里〜新川〜南風原十字路〜南風原町役場〜喜屋武〜山川〜東風平は、一九一三年（大正二）に開通した県道で「首里・友寄線」という。僕のムラのA翁とB婆はこの県道工事で知り合い結婚したと言う。
＊金城睦松（一九〇二・明治三五〜一八三年・昭和五八）が歌う県道節に優るものはない。

十三、軽便鉄道節

軽便汽車乗《ぬ》てぃ　まーかいが　　軽便に乗って何処に行くの
那覇ぬ町ぐゎぬ　樽皮屋《たるがーや》　　那覇の樽皮屋に行くのだよ

買《こ》うてぃ戻《む》どぅやい　砂糖代《さーたーでー》　　砂糖樽を買って働いて
だてん儲《もう》きてぃ　家作《やーつ》くゆん　　キビで儲けて家も作るよ
シタイ　アヒグヮー　ちばりよー　　よし今だ！お兄さんガンバレ
シッタンガラガラ　シッタンガラガラ　　アフィー！

沖縄軽便鉄道は与那原線が一九一四年（大正三）、糸満線が一九二三年（大正一二）、嘉手納線が一九二二年（大正一一）に開通する。与那原線は山原船の薪を那覇へ運ぶ為、糸満線はサトーキビ運搬の為、嘉手納線は中北部への生活路線であった。

南風原は与那原線である。南風原（兼城）駅の設置に地元兼城住民の反対運動があったという。汽車の「アフィアフィ」という汽笛が那覇の遊郭の遊女がムラの若者を誘惑する声に聞こえる、というのが反対の理由であった。「アフィ」とはお兄さんのことである。

苦労して得た砂糖代を那覇の遊郭で使ってしまうのではないか、若者達は親に隠れて軽便で那覇に頻繁に遊びに行くのではないか。今ではまさかと思うが汽笛の「アフィ」の音が「お兄さん」と誘惑の声に聞えたそうである。それだけ那覇に憬れていたのだろう。

《アフィアフィ　二才小《にせぐゎ》おいでと　呼ぶ汽笛》

＊作詞・徳田安周　作曲・三田信一　歌・フォーシスターズ。

＊軽便鉄道列車爆発事故＝一九四四年（昭和一九）一二月一一日、糸満線喜屋武駅と稲嶺駅の間の神里付近で起きた爆発事故。列車に積んでいたドラム缶のガソリンに引火、さらに周辺に野積されていた弾薬にも引火して大爆発になった。鉄道員、乗客、兵士等二二〇人以上の死傷者を出した大事件だったが軍は箝口令《かんこうれい》を敷いたのだろう。米軍による攻撃ではなく自らの失態で起きたことが知れると戦意喪失につながると箝口令を敷いた。第三二軍司令部の長参謀長は「国軍創設以来の不祥事」と訓示し軍規弛緩を戒めた。神里の民家の木々には爆発で飛んで来た人間の肉があちこちにぶら下がっていたという。三軒の民家が被害を受けた。機関士一人、乗客二人の三人が生き残った。

＊軽便と呼ばれたのは線路の幅が通常より狭かったため。通常は一・二メートルだが軽便は七六・二センチメートルだった。

＊樽皮屋＝たるがーやー。黒糖を詰める樽を売る店。歌の主はムラの製糖工場の樽を買いに来たのだろう。黒糖は樽に詰めてヤマトの仲買商人を通して本土へ出荷された。

＊南風原の山川は糸満線の線路がムラのすぐ前を通っている。ある時、汽車の燃料である石炭の火の粉が飛び散り茅葺家の民家に燃え移り大火災に見舞われた。以来、山川では汽車が通過する度に「汽車ぬ来ゅーんどー！」（汽車がやって来るよー！）と呼び掛けてそれぞれバケツを持って屋根に上り汽車の通過を見守ったという。与那原線の兼城は遊女の誘惑の汽笛「アフィ」、糸満線の山川は石炭の「火の粉」に悩まされたのである。《汽車が来る　バケツを持って　屋根上り》。大正の頃の軽便鉄道への憧れや風景が見えるようである。

＊シッタンガラガラ＝石炭ガラガラ。汽車の走る音を表現している。汽車は石炭で走った。

＊山原の薪を那覇へ運んでいた「与那原馬車スンチャー」（馬車引き）は軽便鉄道の開通により衰退して行った。
＊民俗学者の折口信夫は一九二三年（大正一二）の糸満線開通の日に軽便に乗って南風原の津嘉山を訪ね開通記念として行われた「津嘉山の大綱曳き」を見聞した。その後、折口は兼城まで足を延ばしている。折口信夫の「沖縄探訪記」（一九二三年）に南風原の見聞記がある。それを南風原文化センター紀要（創刊号・一九九一年）で紹介している。

十四、帽子くまー

帽子くま哀《あわ》り　　帽子つくりの辛さは
くまんしが知ゆみ　　経験ない人には分からない
勘定前《かんじょめ》になりば　　納期前になると
さら夜明《ゆあ》かち　　いつも徹夜だよ

「帽子くまー」とは帽子をつくる人のことである。一九〇〇年頃（明治の末期）からアダン葉から作るパナマ帽の生産が盛んになった。一時期は黒糖や泡盛と並ぶ生産額で輸出も盛んだったが安い輸入品に押されて戦前には廃れてしまった。

南風原の新川の洞窟でもパナマ帽を作っていた。壕の湿度が帽子つくりに適していたと言う。パナマ帽というがアダン葉で作るので正確にはアダン帽である。この歌は帽子を作る順序や作業の厳しさを歌っている数少ない労働歌でもある。

《パナマ帽　さら夜明《ゆ》かすさ　洞窟で》

＊帽子くまー＝帽子を編む。くまーは編む人。

＊パナマ帽＝パナマソウの葉から作った紐を編んで作る。夏用のつば付き帽子。麦わら帽子のようなもの。戦前、紳士用の正装として人気があった。

＊勘定前＝かんじょうめー。納期前。

＊さら夜＝さらゆ。さらは強調語。「さらばんじ」がある。「ばんじ」は真っ盛り。

《シーブン 一二》ペケ（不合格品）

「帽子くまー」は明治後期から大正にかけての「パナマ帽職工哀歌」とでもいうべき歌である。パナマ帽の素材はアダン葉の他に輸入品もあった。制作には適度な湿度が必要だったので洞窟がその作業場となった。

作業は歌にもあるように納期に間に合わないと値引きされるので徹夜で作業をすることもよくあった。製品は上中下にランクづけされ不合格品はペケといって工賃は支払われなかった。しかしこれは親兄弟や彼氏にあげて喜ばれたと言う。

＊ペケ＝役に立たないもの。答案用紙にはよくペケ（×）があった。マレー語のペッキ（不要）が語源といわれる。

十五、別れの煙

別《わ》かて旅行《たびい》きば
嬉《うり》しゃ寂《さび》しさん
覚出《うびじゃ》しよ産子《なしぐゎ》
ちゃー忘りるなよ

糸《いとぅ》ぬ上ゆ走《は》ゆる
船に立つ煙《ちむい》
山ぬ端《ふぁ》に向《ん》かて
我親《わうや》見当《みあ》て
ちゃーかりゆしどー

別れて行く愛しい我が子よ
喜怒哀楽を共にして来たことを
思い出して頑張るのだよ
親兄弟の事を忘すれるな

海上の水平線の上を行く
船の黒い煙が後へ流れる
故郷の山で煙を焚いて見送る
両親に向かって手を振り
いつまでも元気でいてねと

山ぬ端《ふぁ》に立ちゅる
照らし灯《び》ぬ煙《ちむり》
かりゆしぬ船に
産子《なしぐゎ》目当《みあて》てぃ
ちゃーかりゆしどー

親子振別《うやくふやか》りぬ
照らし灯《び》ぬ名残り
面影《うむかじ》どぅ増する
名護の城《ぐすく》
ちゃーかりゆしどー

山から立ち上る
松の葉を燃やした別れの煙
遥か沖を走る夢と希望の船に
我が愛しい娘の姿を見つけ
元気で頑張れと祈るのです

親子の別れ告げる
名残り惜しい白い煙よ
哀しさが増して行くよ
名護の高台から船に向かって祈ります
いつも幸せでいるように

明治の末から本土や海外へ出稼ぎや移民が多くなっていく。国内では関東の横浜や川崎や鶴見、関西では大阪の大正区、兵庫の尼崎等である。また、大正時代になると紡績女工として長野の岡谷、和歌山などへ行くようになる。

別れの煙はこうした地方から本土や海外への向かう人たちを見送る歌である。船の出る那覇港まで行けず近くの山で火を焚いて煙に思いを託し別れを惜しみながら見送る。「別れの煙」は煙で別れを告げる惜別の歌である。

名護の山では松の葉を燃やした白い煙が立ち上り、沖の汽船は煙突から石炭の黒い煙を吐いている。「白い煙・黒い煙」である。立ち上る白と黒の煙が悲しいまでに絵画的である。この話が教科書に乗り全国に知れ渡り話題となった。

舞踊に「花風」がある。薩摩へ帰る恋人を見送る踊りである。恋人の彼氏に花織りの手拭《ていさじ》を振って別れを惜しむ。この「別れの煙」は親子が別れの手拭を振る。どちらも別れの情景であるが僕には「別れの煙」の方が身に迫って来る。親子の別れ、恋人との別れ、沖縄は別れの島なのである。

《親子の別れ　白い煙と　黒い煙》

《シーブン一三》白い煙・黒い煙

「別れの煙」の舞台は各地にあった。歌の舞台となった名護城、読谷の残波岬、北谷の伊礼部落などである。高台から松の葉を燃やした白い煙が立ち上り、沖では黒い煙を吐きながら走る汽船が汽笛を鳴らし合図する。そしてお互いに手拭を振って別れをする。

こうした話を師範学校の教師・稲垣国三郎は、沖縄の暮らしをまとめた「琉球小話」というエッセー集で紹介した。その中の一文「白い煙・黒い煙」が全国の教科書に載った。それが切っ掛けで沖縄が全国に知れ渡るようになった。

《シーブン一四》とにかく主《すー》

豊見城村の饒波《ぬーふぁ》部落に大阪帰りの人がいた。彼の会話は何時でも何処でも大阪で覚えた「とにかく」というヤマトグチから始まった。

「とにかく今日《ちゅう》や日曜日」

「とにかく今日ぬ畑《はる》や休み」

「とにかく今日は酒飲《さきぬ》まな」。

大阪で覚えたヤマトグチの「とにかく」をよほど気に入っていたのだろう。彼はムラ人達から「とにかく主《とにかくおじさん》ー」と呼ばれ親しまれた。

村の人　「とにかく主、とにかく以外のヤマトグチ分からないの?」

主　「とにかく　むる忘したん」

＊稲垣国三郎＝いながきくにさぶろう　一八八六年（明治一九）～一九六七年（昭和四二）。愛知県生まれ。一九一七年（大正六）に沖縄へ赴任。この「白い煙・黒い煙」が教科書に載ったのは一九一八年（大正七）である。

＊作詞・作曲＝知名定繁（一九一六年・大正五～一九九三年・平成五）。知名定男の父。

＊振別り＝ふやかり。振り別れ、思いを振り切って別れる。

＊産子＝なしぐゎ。産んだ子ども。自分の子。
＊かりゆし＝目出度い。いいこと。
＊見送りの言葉が「儲うきてぃ来ぅーよー」（稼いで帰って来いよ）だったという。この歌のセリフ（北島角子）に「手紙やしみーとぅ銭から先送りよー」（手紙はいいから銭から先に送ってね）がある。
＊とにかく＝兎に角。なにがなんでも。兎には角がない。めったに有り得ないというのが本来の意味。
＊むる＝全部。すべて。

十六、女工節

ガラス窓開《あ》きて
歌小《うたぐゎー》あびたしが
聞《ち》かりゆみアンマ
我身《わみ》ぬ歌や

紡績やアンマ
楽《らく》んでぃどぅ来《ち》ちゃしが

紡績工場の寮の窓を開けて
故郷恋しさに沖縄の歌を歌って見たが
母さん聞こえますか
私の望郷の歌が

紡績という仕事は
楽と聞いて来たが

楽やまたあらん　　　　　　　騙されていたのだよ
哀《あわ》りどやアンマ　　　　　つらくて辞めたいよお母さん

紡績の仕事は午前六時から午後六時までの一二時間労働。夜九時半には寝て夜中の三時半には起される過酷な仕事。労働環境も劣悪で結核を患う人も多かったと言う。沖縄では楽な仕事といわれ何の不安もなくやって来たが実際は約束と違う過酷な仕事だった。

寂しさのあまり故郷の家族を想いながら沖縄民謡を歌う。しかし寂しさを紛らわす事はできない。思い切って逃げ出そうか。それはできない。ただ踏ん張って毎日一二時間働き続けなければならない。

長野県の岡谷は紡績の町だった。その岡谷の古本屋で発見された沖縄民謡のＳＰレコードセットが南風原文化センターに寄贈された。沖縄の女工たちが自らを慰める為に女工仲間でお金を出し合い買ったレコードなのだろう。

一九二一年（大正一〇）の和歌山県のある紡績工場に沖縄出身者の女工が一四四一人いた記録があるらしい。女工だけでなく三一八人の男工もいたと言うから驚きである。紡績女工だけでなく紡績男工もいたことになる。

紡績をはじめ様々な仕事を求めてヤマトや海外へ多くの人達が渡って行った時代。その背景にはソテツ地獄と言われた経済不況があったと言われる。

《哀りどやアンマ　沖縄懐《うちなーなち》かさや　歌小《うたぐわぁ》吠びてぃ》

＊ＳＰレコード＝戦前の沖縄民謡の一二枚セットのＳＰレコード。岡谷の古本屋で発見し購入した渡久地政司氏（沖縄二世・豊橋市議）が寄贈してくれた。

＊ソテツ地獄＝大正から昭和初期にかけての経済恐慌。ソテツで食を繋いだといわれる。ソテツ地獄はアメリカで起こった世界恐慌が沖縄まで押し寄せた影響だった。

十七、移民小唄

無駄なお金は使わずに　　稼いだお金は節約して
貯めたお金は国元の　　貯まったお金は
故郷で祈る両親《ふたおや》に　　沖縄で待つ両親に
便り送金忘れるな　　手紙を添えて送るのだよ

移民や出稼ぎの目的は貧しい沖縄の両親への送金である。この歌はハワイ移民を歌ったものである。移民はまずサトーキビ労働者としてプランテーションで働き後には養豚や商売で徐々に定着していくが頭にあるのは沖縄の親元への送金のこと。

移民調査の際に収集した沖縄からの手紙がある。「早くお金を送って」「お金はまだか」「何時送るか」

という催促の手紙が幾通もある。手紙よりお金を先に送れとせがんでいる。催促されせがまれた移民たちは借金してでも送金したと言う。

《金送れ　送金まだかと　来る手紙》

＊送金＝一九三〇年（昭和五年）の移民からの沖縄への送金額は当時の沖縄県予算の四割を占める。今のお金で約三〇〇〇億円程度の送金があったと言われる。

＊不思議とヤマトグチの「移民小唄」である。作詞・作曲　普久原朝喜。

十八、懐かしき故郷《ふるさと》

くまやあまぬ心配《しわ》　此処は向こうの心配
あまやくまぬ心配　向こうは此処の心配
心配ぬ果てねらん　心配の果てがない
あまんくまん　向こうも此処も

家族と別れて異郷の地で暮らしながらも心はいつも故郷の親たちのこと。老いた親は元気だろうか、持病が悪化してないだろうか。一方、送り出した親たちも気になるのは子どものこと。元気で仕事に慣れただろうか。

あまやくまぬ心配《しわ》、くまやあまぬ心配なのである。電話や携帯がない時代、お互いの音信は手紙だけ。しかし手紙は煩わしく簡単に書けない。まして老いた親たちに手紙を書く知恵もない。情報は風のうわさだけ。

この歌は大阪にいた普久原朝喜の終戦直後の作品である。戦争で大きな犠牲となった沖縄の親たちの生死さえ分からない。親兄弟は生きているだろうか、知人友人は無事だろうか、家は焼かれて無くなっていないだろうか、心配《しわ》は尽きない。

《ふるさとを　抱いて今日も　異郷の空》

＊くま・あま＝くまは此処、あまはあそこ。
＊普久原朝喜＝一九〇三年（明治三六）～一九八一（昭和五六）。「蓄音機フクバルー」と呼ばれた。

《シーブン一五》もめんください
大正の末に僕の父は佐世保に行った。父はまだ独身だった。
「船ぇーちんけーりらんたがやー」（舟は転覆したのではないか）
「汽車ぁ脱線さんてぃがやー」（汽車は脱線したのではないか）
心配性《しわさー》の祖母（父の母）は心配し夜も眠れなくなって体調を崩した。船は無事に鹿児島に着いたかどうかさえ分からない。電話があるわけではない。情報は何もない。幾日経ってもその無事が分からない。祖母は心配のあまり寝込んでしまった。

母を呼び寄せ結婚した翌年の一九三八年（昭和一三）に長男が生れたので祖母は佐世保に面会に向かった。一五年振りの親子の対面となった。戸惑いながらしばらくヤマトで生活をすることになった。

ある日、父から隣の家へ沖縄のお土産を持って挨拶に行くように言われた。

「ごめんください」

と言うように父から教えられた。祖母はヤマトグチが分からなかった。父に言われた通り祖母は隣の玄関の戸を叩いた。

祖母「もめん（木綿）ください」

隣人「もめんはありませんよ」

祖母「・・・・・・・・・」

隣人は祖母が木綿を買いに来たと思ったのだろう。祖母も「ごめん」と「もめん」を言い間違えたのに気が付かなかった。結局、祖母は用を果たさずそのまま帰って来た。沖縄の手土産を持ったまま。

＊祖母のように言葉で不自由や失敗した人、さらには差別に泣かされた人も多かっただろう。

十九、多幸山《たこうやま》

多幸山ぬ山獅子《しさ》　驚《うどぅ》くな山しさ

多幸山の山賊よ驚くな

喜名《ちな》ぬ高波平《たかはんじゃ》　山田戻い
山田々々や　ぬうさる山田が
我にん久良波《くらは》や　行じんちゃせ
上道《うぃみち》くんちち　下道《しちゃみち》通れば
かーじょまぐらー　逢《い》ちゃゆらど

喜名や高波平から山田に今帰って来た
山田の山賊が何だ
俺も久良波・山田はよく知っている
上道から近道して下道に来たら
「かーじょまぐらー」で山賊に出くわすはずだ
出て来い！かかって来い山賊どもよ

当時、飢饉が続いて凶作に陥った。生活苦となった農民の一部がフェーレーとなった。そのフェーレー達（山賊）は恩納間切の多幸山に住み着いた。国頭地方へも島尻地方へも多幸山を通らなければならない。多幸山は交通の要所なのだ。フェーレー達は多幸山を通る旅人を襲って金品を略奪した。

読谷間切山田から仕事で読谷間切の喜名番所へ行った。仕事が済んだので今日中に喜納から高波平を通り地元の山田に帰えらなければならない。しかし山田への途中の多幸山には山賊がいる。来るなら来い！と覚悟を決めて多幸山を通過する様子を歌っている。

その多幸山のフェーレー（山賊）を退治したのは王府から命を受けた我が南風原間切宮平村山口家の糸満筑親雲上であった。糸満は自分も王府に追われている身と告げ山賊に取り入り信用されて仲間となった。ある日、山賊仲間に大酒を飲ませて泥酔した頃を見計らって山賊を退治した。こうした経緯が王府の歴史書「球陽」に記録されている。この球陽の全文の石碑が南風原の黄金森の糸満親筑雲上の墓（山口門中）に建立されている。

《飢饉来て　フェーレー横行　多幸山》

《シーブン一六》フェーレー退治

「鄭氏糸満、奇術を以て山北の当謝を捕ふ」と多幸山のフェーレー退治の記録が「球陽」にある。

その要約は次の通りである。

当謝というドンが多幸山で数十人の盗賊を率いて旅人の衣服や村里の牛や金品を奪い、また婦女を辱しめていた。国王は人民を惑わす盗賊の退治を糸満筑親雲上に命じた。糸満は「自分も王府から追われる身で多幸山まで逃げて来たが逃げ場所に困っている。どうかかくまってくれまいか」と懇願する。ドンの当謝は首里から追われる自分と同じ身の糸満に同情しフェーレーの仲間に入れる。こうして糸満は潜伏に成功した。ある日、糸満は作戦通りに当謝達を酒に誘った。当謝が一杯飲むと自分は二杯飲み泥酔していると見せかけて寝た。

糸満は当謝たちが泥酔して寝静まった頃に起き出してフェーレーの住み家の入口を蔦の綱で縛り火を放った。当謝たちは逃げられず予め打ち合わせていた近くのムラの男たちと共に当謝たちフェーレー七六人を一網打尽にして捕らえた。こうして糸満は作戦通りに多幸山のフェーレー一族を退治した（「球陽」尚豊王一九年・一六三九年）。

＊糸満筑親雲上＝いとまんちくぺーちん。フェーレー退治の他に北谷間切の治水事業や冊封使来琉時に米三〇斗を献上した。治水事業は尚豊王一三（一六三三年）、米の献上は尚豊王一九年（一六三九年）である。北谷や宜野湾での治水事業で掘った井戸を糸満井戸と呼ぶ。いずれの功績も球陽に記されている。糸満筑親雲上の子孫が「糸満」や「山口」の屋号を名乗り南風原町宮平や喜屋武で繫栄している。

＊「くぬ島ぬ歌小　思切っちあべて　南風原三味線に　乗せてんだな」（南風原の村で流行っている歌を南風原三味線に乗せて思い切り歌おう）。これは南風原間切りと南風原型三線を掛けた歌である。作者は糸満里親雲上で糸満筑親雲上の一族だろうと思われる。

＊親雲上＝ぺーちん。下級役人。筑登之・親雲上＝ちくどぅんぺーちん。

＊球陽＝きゅうよう。一七三四年～一七四五年にかけて琉球国の正史として編纂された歴史書。

＊喜名・高波平＝読谷間切の村。喜名番所（役場）がある。おそらくこの歌の主人公は喜名番所からの帰りで山田のムラ役人ではないか。

＊上道くんちち＝上道を横切って近道する。「くんちり道」は近道のこと。

＊かーじょまぐらー＝「かーじょ」は場所を表す言葉で井門《かーじょー》だと思う。「かー」は井戸のことである。阿嘉島に「みーかーじょー」という屋号がある。新井門である。その意味は井戸の近くという意味だと推測出来る。「みーかーじょー」の側にムラ井戸がある。与那原の「おやかー」も親川ではなく親井である。「まぐらー」は（曲がっている）カーブのことか。井戸の近くのカーブ付近は山賊が出没する場所ということか。あるいは「まぐらー」は「まんぐらー」（その辺り）で井戸の辺りで山賊が出没するということかも。どちらにしても多幸山の井戸付近が「フェーレー」（山賊）の出没

する場所ということではないか。

＊フェーレー＝中国語の憑瀬（へいらい・山賊）から来た言葉のようだ。母によれば南風原と東風平の境界に掛かる宇平橋付近にもフェーレーが出たと言う、チンピラではなかったかと思う。

二〇、久良波《くらふぁ》・山田《やまだ》

久良波山田ぬ　美《ち》ゅらヌル小《ぐゎー》
世間音高《しきんうとぅだか》さ　御嶽至極《うたきしぐく》ぬ
ヌルやりば　通ゆてぃ
我が忍《し》ぬばん　忍ばんむんぬん
自由なゆみ　ウチフイフイ
シーチョンチョン

久良波山田には　美人のノロがいる
世間にも名高く　拝み事もしっかりした
ノロとして評判だ
このノロさんと　ねんごろになりたい
彼女の下へ通いつめて　熱い想いを伝えて
一緒になりたい

男女掛け合いの前半部分の歌詞である。男が美人ノロの下へ通い詰めて想いを成し遂げるまでのやり取りを展開している歌である。最後はノロとの押し問答の末にハッピーエンドで終わる俗謡「久良波・山田」である。

ノロとは村落の拝み事を司る神女のこと。ヌールという。ノロは首里王府からの任命で村落の年間の祭祀を司る。いわば公務員みたいなものなのでノロ地が与えられノロ地からの収入がその報酬となる。先に見た多幸山のフェーレーを退治した糸満親雲上の山口家はノロ家である。今でも宮平に大きなノロ地がある。照屋の仲筋家もノロ家で本部との間にノロ地を構えている。沖縄の村落にはそうしたノロ地が現在でも数多く存在していると思われる。

この歌の主人公であるノロさんは久良波・山田の両ムラの管轄するノロさんである。我が喜屋武の親国のノロは喜屋武・照屋・本部の三つのムラを管轄していた。一人のノロが複数のムラを担当していたと思われる。

《ノロさんも　神に隠れて　恋をする》

＊音高さ＝うとぅだかさ。有名でよく知られた。

＊御嶽至極＝うたきしぐく。御嶽での最高の拝み、最高の祭祀神女。

＊ウチフフイフイ＝お尻を振りながら、機嫌よく、鼻歌を歌いながら。

＊シーチョンチョン＝ちかづいて。まとわりついて。言い寄る。近づくことをシーチュンという。

＊ノロ＝首里府から辞令書や簪や勾玉、扇などの祭祀道具が付与された。奄美にはノロの祭祀道具が多く残っている。

＊久良波・山田にはフェーレーも美人ノロもいたことになる。

＊久良波・山田＝隣村同志の呼称。山内《やまち》・諸見里《むるんざとぅ》。山下《やました》・垣花《かきのはな》。喜屋武《ちゃん》・本部《むとぅぶー》。平良《てーら》・高嶺《たかみんみ》。沖縄は同じ地名があるので何処のムラか特定するために使われるようになったといわれる。

二一、んだ！ねーれー

蜘蛛巣《くばし》ぬ如《ぐうとう》に　待ち受きてぃ
逃《ひん》がちぇーならんさ　大魚《うふいゆ》や
網《あみ》フェーレー　網フェーレー
ザ・フェーレー

命《ぬち》までぃ取らんさ　心配《しわ》やすな
サナジェーしむさ　掛きとーけー
だーねーれー　んだねーれー
着物《ちん》チルカー　んだ！ねーれー

良《い》い事すんでぃどぅ　はまとーる
ぬーぬくぃーぬ吠《あ》びてー　とぅらすなけ

蜘蛛の巣のように獲物が来るのを待ち受けて
良い獲物は逃がしてはならない
網を張れさぁ網を張ろう
俺たちは天下のフェーレーだもの

命までは盗らないから心配しないでね
フンドシも要らないからそのままで
さぁ差し出せ！それ早く出せよ！
着物類はすべて脱ぎなさい！

彼女の為にやっているのだぞ
あれこれ文句をつけるなよ

だーねーれー　んだねーれー
さぁ差し出せ！うり早く出せよ！
汝《いや》ぁー彼女　んだ！ねーれー
君の彼女を置いて行けよ

民謡グループ「ザ・フェーレー」の「んだ！ねーれー」である。「ねーれー」とは「君の持ちものを僕に差し出せ」という意味である。つまり強盗である。「んだ！」は「さぁ」で呼び掛けの言葉である。先の多幸山では顔が見えない正体不明のフェーレー（山賊・強盗）であったが、この「んだ！ねーれー」は間抜けで個性豊かなフェーレーたちである。金品だけでなく彼女まで要求するユーモア溢れるフェーレーたちである。

そして命までは盗らない、サナジも盗らない、彼女のハートを盗む、心優しいフェーレには親しみを覚えるほどだ。こんなフェーレーには遭遇してみたいものである。沖縄のユーモアと優しい精神を兼ね供えたフェーレーたちに乾杯だ。

《フェーレー達　彼女の心　盗みたい》

＊んだ！ねーれー＝作詞・松田弘一　作曲・知名定男。面白い歌詞が八番まであるが抜粋した。「んだ！ねーれー」というタイトルもストレートで沖縄らしい。ＣＤのタイトルは「あなたの心を盗みます」。「んだねーれー」は「さぁ差し出せ！」と言う意味。

＊ザ・フェーレーのメンバー＝松田引一・徳原清文・松田末吉・池田間武雄。

＊網《あみ》フェーレー（網を張れ）とフェーレー（強盗）を掛けた言葉。

＊さなじ＝ふんどし。紗長（長い布）が語源か。
＊着物チルカー＝ちんちるかー。着物類。

二二一、フェーレーマンボ

ちゃっさ貧乏《ひんすー》　しちうてぃん
世《ゆ》の中明るく　渡やびら
闇ぬ世《ゆ》でぃ　思らんぐとぅ
明日に向かって　行ちゃびらな

ちゃっさカーギぬ　悪っさてぃん
くよくよめそめそ　さんぐとぅに
心《くくる》ぬ美《ちゅ》らく　あいどぅんさー
ねーとぅけーとぅや　あたいどぅする

いくら貧乏していても
世の中楽しく行きましょう
闇の夜と思わないで
明るい明日を生きようよ

いくら顔が醜くても
そんなことは気にせずに
心が真面目で純真であれば
それなりに似合う人に出会うよ

いっぺー頭《つぶる》ぬ　悪っさてぃん
うんじゅが情どぅ　頼ぬまりる
一十一や　わからんてぃん
飯《むん》ぬまーされ　しみどぅする

どんなに頭が悪くても
あなたの真心を頼りにしています
簡単な計算ができなくても（学問がなくても）
御飯が美味しく健康であればいいじゃないか

愉快な歌である。貧乏人やヤナカーギーや学問のない人たちへの激励、応援歌である。人の弱みや痛みが分かる心優しいフェーレーたちである。貧乏、ヤナカーギー、無学の人は劣等感に陥りやすい。その劣等感をはねのけている。

何はなくても明るく生きていれば、ご飯を美味しく食べて健康であれば、それなりの人と出会いい人生が送れるよ。くよくよめそめそせずに楽しい人生を生きようよ。お金がなくても美人でなくても学歴がなくても生きられるよ。

人間の価値は金やカーギや学歴で決まるものではない。自分の能力に合わせて地道に生きろとフェーレー達が応援している。

「小さきは　小さきままに　折れたるは　折れたままに　コスモスの花咲く」（昇地三郎）

《あれもない　これがなくとも　心配《しわ》するな》

*ねーとぅけー＝同じ程度、似たり寄ったり。

＊作詞・松田引一　作曲・知名定男。

＊昇地三郎＝一九〇六年（明治三九）～二〇一三年（平成二五）。障害児教育に一生を捧げた。

二三、ＰＷ無情

勝ち戦《いくさ》願てぃ
山ぐまいさしが
今や捕らわれて
屋嘉に泣ちゅさ
ＰＷ哀りなむん

戦《いくさ》てぃるむぬが
無《ね》らんどぅんありば
哀りくぬ姿
ならんたしが

勝ち戦を信じて
山に避難したが敗戦してしまった
今は囚われて
屋嘉の収容所の中にいる
捕虜は辛いものだよ

戦争というものが
なかったならば
こんなみじめで辛い生活は
なかったはずなのに

PW哀りなむん

悲しくみじめなもんだよ捕虜は

PWとは捕虜のこと。これは捕虜収容所の捕虜の嘆きと平和への思いを歌っている。勝ち戦と信じていたが結局、多くの命と家屋を失った住民は不自由な金網の中での収容所生活を強いられた。みじめで哀れな収容所の捕虜生活。誰が戦争をしたのか、何の為に誰の為にしたか。答えはわからない。誰を恨んでも仕方がない。諦めるよりほかない。いつ生まれシマに帰れるか分からない。明日がどうなるかも分からない。それに家族の安否さえ分からない。

ただ金網の中で日々を暮らす以外に何もない。ないないない。夢も希望も何もない。家は残っているだろうか。親兄弟は無事だろうか。知人友人たちはどうなっているだろうか。

ただ茫然と捕虜生活に耐えるしかない。

《PW　夢も希望も　囚《とら》われて》

＊PW＝Prisoner　of　war。捕虜。捕虜は約二八万人で三〇〇〇人がハワイに送られた。

＊屋嘉捕虜収容所＝一九四五年の敗戦から七〇〇〇人の日本兵・朝鮮人軍夫などが収容された。

＊山ぐまい＝山への避難、「ぐまい」は籠る。

＊作詞・金城守堅　作曲・普久原朝喜　歌・金城　実

＊屋嘉節

懐かしや沖縄　　悲しい沖縄よ

戦場《いくさば》になやい　戦場になって
世間御万人《しきんうまんちゅ》ぬ　多くの犠牲を強いられ
袖《すでぃ》ゆぬらち　みな悲嘆に暮れている

＊屋嘉の国道道沿いに屋嘉節と屋嘉捕虜収容所跡の記念碑がある。

二四、歌　碑

揺さぶりて　戦死した級友の名を呼びながら
碑を揺さぶりて　思い切り
思い切り　碑を何度も揺さぶって
聞けども聞けぬ　友よせめてもう一度
声を聞きたし　あなたの声を聞かせておくれ

「梯梧《でいご》の塔」の歌碑に刻まれた短歌である。学友を失った友の慟哭である。学友を奪われた友の泣き叫ぶ声である。慰霊碑を揺さぶって泣き叫ぶ学友がいる。今一度、君の声が聴きたい。笑い顔が見たい。青春の夢を語り合った君の姿が目に浮かぶ。

岩まくら　かたくもあらん　やすらかに　眠れぞと祈る　学びの友は

ひめゆり学徒の引率教師・仲宗根政善の教え子への供養の短歌である。歌碑に込められた思いから沖縄戦の実態や反戦平和の心を学びたいものである。

「揺さぶりて」の短歌を琉歌にすると次のようになるだろうか。

くん叩《たた》ち　力ぬ限《かじ》り　きっとぅばち　学友《どうし》ぬ声聞《くいち》か　石碑抱《だ》ち

＊この歌碑はひめゆりの塔の隣にある梯梧之塔（昭和高等女学校）にある。昭和高等女学校は山梨県出身の八巻太一校長が私財を投げうって那覇市崇元寺に設立した私立の商業学校。八巻校長は県内の学校を定年退職した後も山梨に帰らず沖縄県の教育に尽力した教育者である。

＊この歌の作者は瑞慶覧道子という人である。戦死した女子学徒の級友だろう。この歌に並んで次の歌も刻まれている。

一人来て　抱きしめる　我が友よ　名の刻まれし　濡《ぬ》れし碑文《いしぶみ》

二五、艦砲《かんぽう》ぬ喰《く》ぇー残《ぬ》くさー

我が親喰《うやくゎ》たる　あぬ戦《いくさ》

我が島喰たる　あぬ艦砲

生まれて代わてぃん　忘りゆみ

私たちの両親を奪った　あの戦

私達の島を破壊し尽くした　あの戦

生まれ代わっても　忘れるものか

誰《た》があぬ仕様《しざま》　しー出《う》じゃちゃが
恨らでぃん悔《く》やでぃん　飽《あ》きざらん
子孫末代遺言《しすんまつでぇいぐぅん》さな　汝《いゃ》ぁーん我《わ》んにん
艦砲ぬ喰ぇー残くさー

誰があの悲しい戦を　始めたのか
恨んでも悔やんでも　足りない
この事実を　子孫末代まで伝えよう
君も僕も戦の生き残りだから

「艦砲ぬ喰ぇー残くさー」とは沖縄戦の「鉄の暴風」のような砲弾や艦砲から生き延びたという意味である。生き残りを「喰ぇー残くさー」（食い残し）とは悲しい表現だが適格である。生き残った人は戦争の残飯なのである。

「艦砲ぬ喰ぇー残くさー」で最たるものは親や家族を失った戦争孤児である。戦争孤児は孤児院や親戚あるいは労働力として見知らぬ人に引き取られ肩身の狭い思いをしながら戦後を生きなければならなかった子ども達である。

誰が戦争を始めたのか絶対に許せない。恨んでも悔やんでも飽き足りない。戦争責任を追及しなければならない。このことを私たちには子孫末代まで伝える必要がある。戦争責任の追及と戦争の不条理を伝える決意の歌である。

《誰がした　戦の残飯　戦争孤児》

＊艦砲＝戦艦から撃ち込まれる火砲。沖縄戦では約四五、〇〇〇発が使われた。他にロケット弾、迫撃砲、戦車、航空機からの砲撃で地形が変わる程であった。砲弾が雨のように降って来たので「鉄の暴風」と呼ばれ無事生き延びた人を「艦砲ぬ喰ぇー残くさー」という。
＊あぬ仕様＝あぬしざま。残酷な沖縄戦。
＊飽きざらん＝飽き足りない。十分ではない。
＊沖縄戦だけでなく中国や南洋で戦死した県民も多いことを忘れてはならない。「艦砲ぬ喰ぇー残くさー」は沖縄戦だけではない。
＊戦争孤児＝約三〇〇〇人と言われるが実数は分からない。

《シーブン一七》無慈悲の人生

作者の比嘉恒敏（一九一七年・大正六〜一九七三年・昭和四八）さんは、一九四四年（昭和一九）の対馬丸撃沈で長男と父を失いその後の大阪空襲で妻と二男を失った。戦後、比嘉さんは飲酒運転の米兵に再婚した妻と共にひき殺された。艦砲から生き延びたのに再び艦砲にやられたのである。碑の「艦砲ぬ喰ぇー残くさー」の歌碑が比嘉さんの故郷である読谷村楚辺の海岸にある。碑の前で「恨らでぃん悔やでぃん飽きざらん」の比嘉さんの思いをしっかりと受けとめたいものである。

この歌を比嘉恒敏の娘さん達の民謡グループ「でいご娘」が父の遺志を歌い続けている。

二六、月桃《げっとう》

月桃白い　花のかんざし
村のはずれの　石垣に
手に取る人は　今はいない
ふるさとの夏

六月二三日　待たず
月桃の花　散りました
長い長い　煙たなびく
ふるさとの夏

月桃をサンニンという。そのサンニンの花は五月から六月にかけて満開する。ちょうど沖縄戦の初めから終わりの時期である。作者の海瀬頭豊は糸満の米須辺りを訪ね歩いた。その時の光景を詠んだのがこの「月桃」である。

主のいなくなった空き家で月桃がきれいに咲いている。「手に取る人は今はいない」は一家全滅を意味している。米須には一家全滅が多いと言う。村はずれに一家全滅の慰霊碑がひっそりと建っている。

六月二三日は「慰霊の日」である。今年はちょうど日曜日にあたり南部の至る所で例年よりも車の渋滞が発生していた。そして至る所の慰霊碑で祈る人々の線香の煙が充満していた。その光景が「長い長い煙たなびく」である。

僕のサトーキビ畑は月桃・サンニンに囲まれている。今年もムーチーを包もうと思う。

《月桃咲き　煙たなびく　故郷の夏》

＊海瀬頭豊＝うみせどうゆたか。一九四三年（昭和一八）うるま市平安座島生まれ。他に喜瀬武原など多数。映画「ガマ」の制作者。この月桃は「ガマ」の主題歌。「ガマ」は洞窟のこと。

二七、黄金の花

黄金の花が　咲くと言う
噂で夢を　描いたの
家族を故郷　故郷に置いて
泣く泣く　出て来たの

素朴で純情な　人達よ
本当の花を　咲かせてね
黄金で心を　捨てないで
黄金の花は　いつか散る

金儲けが簡単に出来るという
噂を聞いて決意したの
親兄弟を故郷に残して
泣く泣くやって来たの

離島や地方から出稼ぎにきた娘さんたちよ
地道に働くのが一番だよ
お金に惑わされたらいけないよ
お金はすぐになくなるものだから

「黄金の花」（ネーネーズ）の最後の一節である。戦後、中部の基地周辺に多くの飲み屋が林立した。その飲み屋に奄美大島や沖縄の離島から多くの娘たちが出稼ぎに押し寄せた。この歌にはそうした戦後沖縄の事情が背景にある。

「素朴で純情な人達」とは離島から押し寄せた娘さんたちという意味だろう。高い報酬や口のうまい米兵達に騙されるな、何時かは捨てられるよ、純真な心を売らないで、お金はいつかなくなるよ。

高い基地収入にも騙されるな、地道に真面目に畑を耕して生きて行こうよ、沖縄のすべての人よ、基地のお金に惑わされるな、お金で心を売らないで、お金を当てにしないで逞しく生きようよ。

黄金の花はいつか散る。素朴で純情な娘たちよ、黄金の花に惑わされないで明るい太陽の下で生きようよ。故郷の親を安心させようよ。そして大人たちよ、基地に頼らずに祖先から受け継いだ土地を耕して生きようよ。

《ネオン華　基地に咲く花　いつか散る》

＊作詞・岡本あさみ（一九四二年・昭和一七～二〇一五・平成二七）作曲・知名定男。ネーネーズのヒット曲。

＊次は随筆家・岡部伊都子（一九二三年・大正一二～二〇〇八年・平成二〇）の詩。「黄金の花」と共通するものがある。岡部伊都子は婚約者が沖縄戦で亡くなったので沖縄をよく訪れた。旧南風原文化センターにも来た。

友達を　売ったらあかん

子どもらを　売ったらあかん

まごころを　売ったらあかん
本心を　売ったらあかん
こころざしを　売ったらあかん
大自然を　売ったらあかん
いのちを　売ったらあかん
自分を　売ったらあかん
自分を　売ったらあかん

二八、沖縄を返せ

堅き土を破りて
民族の怒りに燃ゆる島
沖縄よ
我らと我らの祖先が
血と汗をもて
守り育てた沖縄よ

米軍の圧政に抗して
我々は立ち上がった
苦難を強いられながらも
歴史を切り拓いてきた
我らが祖先たち
我らが愛するこの沖縄

我らのものだ沖縄は
沖縄を返せ
沖縄を返せ

今こそ拳を突き上げ
明るい沖縄
平和な沖縄を克ち取ろう!

「祖国復帰運動」のテーマ曲「沖縄を返せ」である。敗戦後の一九五二年四月二八日調印の「サンフランシスコ平和条約第三条」によって沖縄はアメリカの施政権下になった。名は平和条約であるが沖縄にとって植民地条約であった。

以来、沖縄は米軍基地から派生する事件事故に晒されることになった。米軍兵士による子どもや女性への暴行殺人、軍用ジェット機やヘリコプターの小学校や大学への墜落、イノシシと間違えられて射殺された婦人など枚挙にいとまがない。

事件事故だけでない。土地の取り上げ、人権や自治権の剥奪、裁判や逮捕権のない治外法権的な無法状態に置かれた。沖縄に君臨するキャラウェィ高等弁務官は「沖縄に自治は神話である」(自治神話論)と言い放った。

こういう状況に対して沖縄県民は「祖国復帰協議会」を起ち上げ「祖国復帰運動」を強力に展開した。復帰行進、県民大会などを繰り返し自治権拡大、人権回復を目指した。これらの運動はこの「沖縄を返せ」に鼓舞され燃え上がった。

サンフランシスコ平和条約の締結された四月二八日を「屈辱の日」と定め、「沖縄を返せ」の歌が沖縄の空にこだまし県民を奮い立たせた。四月二八日を「四・二八」（よん・にー・はち）と呼び、この四・二八のテーマ曲が「沖縄を返せ」である。

沖縄は何処に返えるのか。それは日本であった。しかし、その日本はまたしても沖縄を裏切った。「日本復帰」は欺瞞であり幻想であった。沖縄側もそれを見抜けなかった。運動の理念に欠点があったと言われる（反復帰論）。

今、この反省に立って「沖縄を返せ」ではなく「沖縄に返せ」と歌詞を変えなければならない。「沖縄は沖縄に返せ」と。

《何処へ行く　魂抜《まぶいぬ》かれて　くぬ沖縄《うちな》》

＊作詞・全司法福岡高裁支部　作曲・荒木栄（一九二四年・大正一三～一九六二年・昭和三七）。荒木は三井三池争議に参加した労働者。「がんばろう」も彼の作品。

＊堅き土を破りて＝強大な米軍事支配をはねのけて。困難をのり越えて。

＊歌には力がある。世界を変える力がある。かつてのジョンバエズやボブデュランがそれを証明している。「沖縄を返せ」にも大きな力があった。今、そういう力のある歌がなくなった。

＊高等弁務官＝沖縄統治の最高司令官。キャラウェイ高等弁務官（一九六一年・昭和三六～一九六四年・昭和三九）は、強権的な「布令」「布告」を発動した（キャラウェイ旋風）。「布令」「布告」とは弁務官が制定する法律のこと。

＊反復帰論＝心情的に日本を「祖国」として希求することを拒否し沖縄にとって真の自立とは何

かと問い掛けた思想。新川明や川満信一等が提唱した。この思想は「反国家論」へ向かったと言われる。

*もし仮に沖縄戦やそれに続く復帰運動がなければ僕はどうなっていたか。おそらく正義とか平和とか人権とかの問題に無関心になっていたのではないか。時代に迎合して平々凡々、ノウノウと暮らしていたのではないか。沖縄戦等の負の歴史は完全否定しなければならない。がしかし、今ある自分は負の歴史から学んで来たことが多い。沖縄以外に生まれていたら僕はどうなっていたのだろう、ふと思うと何だか複雑な心境になるのである。

二九、芭蕉布

首里の古城の石畳
昔を偲ぶかたほとり
実れる芭蕉熟れていた
緑場の下《した》我《わ》した島沖縄《うちな》

首里城から延びる石畳みの道
昔の面影が残る城下の町々には
芭蕉の実がたわわに実っている
緑豊かな我が沖縄よ

「芭蕉布」は沖縄の抒情歌であり唱歌であり歌曲である。かつての沖縄の豊かな風景を歌った誰にでも親しまれる歌である。芭蕉布とは糸芭蕉の繊維で織りあげた沖縄を代表する織物のこと。歌は「芭蕉布」に象徴される沖縄の原風景を描写している。

「首里の古城の石だたみ」とは首里城から延びる金城町に代表される石畳ことだろう。「昔を偲ぶかたほとり」は首里城下に広がる町々の風景のことである。その風景の中でも代表的なのは中国の冊封使が舟遊びを楽しんだ龍潭池だろう。こういう歴史の面影が「昔を偲ぶかたほとり」である。

この芭蕉布を歌うと何故か「琉大逍遥歌」を思い出す。

ふるき都に　さすらいて　　　かつての王都であった首里の
世紀のあとを　尋ぬれば　　　歴史の跡を尋ねると
あぁ青春の　血はさえて　　　熱い血が湧きたち
羽ばたく希望《のぞみ》　力あり　　　希望に燃えて力が湧いてくる

「ふるき都にさすらいて」「世紀の跡を尋ぬれば」は、芭蕉布の「首里の古城の石だたみ」「昔を偲ぶかたほとり」と重なっている。首里から西原の新天地に移転した我が琉球大学は何処を逍遥するのだろう。

《青い空　実れる芭蕉　石畳》

＊芭蕉布＝作詞・吉川安一　作曲・普久原恒男　一九六五年（昭和四〇）。
＊かたほとり＝隅々。首里の村々。「ほとり」は側、近く。「小諸なる古城のほとり」（島崎藤村）。
＊「実れる芭蕉熟れていた」とあるが糸芭蕉に実はない。唱歌「波浮の港」に「波浮の港は夕焼け小焼け」とある。波浮は東海岸だから夕焼けはない。歌詞をあれこれ詮索すべきではないと思うのだが。
＊琉大逍遥歌＝作詞・新川　豊　作曲・渡久地政一。

＊逍遥＝散策する。さまよう。
＊琉球大学＝一九五〇年（昭和二五）開学。琉大の歴史は「琉大物語」（山里勝己）に詳しい。
＊琉大は本土復帰にともない国立大学となった。それによって琉大は国有地となった。琉大跡の首里城は国立公園となった。首里城は国のもので沖縄のものではない。このことは「龍柱の向き」よりもっと大きな問題ではないか。首里城を国から取り戻すことが何より優先されるべきではないかと思う。

三〇、汗水節《あしみじぶし》

一日に一厘《ぐんじゅう》　百日に五貫《ぐくゎん》　　一日に五〇銭百日に五貫
貯《た》みて損《すく》なゆみ　昔言葉《んかしくとぅば》　　貯めて損する事とはないとの言い伝え
御万人《うまんちゅ》ぬ為ん　我が為とぅ思むてぃ　　世間のことでも自分事と思って
百勇《むむいさ》み勇でぃ　尽《ち》くしみそり　　全力を尽くして頑張ろうよ
ユイヤサッサ　スラヨースラ働かな　　さぁ共に楽しく働こうじゃないか

一九二八年（昭和三）沖縄県の勤倹貯蓄運動で募集した際に具志頭村郵便局長の仲本稔が応募した歌である。当時は世界恐慌のあおりで沖縄でもソテツ地獄と言われた大不況だった。この汗水節は勤労と貯蓄を奨励する歌として宮良長包が作曲し県民に親しまれる沖縄を代表する歌となった。

一厘を何故、「ぐんじゅう」と言うのか。「ぐんゅう」は「五〇」のことである。王府時代の鳩目銭五〇枚がヤマトのお金では一厘であったことがその理由のようだ。五〇〇枚で一銭になり五貫は一〇銭になる。汗水節は勤労と貯蓄の歌であり教訓歌でもある。農業部落で知られる南風原町山川の朝は公民館から流れる汗水節ではじまる。

《百勇《むむいさ》でぃ　汗水流《あしみじなが》さい　うみはまら》

＊汗水節は仲本稔が二四歳の時に作詞した。八重瀬町具志頭体育館の近くに碑が建っている。

＊宮良長包＝みやらちょうほう。一八八三年（明治一六）～一九三九年（昭和一四）。石垣生まれ。南風原尋常小学校の校歌も宮良長包の作曲である。

＊御万人＝うまんちゅ。世間の人。

＊百勇でぃ＝むむいさでぃ。全力を尽くして。

＊うみはまら＝頑張ろう。

三一、ヒヤミカチ節

七転《ななくる》び転びぃ　　転んでも転んでも

ヒヤミカチ起《う》きり　　意気地を出して起き上がろう

我《わ》した此《く》の沖縄《うちな》　　そして俺たちの沖縄を発展させて

世界《しけ》に知らさ
名に立ちゅる沖縄
宝島でむぬ
心うち合わち
気張《ちば》いみそり
ヒヤヒヤヒヤヒヤヒヤ
ヒヤミカチ起《う》きり

我んや虎《とぅら》でむぬ
羽着《はにち》けきてぃたぼり
波路パシフィック
渡てぃなびら

世界中に示そうじゃないか
豊かな歴史を誇るこの沖縄
文化の花咲く豊かな島だよ
心をひとつにして
頑張ろうよ立ち上がろうよ
さぁヒヤミカしてヒヤミカして
立ち上ろうじゃないか

虎の俺に
羽を着けてくれ
太平洋を越えて
雄飛しようじゃないか

がくや鳴ぃしゅらさ　音楽は素晴らしいし
花や咲ち美《ちゅ》らさ　咲いている花も美しい
我したくぬ沖縄《うちな》　花開くこの沖縄に
世界《しけ》に知らさ　誇りを持とうじゃないか

沖縄戦ですべてを破壊された沖縄。何をどうすればいいのか分からない。夢も希望もない。あるのは絶望だけ。いや、嘆くな、弱音を吐くな！、ヒヤミカチ起き上がろうじゃないか、希望を持って沖縄を復興させようじゃないか。

暗く貧しい戦後の沖縄を奮い立たせる応援歌、それがこのヒヤミカチ節である。作詞の平良新助はハワイ・アメリカ移民帰り。つまり平良は沖縄を外からの視点、世界からの視点で沖縄を見つめ沖縄県民を励まし奮い立たせるためにこの詩を書いたのだ。

この歌を聞くと何だかやる気が出てきて勇気が湧く。軽快な曲が沖縄人の魂を奮い立たせる。居ちん立っちん居らん。チルダイし落ち込んだ時の特効薬がこのヒヤミカチ節である。この歌のように沖縄はヒヤミカチして大いなる復興と発展を遂げたのである。

《負《ま》け戦《いくさ》　負《ま》きてーならんさ　ヒヤミカチ》

＊ヒヤミカチ＝エイ、ヤー！。気合を入れる言葉。綱引きに綱を持ち上げる時にヒャーイユイと掛け

声を掛けるとしっかりと戦闘モードに入るのである。

＊平良新助＝たいらしんすけ。一八七六年（明治九）～一九四五年（昭和二〇）。今帰仁村出身。移民を奨励し自らも移民した。

＊山内盛彬＝やまうちせいひん。一八九〇年（明治二三）～一九八六年（昭和六一）。那覇市首里出身。古典音楽民俗音楽研究家。一九四八年に平良新助のこの詩に曲をつけた。

＊がく＝音楽。路次楽の楽器「ピーラルラー」と言われる「ガク」という笛がある。

＊三番の歌詞に「我んや虎でむぬ　羽ちきてぃたぼり」とある。NHKの朝ドラに「虎に翼」がある。「虎に翼」とは「鬼に金棒」と同じで「強いものにさらに強さが加わる」という意味。「虎に羽をつける」も同じで「さらに強い心を持って海外に雄飛しよう」という意味になる。作詞の平良新助は「虎に翼」という中国の故事を知っていたのである。

＊「ヒヤミカチ節」の歌詞は平良新助と山内盛彬の合作と言われる。

第三章　毛《もー》遊《あし》び歌

先輩たちに毛遊びの時代があった。毛遊びはムラの若い男女の交流の場であり、結婚相手と出会う機会であり、何よりムラの若者たちの娯楽・社交の場であった。そして毛遊びの中から多くの歌が生まれた。

しみじみと歌うナークニーがあった。カイサレーがあった。ジントヨーがあった。賑やかなカチャシーもあった。男女の即興の掛け合い歌があった。歌者たちの競演があった。夜を徹して思い切り歌い踊り語り合った。

ここに取り上げるのは名も無き農民たちの毛遊び歌である。「農民にコーラスがあるのはロシアと沖縄だけである」。確か大正時代の東洋音楽学者・田辺尚雄の言葉である。農民のコーラス、毛遊び歌から当時の世相を見てみよう。

＊田辺尚雄＝たなべひさお。一八八三年（明治二七）～一九八四年（昭和五九）。東洋音楽研究家。一九二二年（大正一一）に沖縄諸島の音楽を調査した。

一、姉《あね》べたやよかし　　先輩たちは良い時代だったね
シヌグしち遊《あ》しで　　毛遊《シヌグ》びが出来て
わした世《ゆ》になりば　　私達の時代は
御止《うとぅみ》されて　　禁止されてしまったよ

恩納ナベの歌である。シヌグとは祭祀行事のことであるがここでは男女の毛遊びのことである。楽しいはずの毛遊《シヌグ》びが禁止されてしまった、どうして若い男女の楽しみを奪うの、という恨み節がこの歌である。

中国からの冊封使が北部の視察途中に恩納番所へ宿泊する事になった。毛遊びは風紀を乱すもので見た目にもいい印象は与えない。王府としては冊封使に毛遊びを見せたくないというのが禁止の理由であったといわれる。

禁止されて若者たちは毛遊びを自粛しのだろうか。受け入れたのだろうか。

瀬を早み　岩にせかるる　滝川の　われても末に　逢わんとぞ思ふ（崇徳院）

（川の水が岩にぶつかって二つに割れても何時かはまた合流するよ）

障害物の岩にぶつかれば水はさらに勢いを増して流れる。人も禁止されればされるほどその思いは余計に増して来るはずである。恩納ナベたちが禁止令に大人しく従ったとは考えられない。隠れて秘かに毛遊びを楽しんだのではないか。

二、恩納松下《うんなまちしちゃ》に　　恩納番所近くの松の木の下に
ぬ碑《ふぇ》ぬ立つし　　毛遊び禁止の立て札が建っている
恋忍《くいしぬ》ぶまでの　　まさか若い男女の恋まで
禁止やねさみ　　禁止したのではないでしょうね

若い男女にとって毛遊びは恋の相手を見つけ結婚相手に出会う格好の機会であり最高の娯楽である。まさかそのような私たちの毛遊びを禁止するということではないでしょう、いやそうであればこの碑を撤去してよ王様！。

恩納ナベは開放的で野性味を備えた歌人であったと言われる。豪放な性格の恩納ナベが毛遊び禁止に黙っているはずがない。この歌は毛遊びを禁止した国王へのナベの抵抗と抗議の歌だろう。ナベは物言う農民歌人なのである。

＊シヌグ＝豊作を願う祭祀行事。災厄を「凌《しの》ぐ」が語源とされる。国頭村安田のシヌグは有名。

＊毛遊び＝農村の若い男女の交流の場。交際相手や結婚相手に出会う機会となる。村はずれの野山で夜から深夜にかけて歌や踊りを楽しんだ。毛遊びを「けあそび」と読んだ人がいたらしい。

＊恩納ナベ＝うんななびー。恩納に生まれた一八世紀の沖縄を代表する女流歌人。次の歌もある。

　地頭主《じとぅしゅー》したり前《めー》　御取次《うとぃちじ》さびら　首里加奈志《しゅいがなし》めでい
　夜昼んさびん　天《あま》ぬ世《ゆ》ぬシヌグ　御許しみしょり

お役人様、首里の国王様の御奉公を励みますからどうかシヌグ禁止令を解いて下さい、という意味である。国王の禁止令に対してその解除を直訴しているナベの歌である。

＊冊封使＝さっぷうし。琉球国王を任命するために王冠を携えてやってくる中国からの使者。約五〇〇人が半年間滞在したので食事や接待で財政的負担が大きかったと言われる。

＊地頭主・したり前＝村長様・お役人様。

＊首里加奈志めでぃ＝国王への奉公。
＊天ぬ世＝あまぬゆ。昔からの。

三、喜屋武《ちゃん》ぬ村役目《むらやくみ》
咲ちゅる花止《とう》みて
流りゆる水《みじ》に
くんちうちぇさ

喜屋武のムラ役人は
恋する若い娘たちの自由を奪い
若い想いを川の水に流したり
木に縛り付けているよ

我が喜屋武でも他のムラに遊びに行くことが禁止された時期があった。明治生まれの僕の母は誘い合って宮平へ行った事がバレてムラヤーに連行されてひざまずきさせられたと小言を言っていた。ムラを越えての若い男女の交際は禁止されていたのである。

馬手間《うまでぃま》という制度がある。これは他のムラへ嫁ぐ時にムラへ支払う罰金のことである。大正時代、我が喜屋武から隣の山川に嫁いだAさんの馬手間は一年分の収入の相当額だったという。他ムラの嫁ぐことはムラにとって税負担がその分増えることになる。その穴埋めが馬手間である。

この歌も娘たちのムラへの反抗・抵抗・抗議の歌である。押さえつけるものには必ずそれに反発する力が生れる。これが若者たちの情熱でありエネルギーなのである。花は花のまま咲かせてよ、咲こうとする花を摘まないで、私たちをいじめないで、お願だから自由にさせてよ、この気持ち分かるでしょ、村役目さん達も昔やったでしょ!。

＊咲ちゅる花＝娘たちの恋、熱い想い。

＊くんちうちぇさ＝縛って置いてある。

＊ムラヤー＝現在の公民館。ムラの行政機関でムラ人を取り締まるのもその役割。

＊馬手間＝規則や禁止する事を法度《はっと》という。「武家諸法度」がある。その法度が村の「内法」である。
馬手間は法度でありムラの内法である。内法はムラの憲法にあたる。王府時代の税はムラ人全体で負担した。結婚してムラから一人減るとその分しわ寄せが来る。そのしわ寄せ分を埋めるのが馬手間なのである。大正時代の我がシマの馬手間は現在に換算すると約四〇〇万円になる。馬手間を払わない人は捕えられ馬に乗せて引きずり回したことからその名が付いた（源武雄）。

四、當間村《とうまむら》通ゆてぃ　隣の當間ムラに通って

為なたみ二才小達《にせぐゎーた》　うまく行ったの

石小《いしぐゎー》投《な》ぎらりてぃ　當間の青年達に石を投げられて

損どぅなたさ　追っぱらわれたよ

綱引きや十五夜の行事の夜に徒党を組んで隣村へ行く。目的はそのムラの娘たちである。しかし隣ムラでもそのことを察知していて夜警団を組織し防御態勢を整えている。他シマの青年達を見つけたら排除されることになる。

綱引きの夜、我が喜屋武に国場の青年たちがやって来た。目的は綱ではなく喜屋武の女子青年達だ。そこで喜屋武の青年たちと国場の青年たちが対立する。ある年の綱引きでは国場の青年たちとケンカになり傷害事件に発展した。同じ様に津嘉山では国場の青年が死亡する事件も起きている。

このように他シマへの遠征は夜警団に排除されて成功した例はない。何処でも自分のムラの女子を守るのがムラの青年の責務なのである。いや他のシマへ嫁がれてしまうと嫁不足となってしまう。だから命を掛けてムラの女子を守るのは至上命題なのだ。動物に縄張りがあるように人間にはさらに強い縄張りがあるのは人情であり当然なのだ。

＊夜警＝綱引きが終わった夜一一時頃から六尺棒を持って字内を巡回する。他シマの人をみつければ説得して帰ってもらう。説得に応じなければトラブルとなる。夜警は五〇年前まであった。

＊「いかな他所島《ゆしゅじま》ぬ　美ゅら二才小《にせぐゎ》やてぃん　島ぬ赤ぶさや《やなかーぎー》　ましどぅやゆる」
他所島のどんな美男子より自分のムラのヤナカーギー男の方がよい。毛遊びに他のシマから来る人を敬遠している歌である。素性の知れない人より気心の知れた人がいいという意味である。やはり他シマへ毛遊びに行くのはそのシマの男だけでなく女からも嫌われるのである。隣の青い芝生よりシマの枯れた芝生が安心なのである。

五、喜屋武《ちゃん》ぬ中道《なかみち》に　　喜屋武の中道りに
落とし穴つくてぃ　　落とし穴を作って
他シマ姉《あん》ぐゎたや　　他ムラの姉さんたちを
落とぅちみしら　　落として見せよう

「喜屋武ジントヨー節」である。喜屋武の二才たちは他島へ遠征するが他シマの姉さん達が我がシマに来て欲しいという希望の歌である。女性を求めて他シマへ行くことを「女《いなぐ》あさぐぃが行ちゅん」という。あさぐぃんは漁《りょう》、探すという意味である。

「島の真ん中に落とし穴を作って落とす」

これは「あさぐぃん」つまり漁である。あるいはまた仕掛けを作ってイノシシを捕る猟のようなものである。女の漁、狩りである。しかし、この歌には別の意味がある。

「落とし穴に落とぅちみしら」とは島の魅力を充分に理解させて島に愛着を持ってもらおう、その上で交際し結婚まで結び付けよう、という意味なのである。漁でも狩りでも「エサ」に魅力があるから食いつくのである。その「美味しいエサ」が落とし穴なのだ。

＊この歌に似た歌がある。
辻ぬ中道に　落とし穴作くて　ぐんぼする里前　落とちみぶさ

「ぐんぼ」はゴボウで浮気者という意味。喜屋武の歌はこの歌にヒントを得て作ったに違いない。

＊喜屋武「ジントヨー節」に次の歌もある。ジントヨーとは「そうだよね」という意味。

馬追小《うまういぐゎ》に登てぃ　南平原《へんだばる》見りは　馬場から南の方を見ると
見るかたやねらん　うじとぅげーんとぅ　何の取り柄もないキビとススキだけ

＊女《いなぐ》かきーん＝いなぐかきーん。これも「あさぐぃん」と同じような意味である。「かきーん」とは「魚かきーん」と同じで「女を釣る」という意味になる。

六、かりゆしぬ遊び　目出度いまつりが
うち晴りてぃからや　心浮き浮きやって来たよ
夜《ゆ》ぬ明けて太陽《てぃだ》ぬ　朝の太陽が上がるまで
上《あ》がるまでん　遊んで楽しもうよ

七、夜ぬ明けて太陽《てぃだ》ぬ　いや夜が明けて太陽が
上《あ》がらわんゆたさ　上がってもかまわない
巳丑時《みまんとぅち》までん　昼の十二時頃まで
御《う》祝《ゆ》ぇさびら　遊びましょうよ

遊びへの期待と決意の歌である。夜が明けるまで遊ぼうと男が言うと、女は翌日の昼前まで遊ぼうという。せっかくの遊びなのに朝まではもったいない、遊び足りないというのである。恋人達の時間はいつも足りないのだ。

我が喜屋武の綱を引いた後は東西入り混じっての直会《なおらい》となる。綱を肴に飲み明かすのである。夜が明けて朝日が昇ってくると中毛小のガジマルの木陰へ移動し飲み続ける。さらに昼前になると周辺の迷惑を考えて大里公園へ移動する。「己丑時《みまんとぅち》までぃん」である。

＊うち晴れて＝心浮き浮き、心が明るくなって。一糸まとわぬ全裸という意味もあるとか。
＊直会＝なおらい。行事の後の飲み会。
＊巳午時＝みまんとぅち。午前一〇時～一二時。
＊私生児を「ヤマーグヮー」（山小）という。山で出来た子どもという意味である。つまり毛遊びの子どもということになる。ヤマーグヮーは毛遊びの副産物なのであろう。それを恐れて毛遊びに反対する親もいたと言う。

八、遊《あし》びかいやしが　　さぁ遊びに行くのだが
手拭《てぃさじ》まに置《う》ちぇが　　ティサジは何処に置いてあるの

中前入《なかめ》り口に　　家の入口にあたりに
下《さ》げてうちぇさ　　掛けてあるよ
いった門《じょー》に待つみ　　君の家の門で待つか
十字路《かじまやー》に待つみ　　誰もいない十字路で待つか
なりや十字路や　　できれば人気《ひとけ》のない十字路が
ましやあらに　　いいじゃないの

手拭を持ってデートに行こう。その手拭は何処だろう。家の入口に掛けてあるよ。彼女と何処で待ちあわせようか。家の門だと親たちに見つかる。そうだ!目立たない十字路で待つことにしよう。電話も携帯もない時代のお互いの連絡は、口頭でしなければならない厄介な時代であった。いやそれが当たり前なので不便には思わない。前回のデートの別れ際に次回の日時や場所を決めていれば問題はない。

＊花　子「おじぃは　おばぁの所へ　何回くらい通ったの?」
おじぃ「あんやさやー　下駄《げた》ぬ草履《さば》なるか　通《か》ゆたんてー」
（そうだね、下駄が草履になるまで通ったさ）

底の厚い下駄が草履のように薄くなるまで、という意味である。「下駄ぬ草履なるか」とはいい表現、なと一ん！。

九、十字路《かじまや》に立てぃば
風《かじ》ぬむぬ聞《ち》ちゅいよ
登《ぬ》ぼてぃ天井小《ていんじょぐゎ》や
ましやらに

十字路に立てば
余所に知られてしまうから
離れのアサギの天井部屋が
よいのではないか

女が積極的に男を天井部屋に誘っている歌である。「風ぬむぬ聞ちゅい」とは「噂が立って余所に知られてしまう」という意味である。十字路は人が行き交う場所だから他人に知られてしまう。だから誰にもバレない密室の天井小がいいと言うのである。かなり進行した仲なのだろう。

＊アサギ＝離れの家。作業場や物置や家畜小屋。士族の家では母屋の他に客をもてなす離れのアサギがあった。神アサギは「アシー」（供物）を差し上げる拝み場のこと。

＊十字路＝ユーチーカジマヤーと言う。四つの風が渦巻く場所と言う意味である。ハブを捕獲したら四つに切って十字路に埋める沖縄の習慣がある。十字路は四つの風が渦巻く異界なのだろう。

《シーブン一八》恋の終わり

Aは長年、B子に片想いをしていた。ある日の夜、覚悟を決めて告白する事に決めた。月のない深夜、B子の家に忍び寄りB子が寝ていると思われる部屋の戸を思い切って叩いた。

「ぬーが　ぬーがや」（誰？何の用？）

起きて出て来たのは何とB子の祖母だった。間違えて祖母の部屋の戸を叩いたのだ。Aは仕方なく祖母に事の成り行きを告白した。

「うぬ事《くと》ぅやれー　別《びち》んかい考ぇーてぃ　とぅらせー」（その事だったら別の人に当たってくれ）

祖母に諦めるように言われた。

「あんせー　あんさびーさ」（分かりましたそれではそうします）

Aの恋はあっけなくもいさぎよく終わった。

＊数年後、Aは山川の人と結婚しB子は遠く宜野座へ嫁いだ。

十、

遊び庭《な》や前道《めみち》　皆で揃って遊ぶのは前道
約束《やくしく》は上筋《うぃしじ》　二人だけで落ち合う場所は上筋
登《ぬ》ぼてぃ馬追小《うまいぃぐゎ》や　そして秘密のデートの場所は
語れどぅくる　馬追小なのさ

前道は綱引き場所で喜屋武の中心である。そして公民館前の上筋《うぃーしじ》は盆のウークイの遊びどころ。現翔南小学校にあった馬追小《うまうぃぐゎー》は名の如く競馬の練習場である。ムラから離れた場所にあるので夜は男女の密会の場となった。

居酒屋も飲み屋もない。男女が語り合う場は馬追小などの人里離れた所となる。何と門中墓の庭で語り合った強者もいるそうだ。門中墓は誰も来ない場所で安心してデートが出来る場所なのだ。見ているのは墓の中の物言わぬ祖先しかいないのだから。

＊上筋＝うぃーしじ。公民館前は以前、上筋という広場だった。盆のウークイの各家を巡るエイサーのスタートとゴール地点。エイサーが終わると芸能が行なわれた場所。

＊馬追小＝うまうぃーぐゎー。南風原の「ハルスーブ・畑の勝負」の際の余興に部落対抗の競馬が宮平の馬場《うまうぃーぐゎー》であった。その競馬に向けた馬の練習場と言われる。またある所では首里へ納める貢物の集積場だったとも言われる。沖縄の競馬は速さを競うのではなく馬術のような歩き方や走り方を競った。

＊門中墓では組踊の練習も行われた。静かで誰にも知られずに練習に熱中出来るというのがその理由だった。

十一、踊《をぅど》いにが惚《ふ》りら

姿《しがた》にが惚りら

あの娘の踊りに惚れるのか

それとも容姿に惚れるのか

あねるゆむ面《じら》や　あんな憎たらしい顔に
何《ぬ》にが惚りら　誰が惚れるものか

毛遊びの最中で好きな彼女を他の男に取られたのだろう。負け惜しみの歌である。本当は彼女の踊りの魅力に取りつかれ容姿《かーぎ》も美人なので一目ぼれしてしまった。思い切って彼女に告白するとあっさり断わられてしまった。

ちくしょうめ！。お前なんか踊りも下手くそで顔もヤナカーギーじゃないか。お前に惚れる男なんか何処にもいないよ。勝手にしろ！。振られた悔しさを弁解している。自分を慰めて納得している哀れな男の歌である。これを昇華という。

この振られた男の心境が分かるような分からないような。毛遊びで全員が思い通りに行くとは限らない。おそらく半分以上がこの男のような悔しい結果になったのではないか。いや女の人も。毛遊びは若い男女の喜怒哀楽に満ちていたのだろう。

＊ゆむ面＝ゆむじら。憎たらしい顔。うちなーぐちで顔を「ちら」という。面《つら》である。ゆむはイヤな。「ゆんがしまさん」はとてもうるさい。
＊昇華＝しょうか。実現不可能な目標に対して自分に都合のいい弁解をして諦めること。
＊振る・振られる＝平安時代、ポロポーズの返事は「振袖の袖を振った」ことに起因する言葉。

十二、三線小ぬ女絃《みーじる》
童妻《わらびとぅじ》ぐくる
どぅく強《つ》みて弾きば
切《ち》りて退《ぬ》ちゅさ

三線の女絃は細いので
子どもや若妻のように弱い
あまり強く弾くと
切れてしまうよ

三線には上から順に男絃《をぅじる》、中絃、女絃《みーじる》の三絃ある。三絃は太い順になっていて女絃は一番細く切れやすい。同じように子どもや若妻もか弱い。だから三線の女絃と同じように子どもや妻にあまり強く当たってはいけない。

子どもや若妻を「どぅく強みて弾きば」（強く当たったら）子は不登校か家出をしてしまい、若妻からは離縁を迫られるだろうから要注意。だから「触らぬ神に祟りなし」の教えの通り妻に不平不満があっても我慢してヤファッテングヮー接することが肝要である。

社会には女絃と同じように弱い立場の人たちがいる。その弱い立場の人たちに強く当たって苦しめてはいけない。いじめてはいけない。この歌はそういうことを言っているのではないか。世の中、太くて強い男絃《をぅじる》だけではない。

沖縄に三線が伝わったのは一四世紀頃といわれる。中国の福建省の人達が沖縄に移住する際に持ち込んだと思われる。六〇〇年以上の歴史があることになる。三線によって沖縄の芸能が飛躍的に発展したことは間違いない。

＊沖縄サンシンは「三線」、ヤマトのシャミセンは「三味線」と表記する。
＊童妻ぐくる＝わらびとぅじぐくる。子や妻と同じだ。
＊ヤファッテングヮー＝優しく、柔らかく。
＊一三七二年に察度王が明と交易を開始する。その頃に福州から久米村に移住した。その時に三線を持ち込んだものと思われる。三線の他に胡弓など十何種の楽器が伝わっている。

十三、三絃小《ぐゎー》　　三線をただ一人で

むぬ言い泣ちしみてぃ　　寂しく泣き言のように弾いているよ
側《すば》に居《をぅ》る里《さとぅ》や　　側にいる君は
唄や知らに　　唄を知らないのか

「ハンタ原ナークニー」である。ナークニーとは宮古調の歌という意味らしい。自分の想いをこの曲に乗せて相手に語り掛けるように歌う。ナークニーは毛遊び定番の歌である。ハンタ原とは村里離れた毛遊び場のこと。

せっかく三線を弾いてハネーカソーとしているのに側でただ黙って聞いている。だから三線も寂しそうで泣き言のようだ。黙って歌おうとしない人に一緒に歌おうじゃないかとけしかけている。毛遊びに歌を聞ききに来たわけではないはずだ。三線とともに一緒に歌ってはじめて賑やかになり華やぐのである。黙っている人は帰りなさい。ゆーちらーねーらん。「弾けー三線・あびーれー歌」を知らないのか。

＊ハネーカスン＝賑やかにする。跳ねて、華のように咲いて。

＊ゆーちらーねーらん＝かいもない。せっかく毛遊びに来たのに何のために来たか分からない。

＊弾けー三線・あびれー歌＝三線をかき鳴らして大いに歌おう。あびれーは叫べ。三線や歌はただ弾いたり歌ったりすればいいのではない。しっかり心を込めなさい。

＊ナークニーは退廃的、亡国的と国から批判されたことがあったらしい。哀調帯びたメロディや男女の恋の歌が軍国主義に合わなかったのだろう。戦時色が強まると「ムラアシビ」などの伝統行事も禁止された。首里王府も毛遊びは風紀を乱す理由で禁止した。

＊「富原《とうみばる》ナークニー」がある。富原盛勇（一八七五年・明治八〜一九三〇年・昭和五）のナークニー（宮古根）である。大正中期に録音されたレコード「富原ナークニー」は沖縄最古のものと言われる。僕も復刻盤を持っている。富原盛勇は那覇市繁多原の生まれ。一九三〇年（昭和五）、ハワイ公演の帰り船が時化で沈むと思い土産のウイスキーを数本ストレートで飲み干しそれが原因で翌年亡くなった。

十四、三絃小《さんしんぐゎー》や三丁
姉小《あばぐゎー》や十人ひゃー
遊ぶたる毛小《もーぐゎー》に
思《うも》い残《ぬ》くち

僕たち三線弾き三人と
十人の姉さんたちと
一緒に遊んだあの夜の毛遊しび
楽しかったな

毛遊びは一五、六歳から結婚するまで毎夜行われたらしい。一〇人前後から多い時で七〇、八〇人の未婚の男女が集まったという。この歌のグループは一三人程度の少人数ということが想像される。この程度の人数なら「歌たい舞《もう》たい」して存分に交流を楽しめるだろう。そして意気投合して結婚まで行く相手に巡り会うかも知れない。「遊ぶたる毛小に思い残くち」は気の合う人と出会った、もう一度会いたいということだろう。

三線弾きはモテたと言う。花形だったという。この歌の主人公は三線弾きに違いない。一〇人の姉小の内の誰かと意気投合したのだろう。知らぬ間に二人でそっと抜け出して何処かの天井小に行ったのかも知れない、と勝手に想像したくなるのである。

＊嘉手刈林昌の毛遊び歌「カイサレー」を紹介しよう。カイサレーとは可愛いね、綺麗だねという意味。

一、風《かじ》や北吹《にしぶ》ちゃ小《ぐゎ》　歌小《うたぐゎ》流ちゃしが　　北風に乗せて　歌を流したが
風ぬ持《む》ち流ち　無蔵《んぞ》や聞《ち》ちゅみ　　風に流されて　僕の歌は聞こえたか

＊北吹ちゃー＝にしぶちゃー。北風のこと。

二、歌声《うたぐぃ》聞《ち》ち分かち　出《う》じてぃ来《ち》ゆらやしが　僕の歌声に気が付いて　出てくるはずだが

なまでぃ来んむぬや　来《く》んどぅあがや　いくら待っても彼女は来ない　もう来ないのかなぁ

＊毛遊びの体験者は一九二〇年（大正九）生まれあたりが最後といわれる。一九二〇年生まれの嘉手刈林昌は毛遊びの三線弾きだった。歌はナークニーやカイサレー、ジントヨーが好まれたという。

質　問「嘉手刈さん、三線弾ちゃーはモテましたか」

嘉手刈「ガジャン（蚊）にモテたのは確かやさ」（沖縄タイムス・二〇二四・七・一九）

＊三線小に惚りみ　あねる木に惚りみ　三線には惚れないよ　ただの木じゃないか

弾ちみせる里に　なぁうち惚りさ　三線を弾く彼に　ぞっこん惚れたのさ

＊但し「三線弾ちゃーや女《いなぐ》はんさー」（歌者《うたしゃー》は女が当たらない）と言われた地域があった。三線弾くのに忙しくて女に声かける暇もなかったという意味である。「はんさー」は外れること。

＊一方で三線弾きは「フニウラー」（骨が折れている・怠け者）とも言われた。研究所はないので辻遊郭や芝居から耳で覚え隠れて自己流で習ったと言う。

《シーブン　》別《わか》り遊《あし》び

毛遊びで結婚相手が決まれば当人たちは毛遊びから去ることになる。毛遊びからの卒業儀礼が「別り遊び」である。各自酒やチンヌク、豆腐などを持ち寄り卒業の祝宴を開いたという。談笑の後、歌遊びがはじまりやがて二人は祝福されながら送り出される。涙の別れだったと言う。

「別り遊び」は毛遊び仲間の卒業式であり送別会なのである。

この「別り遊び」が各地にあったわけではない。ここに紹介したのは今帰仁村湧川の「別り遊び」である（「しまうた流れ」仲宗根幸市）。

十五、ハンタ原《ばる》うとぅてぃ　　ハンタ原で待っているよと
吹ち下《う》るす風《かじ》に　　そよそよと吹く風に
いやい持《む》たちゃしが　　便り（想い・招待）を持たしてあったが
届《とぅどぅ》ちうたみ　　ちゃんと届いていますか

電話はない。ラブレターもない。好きな人への連絡は風に頼るしかない。風よ伝えておくれ彼女に。ハンタ原で待っていると。好きな人は昨夜も来なかった。今夜も来ない、どうしたのだろう。僕の誘いは届いてないのか。

片思いなので直接言えない。友人にお願いすることも出来ない。当てにならない風に頼るしかない。風よ、お願いだからちゃんと伝えてくれまいか。ハンタ原で僕が待っていると。そして一緒に歌い語りたいと。

ハンタ原のハンタは端っこという意味である。繁多川は那覇のハンタにある。カーは川ではなく井戸である。繁多川は井戸のある離れのムラということになる。だから井戸には豊富な水があるので豆腐作りが盛んになったのである。

毛遊びのハンタ原はムラはずれの端っこの原野という意味になる。ハンタ原は毛遊びの最善の場所だったのである。

＊いやい＝いえい、ともいう。便り、音沙汰。
＊首里に池端の地名がある。龍潭池のハンタという意味である。

十六、月《ちち》見りばさやか
年《とうし》ゆみば一七歳
今《なま》咲かん花ぬ
なぁいち咲《さ》ちゅが

夜空の月は明るく照り輝いている
そして君は一七歳という適齢期
今、結婚しないと
取り残されるよ

十七、一七・八歳居《う》とーてぃ
持《む》ちゅる夫《うとぅ》やしが
タンメたるがきてぃ
今《なま》どぅ持《む》ちゅんで

おっしゃる通り一七・八歳の今
結婚すべきだが
おじさんを頼りにして
結婚が遅れてしまったんだよ

ケッケレ小《ぐゎー》　ウットゥバチ　ニワトリは要らない
ソーミナ小　カッチカディ　可愛いメジロを捕まえたよ
オーヌヤマ　ヒグゥドゥヤル　奥武山のヘゴのようにきれいだよ

花には咲く時期がある。人にも咲く時期がある。人の咲く時期、つまり結婚適齢期は一七、八歳である。月が照り輝くのは満月の夜であるように娘さん達の照り輝くのは一七、八歳なのである。それは私も分かっているよ。でも私はあなた（タンメー）を頼りにして結婚しなかったのよ。結婚の約束を交わしていたのにタンメー（あなた）は他の女と結婚してしまった。泣いたよ。悔しかったよ。この薄情者！。

だから私は婚期を逃して今になってしまった。それはタンメー、あなたのせいなのだよ。さんざん待たしておいて損したよ。でもまぁ花は咲いたからいいか。満月ではなくなったけれど今からでも輝くつもりなのだよ、タンメーさい！。

《シーブン一九》ちらし
この歌の最後の部分「ケッケレ小　ウットゥバチ　ソーミナ小　カッチカディ　オーヌヤマヒグゥドゥヤル」を「ちらし」という。「ちらし」とは散らすことである。つまり、気分を散らして（変えて）次の歌への繫ぎになる部分である。気分を散らす（変える）為に曲は速くなるのである。

このハンタ原の「ちらし」は実に面白い。「ケッケレ小」はニワトリのことでヤナカーギー、「ソーミナー」はチュラカーギーかつ歌の上手い姉小《あば》のことである。だからニワトリのようなヤナカーギー姉小はウットゥバチ（相手にしないで・パスして・追いやって）、美人で歌が上手で奥武山に生えている綺麗なヘゴのような「ソーミナー」（姉小）をゲットしたいという意味である。歌の下手なヤナカーギーを「ケッケレー」（ニワトリ）、歌が上手なチュラカーギーを「ソーミナー」（メジロ）に例えている。ニワトリとメジロ、確かにその違いははっきりしている。その歌声や容姿には天と地の差がある。

「久茂地の　ジュシージョーグー　かちんち　八マカイ」（久茂地にはジューシー八杯食べる強者《つわもの》がいる）。これはカチャシーの名曲「舞方《めーかた》」の「ちらし」である。「ちらし」の言葉は面白い。ケチラさないで鑑賞することにしよう。

＊ケッケレー＝ニワトリ。ヤマトの「コケコッコー」の鳴き声は沖縄では「ケッケレー」と聞こえるのである。ついでに各国の鳴き声を紹介しよう。アメリカは「クックドゥードゥルドゥー」、フランスは「ココッコ」、ドイツは「キケリキー」、イタリアは「キッキリキー」、オーストラリアは「ペックペック」。
＊ソーミナー＝メジロ。メジロの美しい鳴き声を「ソーミナーがフキーン」という。フキーンとは鳴くこと。雌はどこでも鳴くが雄は人前では鳴かないらしい。だから、ユーフキヤーは雌ということ

になる。人間でもユーフキヤー（おしゃべり）は女（雌）である。余談だがソーミナーが家の中に入ると死者の魂（まぶい）が入って来たと考えられた。家に侵入したソーナーが出て行くまで歌や踊りで歓待した。祖先の使いだからである。ソーミナーは聖なる鳥なのある。メジロは目が白いからついた名。

＊かちんち・八マカイ＝口に駆け込んで八杯。八マカイは八杯。マカイはお椀。「喰《か》まん喰まん七マカイ」（食べないといいながら七杯食べた）。赤子の誕生祝《まんさん》にムジの汁（田イモの茎汁）を八マカイ食べた記憶がある。

《シーブン二〇》奥武山《おーのやま》・奥武島《おーじま》

奥武島《おーじま》は本島南部の南城市玉城、名護市の屋我地島と真喜屋の間、座間味村や久米島にもある。そして宮崎県にも青島《あおしま》があり中国には青島《チンタオ》がある。いずれも離島である。那覇の奥武山もかつて船で国場川をまたいで小舟で渡った地である。

「奥武の本来の意味は青島《おーしま》である。《おー》は《おーるー》から来た言葉で《おーるー》は青色か黄色のこと。青色は海を表し祖先を埋葬した海の洞窟は神々しく黄色に光り輝いている。青や黄色に輝く青島はニライカナイに通じる海の聖地と考えられた。沖縄各地にある奥武島は祖先を弔う墓地だった」。確か仲松弥秀はそう説いている。

十八、唄んすら姉小《あばぐゎー》

しんじんとぅあびり
中切《なかち》らす唄や
聞《ち》ちんならん

唄も歌うんだったらお姉さん
しみじみと真心込めて歌いなさい
途中で切れたりする唄は
聞けたもんじゃないよ

唄は自信を持って唄おうよ。途中、忘れてしまったように思い出して唄うのは聞けたものじゃないよ。特にナークニーのような情け唄は心を込めてしみじみと唄わないと相手の心に響かないよ。

毛遊びでの歌は、はやりしっかりと唄ったのだろう。生半可に唄うとヤジが飛んで来たに違いない。「しんじんとぅあびり」とは心を込めてしみじみと唄いなさいということである。ガラサー《カラス》のようなガーガーの唄い方では恋も何も雰囲気が出ないものである。

毛遊びの三線弾き達は、十五夜遊びの地謡を務めるようなムラの名手だったのだろう。あるいは毛遊びの中で鍛えられてムラの名手になったのかも知れない。唄も三線も「しんじんとあびりなさい」、あんそーてぃどぅ浮世や渡らりる！。

＊しんじんとぅあびり＝しみじみと唄いなさい。
＊中切らす唄＝途中で止まったり思い出して唄うような唄い方。唄は一気に唄いなさいということ。
＊ナークニー＝宮古風な歌。語り掛けるような情け歌。

＊あんそーてぃどぅ浮世《うちゅ》や渡らりる＝歌の最後のちらしによく使われる言葉。そうやって世の中は渡るのだよ。あまり意味はないがよく使われる面白い言葉。

十九、遊《あし》ばちん美《ちゅ》らさ　　唄を歌っても見事
踊《をぅ》らちん美らさ　　踊っても見事
うり産《な》ちぇる親《うや》や　　君の母親は
神がやたら　　神様だったのかい

歌も素晴らしい、踊りも見事、カーギもチュラカーギー、申し分ない彼女。きっとこの彼女は神の子に違いない。余いん不足んねーらん。ムラにはこんな彼女が一人や二人は必ずいるものである。こんな彼女を妻としたい、誰でもそう思う。

しかし、彼女には言い寄る男が沢山いる。俺の出番はない。せめて傍から拝んで眺めて満足しよう。彼女のような絶世の美女を今帰仁御神のようだと言う。今帰仁御神とは一五世紀、北山の今帰仁城にいた志慶真乙樽という美女のことである。「うり産《な》ちぇる親や神がやたら」の神は今帰仁御神を指しているのだろう。

世の中には美女も醜女もいる。物語に出て来る美女は薄情で醜女は優しく情け深い。「醜童《しゅんどう》」という古典舞踊は美女と醜女の踊りである。薄情だが美女、醜いが優しい女。君はどっちを取る?。難しい問題である。

＊余いん不足《ふすく》んねーらん＝ちょうどいい塩梅《アンベー》。

二十、さらば天川《てぃんがーら》や
島横《しまゆく》になとん
でちゃよ立ち戻《むどぅ》ら
昨夜《ゆび》ぬ時分《じぶん》

あれ、いつの間にか天の川は
横に下がって来ているよ
さぁそろそろ帰ろうか
昨日と同じ時間になったよ

今夜も大いに遊んだね、楽しかったよ。天の川を見ると明け方になっているよ、今日はこれで帰ってまた明日。赤山節という歌の一節である。「昨夜《ゆび》ぬ時分」という歌詞から毎晩遊んでいることが伺われる。天の川で時間を判断する。天の川が島の横に下がって来たから夜明けが近いと判断できる人々の暮らし。さすが自然を相手に生きていた時代の人々である。こんな歌が詠める名も無き農民詩人達がいたとは我が沖縄はやはり歌の島なのである。

＊さらば天川＝てぃんがーら。天の川。さらば＝そいうことで、ならば。
＊島横になとん＝しまゆくになとん。島の上にあったのが下がって横になっている。明け方。
＊昨夜ぬ時分＝ゆびぬじぶん。昨夜と同じ時刻。

第四章　綱《ちな》引《ひち》えー歌

綱引きはアジアを中心に世界中に分布していると言われる。その中でも韓国と日本、特に沖縄は綱引きが盛んである。沖縄の伝統的村落は約六〇〇と言われる。その半数以上の約三〇〇の村落で綱引きが行われている。

沖縄は世界一綱引きの盛んな地域である。世界一綱引きの好きな民族であるということになる。綱を引く日は地域によって異なる。旧正月の綱引き、六月のアミシの綱引き、盆のウークイ綱、そして十五夜綱引きである。

綱引きの熱烈な愛好家を綱虫《ちなむし》という。その時期になると体の中の虫が起き出しそわそわ綱引きの事ばかりが頭に浮かぶようになる。その綱虫の様子をよく表しているのが綱引き歌である。綱引き歌から「綱虫たち」の綱引きへの飽くなき執念を見てみよう。

一、東《あがり》立《たち》雲《くむ》や　東の明け空に湧き立つ雲は
世《よ》果《が》報《ふ》しぬくゆい　豊年の前ぶれであり
遊《あし》びしぬくゆる　豊年遊びの準備をしている
二十歳《はたち》美女童《みやらび》よ　若い娘たちよ

綱引き歌の冒頭がこの歌である。綱引き歌の出だしはゆっくりとしたテンポで歌い後半には同じ曲調のカチャシーの早いテンポになる。二七番までをすべて歌い終わるのに二〇分以上分かる。壮大な綱引き歌である。

陽の出の様子を表す東立雲は、「おもろそうし」の「明けもどろの花咲いわたり」を連想させる絵画的かつ壮観な表現である。大輪のヒマワリのような太陽が夜明けの東の海一面の雲を黄金色に照らしている。

「明けもどろの太陽」は単なる夜明け太陽ではない。神々の霊力が宿る神聖な太陽なのだ。これは世果報の前触れであり世果報の印なのである。同じように夜明けの海の雲が黄金色に染った「東立雲」もまさに世果報の象徴なのである。

綱引きを前にしてムラは娘たちの太鼓や踊りの歌声で賑やかになる。まさに豊年の世果報がやって来たようで身も心も浮き立つ。明け方の光輝く太陽と若いムラの娘たちを豊年の前触れとして例えたこの「東立雲《あがりたちくむ》」は綱引き歌の初めにふさわしい歌である。

綱引き歌ではないが次の歌もある。

東立雲や　世果報しぬくゆる　やがてぃ明け方ぬ　近くなゆさ

＊東立雲＝あがりたちくむ。東の海の陽の出の壮観な太陽を浴びた黄金色の雲。
＊東をアガリという。太陽の上がる所という意味。太陽の入る所がイリ（西）。北はニシ（いにし・過去）で沖縄の古代人は北《ニシ》から来たという説を裏付ける。ニシハラ（西原は間違い）は首里の北にある。南はフェー。首里の南に南風原がある。南風原は大里村や勝連町にもありいずれも城の南側にある。

勝連町の南風原は勝連城の南側にあったが移動して現在の場所になっている。

*世果報＝ゆがふう。豊穣の世。果報（幸）に満ちている。

*おもろそうし＝一五三一年〜一六二三年に編纂された首里王府の古謡集。一二四八首ある。

*しぬくゆる＝前ぶれ、準備をする。しこーゆん（準備する）も関係する言葉ではないかと思う。

二、世果報《ゆがふ》する年や　　豊年の年は
思事《うむくとぅ》や無《ね》らん　　何の心配ごともなく
思童《うみわらび》つれて　　愛しい子らを連れて
遊《あし》ぶ嬉《う》りしゃ　　遊ぶ幸せよ

豊年の年は心も打ち晴れて何の心配もない。目出度くて嬉しい。今夜は子ども達を引き連れて大いに歌い踊ろう。そして神に感謝して来年の豊作を祈ろう。親子連れで豊年を満喫する微笑ましい様子が歌われている。

しかし現実的に豊年は短い人生で何回あるのだろう。豊かに実ったと思ったら台風にやられる、害虫が発生して収穫が半減する、さらには価格が暴落し収入が減ってしまう。この繰り返しではなかったのか。

アブシバレー等の豊作を祈る行事を行う理由はそこにある。「人生は嬉しい日より悲しい日の方が多い」（柳田国男）のである。いや、だからこそ豊年を願いアシビへの思いが強くなるのではないか。

＊思事＝うむくとぅ。心配事。

＊アブシバレー＝「アブシ」は田んぼの畦道、「バレー」は祓う。旧暦五月、田んぼの害虫を祓う行事。

三、垣《かち》ぬ葉《ふぁ》ぬ露《ちゅ》や　　垣の葉ぬ露は
上《あが》り《い》太陽《てぃだ》待《ま》つい　　陽の出を待っている
我身《わみ》や誰《たる》待つが　　私は何を待とう
世果報《ゆがふ》待つさ　　豊年を待っているのです

これは世界中の人々が願望する歌である。人間は国を問わず世果報を願い努力する。植物の朝の露を待つように人は幸福を乞い願う。世果報が来るように乞い願う。これは国を超えた人情である。

世果報来い　世果報来いと　神祈り（沢木欣一）

古典音楽「かぎやで風」の「蕾《ちぶ》でぃうる花ぬ露《ちゅ》ちゃたぐと」（つぼんでいる花が露を受けて咲く）との「垣ぬ葉ぬ露や上《あが》い太陽待つい」（垣根の葉は太陽を待ち望んでいる）は同じような世果報の願望を歌っている。

沖縄の黄金言葉《ことわざ》に「上《あが》り《い》太陽《てぃだ》どぅ拝《うが》むる　下《さ》がり《い》太陽や拝まん」（朝日を拝むのであって夕陽を拝んで

はいけない）とある。朝日の「上り太陽」は若さであり希望である。夕日の「下り太陽」は老いであり物事の終わりなのである。

＊太陽＝てぃだ。国王を太陽加那志《てぃだがなし》と言う。国王は太陽なのである。
＊果報＝かふう。果報者《かふーなむん》は幸せ者。「ふーぬあん」は運がいい。果報は仏教用語で「前世の行ったことに対して現世での報い」という意味。「果報は寝て待て」と言うから焦らずにゆっくり待つことにしよう。

四、鼓《ちじん》ぐゎぬ鳴《な》りば
居ちんをぅりらん
たんで親《うや》がなし
やらちたぼり

鼓の音が聞こえて来ると
血が騒いで居ても立ってもおれない
どうか親御さん
遊び場（綱引き場）へ行かせて下さい

鼓の音が何処からともなく聞こえて来ると血が騒いでしまう。綱引きの夜、太鼓や銅鑼の音が聞こえて来ると御飯も喉を通らない。綱引きが始まってしまうのではないか。自分だけが遅刻しているのではないか。

急いで現場に駆け付けると集まっているのは二、三人だけ。銅鑼を打っているのは子どもたち。太鼓や銅鑼の音が鳴ると「居ちんをぅらりらん」（座ってじっとしておれない）。これが綱虫。綱虫たちはこの時期だけの精神異常患者になる。

「たんで親がなしやらちたぼり」（親御さん綱引きに行かせて下さい）。綱引きに行くのに親の許しが必要だったのだろうか。綱引きに行くのに親の許可が要る厳しい家庭がムラにあったのだろうか。ない！。綱虫たちが親の言うことを聞くはずもない。

親に許しを請い綱引きに行く、これは首里士族のことだろう。首里にも綾門大綱《あやじょううーんな》があった。二一六メートルもある綾門大綱《あやじょううーんな》は国王の安寧と繁栄を願って綾門大道《あやじょううふみち》で引かれた綱である。綾門大道とは守礼の門から玉陵《たまうどぅん》を経て首里高校方向へ伸びる道のこと。

＊鼓＝ちじん。つづみ。手にもつ小太鼓。この鼓で歌の調子をとる。
＊親がなし＝親加那志。親を尊敬した言い方。
＊たんでぃ＝どうか。
＊やらす＝遣らす。行かせる。
＊玉陵＝たまうどぅん。琉球国王歴代の墓。大学の授業で「卵うどん」と思った学生がいたとか。
＊綾門大道＝あやじょうふみち。約五〇〇メートルの首里城へ至る首里高校横の大通り。

《シーブン二二》酒ぇーうち飲《ぬ》むんどーやー

夜一〇時、三々五々東の人々が集り始める。上着はランニングシャツ、首にはタオルを巻いている。そして靴の紐をしっかり締めている。これが喜屋武綱引きの定番のスタイル。ランニングシャツは破られてもいいという覚悟である。

銅鑼鐘が鳴り響きカナチから身長の高い順に青年、高校生、中学生と綱に座り尻尾は小学生、幼稚園生となる。公民館の坂道では綱を前に老人や先輩たちが飲みながら出発の時を待っている。だんだん人々の表情が殺気立ってくる。銅鑼鐘に合わせてハーイヤにも熱がこもる。

時を見計らって鐘打ちゃーが綱に座っている臣下ぬちゃーに立ち上がるよう指示する。そして鐘打ちゃーの号令が空にこだまする。「酒ぇーうち飲むんどーやー」

立ち上がった臣下ぬちゃーが声を合わせて一斉に絶叫する。

「酒ぇーうち飲むんどーやー」

酒がなくなるから早く来なさいと言う合図である。昔から綱に酒は欠かせなかったのだろう。酒の呼び掛けがあるのは珍しい。おそらく喜屋武にしかない。酒と喜屋武の親密な関係を表している。

一〇時半いよいよ時は来た。西へ出発する時間だ。坂道で飲んでいた先輩たちもサーフーフーして立ち上がっている。瓶が空になっている。酒ぇーうち飲だるばーやさ。

「綱《ちなー》ー寄《ゆ》しーんどーやー」

全員で絶叫する。

「ヒーヤーイ　ユイ！」

綱を持ち上げる。綱が夜空に舞う。まるで龍のようだ。男たちの燃え盛るテービー、女たちの軽やかな綱引き歌を先頭に西へと向かう。いざ鎌倉の忘我放心状態である。

「ハーイヤ　ハーイヤ」

銅鑼鐘と若者たちの雄叫《おたけび》が夏の夜空にこだまする。綱は波打ちながらゆっくり坂道を下りて行く。西の輩《やから》が拳を振り上げサージ《はちまき》をして待ち受けている・・・。

＊綱寄《ちなゆ》しーんどーやー＝綱は西に寄せて行くよ。いざ綱が西に出発するよ。

＊サーフーフー＝軽く酔った状態。ほろ酔い加減。

＊テービー＝松明、たいまつ。電気のない時代は灯りの役割と調子《いーとう》を取るためにあった。また、相手陣営の一人一人の顔を照らし他島の人を見つけたらテービーで排除した。キビの搾りかすがテービーの材料である。火の粉が飛び散るので髪の毛や上着が焼ける事もあった。松明は「焚き松」から来た言葉なのでテービーは焚く火、つまり火を焚いたの意味かも。または手に持つ火、手火のことか。

五、遊びがどぅいもち　　遊びにいらしたのですか
踊いがどぅいもち　　踊りにいらしたのですか
歌に歌選《い》らでぃ　　さぁ歌のある限り歌って
遊しでぃいもり　　大いに遊んでいらっしゃい

歌の出だしをリードする人をウンドゥー（音頭取り・リーダー）という。歌が上手で歌数を知っている人にしか務めることは出来ない。そして綱引き歌は順序が決まっている訳ではないのでウンドゥのリードに委ねることになる。

ウンドゥが一節を歌うと追って一斉に歌い出す。この歌は「歌のある限り歌い尽くそう」とその意気込み宣言している。円陣になった女たちが歌に合わせて代わる代わる前に出て踊るのである。この踊りが会場を華やかにする。

綱引きは男たちの闘志と女たちの歌と踊り、いわば男の剛と女の柔がうまく調和している世界である。だが近年は綱引き歌を歌える人が少なくなった。歌の意味を理解し歌い継ぎたいものである。綱引き踊りは綱引きの花なのだから。

＊歌に歌選らでぃ＝歌のあるかぎり。歌の全部。喜屋武の綱引き歌は二七番まである。
＊いもち、いもり＝来たのか、いらっしゃい。

六、大人《うとぅな》なて居てん　　大人になっても
遊び忘りゆみ　　遊びを忘れてなるものか
遊び庭《な》に肩手《かたでぃ》　　遊び庭に出て片手は踊り

孫子《うまが》片手

片手は孫を抱いている

今年は綱を引かないで見ることに専念しようと孫を連れて綱引き場へ来た。ところが東と西のシーソーゲームを目の前で見ていると興奮してたまらず気が付いたら綱を引いていた。孫をそっちのけにして。そして勝負が決まると孫がいないことに気づく。

「我ったー孫《うま》がーまーやがやー」（私の孫を知らない？）

と周辺の人に聞いて歩く。誰に預けたか分からない。やっと孫を探し当てると事情が分かった。隣の人に無意識に預けのだがその隣の人もまた隣の人へ預けて綱を引いたと言う。

歌では片手は孫を抱き片手で綱を引くとある。しかし実際は違う。綱を引きはじめると血が騒いでコントーローが利かない。居ぃーちん立っちぃん居らん。我を忘れて忘我状態に陥っている。もはや孫の事などどうでもいい。孫など知ったことではない。これが綱虫の正体である。

《シーブン一三》半田のおばぁ

綱引きは東と西の勝負である。その東西は門中で決まる。例えば東は名字が大城、赤嶺、金城、知念であるのに対し、西は野原、仲座、中村、田本である。つまり東西は生まれ落ちた時から死ぬまでその所属は変わらない。結婚しても変わらない。

門中という血縁で繋がっているのでそれぞれその連帯感、団結力は非常に強くそれが血や肉となっている。半田のおばぁは大城（東）から中村（西）へ嫁いだ。ある年の綱引きに孫にせがまれて初めて西で引くことにした。
　ところが引きはじめると体は自然に東の方に向いていた。西でひとりだけ東に向いて引いていた。またある年には同じように孫と西にいたがいつの間にか姿が消えていた。孫が探したところ東の円陣の輪の中で踊っていたと言う。孫などに忖度してかまっているどころではない。綱虫の「綱ぬイカリ」である。

＊半田のおばぁ＝僕の父の双子の妹。双子のもうひとりは下仲里のおばぁ。
＊門中＝もんちゅう。男系の血族。墓は門中墓という。
＊綱ぬイカリ＝勝つための飽くなき執念や根性のこと。

七、遊び庭《な》に出《う》じて

遊び場に出てきて

片はらに立つし
黙って傍に立っている奴は

側《すば》にくんなさい
片はらに押しやって

我《わ》草履《さばむ》持たさ
うり、私の草履を持っておけ！

　遊び場に来たら大いに遊びなさい。遊び場に来ても歌いもしない踊りもしないで何しに来たのかお前は。ただ黙って傍に立っているだけならここから外れなさい。外から眺めておきなさい。私の草履を持って。

「我草履持たさ」の歌詞から女たちが円陣の中で草履を脱ぎ捨てて裸足になって踊っていることが分かる。大地を踏みしめて歌い踊り笑い活発に動き回っている女たちの姿が見える。様々なしがらみや拘束から身も心も解き放たれている健康的なムラの女たちがいる。

まつりは非日常である。ハレの日である。ハレの日は心も晴れて身も心も解放される。歌も踊りもしないでただ黙って立っている人は御馳走を前にして何も食べないのと同じだ。魚を前にして黙っている猫と同じだ。

歌い踊って日常の穢れを祓らおうじゃないか。明日からのエネルギーを貯えようじゃないか。身も心も解き放せ。遠慮しないで大いに遊ぼうじゃないか。ムラの繁栄を願おうじゃないか。それがアシビでありマツリなのだから。

八、今日《ちゅう》や遊しだい美女童《みやらび》
明日《あちゃや》や芋堀《うむふ》いが
芋《うむ》や掘いなざき
遊《あし》でぃ別《わか》ら

今日は存分に遊んだので乙女たちよ
明日は畑に芋堀りに行こう
いや芋堀りに行くふりをして
大いに遊んで別れよう

棒にオーダー《もっこ》をかけて畑に向かう。畑に行く時もオーダーが空ではいけない。ミジグェー（水肥）

等の肥料を担いで行かなければならない。畑の帰りは右左のオーダーに芋を満載して担ぐ。途中で休まない、休めない。休むとダルーと指を差される。

今日も明日も畑へ。午前に働き午後も畑で働く。一日中、いや年中畑だ。これが当たり前のムラの暮らし。だが楽しみがある。綱引きがある。その日の為に畑仕事に精を出す。早く来い、綱引き遊びよ。指折り数えてその日を待つ。

「芋や堀いなざき」。芋堀りを怠けてしまいたい程、「綱引き遊び」が待ち遠しいという素直な娘心を表している。日常《ケ》は非日常《ハレ》に激励される。ハレ（綱引き遊び）はケ（日常）を元気にするのである。

＊オーダー＝もっこ。人を乗せる籠である「アウダ」が語源のようだ（沖縄ことばの散歩道・池宮正治）。

＊ダルー＝元気のない人。怠け者。ダレている人。

九、綱《ちな》ん引ち勝《ま》かち　　綱も引きまかし
腕《うでぃ》ん引ち勝《ま》かち　　力でも引きまかし
うしる軽々《かるがる》と　　身も心も軽やかに
遊しで別《わか》ら　　存分に遊んで別れよう

二日間に渡る興奮と熱狂の綱引きも勝利のうちに終わった。西東それぞれの陣地に帰り勝利の喜びを分かち合おう。敵対していた西も東も合流して一緒に飲み歌い踊って遊ぼう。終われば敵味方なしだ。お互いの健闘を讃え語り合おう。勝った側も負けた側も同じムラの人なのだ。終われば西も東もない。元のムラ人同士に戻って乾杯しようじゃないか。乙女たちも酒座に加わって時に歌い時に踊ろうじゃないか。

十、遊び好《じ》ちやてどぅ　　俺（私）は綱虫なので
くま通うてぃ遊しぶ　　こうして熱狂しているのです
我が遊しでいかば　　熱狂して楽しんでいるのを
笑らて呉《くぃ》るな　　笑わないでおくれ

綱引きに特別熱狂する人がいる。綱虫である。綱虫の中の綱虫がいる。銅鑼鐘を叩く津嘉山の与座健太郎と仲村渠多盛がいる。喜屋武には歌い踊り狂うウサミーがいる。彼等彼女たちは綱引きを盛り上げる主役である。

変わった名物も登場する。ポケットに二合瓶を突っ込みすでに酔っぱらったNやZが何処からともなく現れて三尺棒や六尺棒を披露する。今にも転びそうに。笑いを誘い張り詰めた緊張感を和らげて

くれる。

サーカスのピエロや組踊の「間の者《まるむん》」のような役割を果たしている。酔った綱虫はやがて家族に手を引かれ退場する。が再三現れる。憎めない綱虫である。だが、綱引きは綱虫だけのものではない。君と僕のみんなの綱である。

＊間の者＝まるむん。組踊に出てくるユーモラスな役。場の緊張感が和らぐ。

十一、今年綱引《くとぅしちなひ》きや

今年綱引《くとぅしちなひ》きや　　今年の綱引きは
願立《ぐぅわだ》ちどやゆる　　願かけの儀礼的なもので
来年《やーん》の綱引きや　　来年の綱引きは
ゆくぬ遊しび　　もっと盛大になるだろう

今年の綱引きは練習のようなもので来年はもっと盛大で賑やかにしよう。綱引きが終わったその時から「来年まで後三六四日」と指折り数える。終わった瞬間に来年の綱引きを思う。来年はもっともっと張り切ろうと。

現代のまつりは消費である。屋台が林立し屋台に群がりたまに舞台の方に目やる。歩き回りお金を浪費し疲れるだけ。綱引きに屋台はない。舞台は綱引きだけ。その勝敗に命をかける。日常から解き放たれ本来の自由な人間になる。

ムラ人たちとの絆の確認と心からの連帯感。そしてやり切った充実感と快い疲れ。疲れて何もしたくないのではなく何か出来そうでやる気が湧き出る。力がみなぎり希望が湧いてくる。綱引きというまつりは明日を生き抜くエネルギーの源となる。綱引きは消費ではなく生産なのである。

十二、東中道《あがりなかみち》や　　東の中通りは
膝割《ちんしわ》ぃどころ　　膝小僧を割る程の悪路だ
西《いり》ぬ中道や　　西の中通りこそが
御殿親国《ぬどぅんうぇーぐん》　　立派な都大路なのです

これから後の歌はクジエー歌である。クジエーとは相手をやり込め攻撃することである。綱引きは西と東の決闘である。その決闘に勝つために歌や口頭で揶揄しあい攻撃する。それによって士気が高まる。

君達東の中通りは石ころだらけでよく転んで膝をケガする悪い道。それに対して私たち西の中道は掃除も行き届いて都大路のように立派な道だよ。どうだまいったか、と相手をののしりあい自らを褒めたたえる。

そうこうしているうちにお互いの士気が高まる。相手を否定し自らを肯定し賛美する。手を出してケンカする訳ではない。歌の口論である。綱引きの見どころは女たちのクジエー歌の歌合戦にもある。

なる。

《シーブン二四》夫婦は敵味方

A家の夫は東で妻は西である。綱引きが近づくとお互い会話をしなくなる。休む部屋も別々に

「うり！みそーれー」（さぁ飲んで）

綱引きの夜、妻が珍しく酒を勧めた。日頃は酒を飲む夫を煙たがっている妻である。

「なーひーんみそーれー」（もっと飲んで）

思わぬ妻の接待に夫は気をよくして飲み続ける。そしてついに泥酔する。気が付くと妻の姿は何時の間にか消えている。綱引きに行ったのである。泥酔した夫はそのまま寝てしまった。夫は妻の作戦にまんまと騙されたのである。

妻の作戦とはこうである。東の夫に酒を飲ましてダウンさせ自分は西で綱を引く。そうすると夫の分だけ東の戦力が落ちて西に有利になるという作戦である。綱引きの日は夫婦でも敵味方なのである。

綱引きは家庭の中から始まる。妻が酒を勧めたら疑って用心しなければならない。決して飲んではならない。妻が酒を勧めるのは愛情からではなく敵の作戦なのだから。そのことを日頃から肝に命じておかなければならない。

十三、西《いり》ぬしょん垣《がち》や
枯りらわんゆたさ
東《あがり》しょん垣や
もたえさかい

西ぬ園垣は
枯れようと結構です
東の園垣は
大いに茂り栄えているよ

十四、西ぬあんぐゎたが
銀簪《ぎなんざじふぁ》挿しば
東あんぐゎたや
てぃびく挿すさ

西のお姉さんたちが
銀の簪を挿せば
東のお姉さんたちは
てぃびく（木のヘラ）を挿しているよ

歌合戦で相手をクジッている。罵り攻撃してやり込めようとしている。自分の陣営を褒め上げ相手陣営を罵倒する。クジエー歌の真骨頂である。垣根やカンザシでお互いにけなしあいそして自慢し合っている。

そうすることで陣営の士気が高まるのである。相手を攻撃し自分を防御する。人間の性である。しかしケンカではない。力ずくでもない。あくまでも歌合戦なのである。陣営を鼓舞し士気を高めるクジエー歌である。

綱引き歌以外にクジエー歌があるだろうか。例えばハーリー歌に相手をやり込める歌合戦があるだろうか。そして綱虫のようにハーリー虫もいるのだろうか。綱虫バンザイ、綱ぬイカリバンザイ！、クジエー歌バンザイ。

《シーブン二五》子ども達の作戦

「今日《ちゅう》ぬ綱《ちな》や　引ちゃびらんくとぅ　早《へ》ぇーく　寝《に》んじみそーり」

（今日の綱は引かないことになったので早くお休み下さいね）

綱引き本番の夕方、子ども達が一軒一軒廻ってそう伝える。西の子ども達は東の家に東の子ども達は西の家を訪ねて早く寝るように告げる。

子ども達の作戦である。一人でもその言葉を信じて綱引きに来なかったらその分だけ有利になる。相手陣営を一人でも減らすための子どもなりのささやかな作戦である。そしてしたたかな作戦である。

「えーあんやみ」（わかりました）

納得したふりをして逆に相手を油断させる。子ども達の見え見えの作戦を信じる者は誰もいない。子ども達でもその効果がどれだけあるか分からない。お互い腹の探り合いの心理作戦なのである。

勝つための作戦である。勝つための駆け引きである。茶番劇のようだがこれが真剣に行われる。笑ってはならない。子どもたちなりの真剣な作戦なのだから。綱引きは見えない舞台裏から勝負が始まっている。

十五、あんねーる東渠《あがりんだから》　あんな東組の奴らが
がーてぃんてーまん　気勢を上げようたって
がーらすみ上筋《うぃしじ》ばんた　上げさすものか東の遊び場の片隅に
くじてぃやらし　悪態ついて追い返せ

喜屋武の綱の陣地は東が公民館付近で西が前道・中毛小である。東渠《あがりいだーかーらー》の渠は中村渠《なかんだかり》と渠と同じ意味である。ムラの上側を上渠《うぃーんだかり》、中心付近を中村渠といい、下側を下渠《しちゃんだかり》という。

つまり渠（かれ・かり）は分かれの意味でそれぞれムラの上中下の場所を意味している。ここに出て来る東渠《あがりんだかり》は東方面のという意味になる。上筋ばんたは東にある上筋あたりということである。

僕は東である。東の陣地は「上筋ばんた」のムラヤー（公民館）付近である。家から東に行くには西の陣地である前道・中毛小を通らなければならない。だから西の陣地を避けて内原から名護経由で遠回りして行く。同じように屋取小の西の人達は東の陣地を横断しなければならない。そこで新勝連小方面から東の陣地を大きく迂回して西の陣地に向かう。

綱引きの二日間はお互いに敵味方である。異民族である。だから相手陣地を通ることはしない。通りたくない。それほどまでに対抗意識は強いのである。安易な妥協はしない。この歌はそれぞれが相手陣地を追いやるクジエー歌である。侵略者は排除されるのだ。

＊がーゆん＝気勢をあげる。踊る。「がーらさー」は場を盛り上げる賑やかな人。
＊くじーん＝突くこと。攻撃する。「歯くじーん」は歯糞をとる。

十六、綱《ちな》ぬ負きたくとぅ
腹《わた》ぐりしゃありば
灰《あく》ぬ水澄まち
飲《ぬ》まちやらし

綱が負けたから
腹がたったのであれば
濁った水を澄まして
飲ませて返してやれ

これもお互いに悪態をついて相手をやり込める歌である。言うまでもないがクジエー歌は相手の個人が憎い訳ではない。恨みがある訳でもない。相手陣営全体を攻撃しているのであって個人攻撃ではない。

「灰の水を澄まして飲ませてやって」と負けた相手を思いやっている。慰めている。しかしこれもまた勝者の奢りであり自慢なのである。同情しているようだがそうではない。どうだまいったか、という気持ちの裏返しなのである。

綱引きで負けた相手に同情などしない。されたくない。負けた悔しさはあるが沈み込んでいるわけではない。澄ました灰の水を提供されても飲まない。負けても次に勝てばいいと決意を新たにするだけである。

ところで何故、綱を引くか。豊作願い？ 神様への感謝？ 来年への予祝？。本来はそうであった。しかし今、米を作っている訳ではない。だから豊作願いでもなく神様への感謝でもなく来年の予祝でもない。では何故、綱を引くのか。コロナで四年間綱引きがなかった。この四年間、張り合いもメリハリもなくただ静かだった。ムラの活気や賑わいや連帯感も何処かへ行ってしまった。人々の絆が薄くなり心が渇いた。季節感も失った。

何故、綱を引くか。前述したように答えはこの中断した四年間の中にあった。中断してはじめて綱引きの意義を知った。

＊灰ぬ水＝あくのみじ。「沖縄そば」は灰汁を使って作る。水にガジマルを燃やした灰を入れ一晩寝かすと黄色がかって来る。表面には灰が溜まっている。これが灰の水である。肉を煮込むと汚れた泡が発生する。これもアクである。つまり、「灰ぬ水」とは汚れた水、悪い水ということ。

《シーブン二六》綱のイカリ
綱引きに一段と熱狂し綱の為なら命も惜しくない人のことを綱虫といい、その綱虫たちの勝つことへの飽くなき執念や根性を「綱ぬイカリ」という。我が喜屋武の綱のイカリは普通ではない。何故か。

僕のムラでは生まれ落ちた時から死ぬまで東・西の所属が変わる事はない。引っ越そうが結婚しようが生涯、東は東、西は西なのである。東・西の所属は門中で分けているからである。だから余計に「綱のイカリ」が強い。「綱ぬイカリ」は血なのである。

「綱ぬガー」という言葉もある。「綱のイカリ」とほぼ同じ意味に使われる。ガーとは意地であり根性のことである。ガーハインは自分の意地や主張を曲げないことである。ガーは我、ハインは張るである。我を主張することがガーハインである。

「綱ぬイカリ」「綱ぬガー」は共に綱虫たちの綱への愛着や根性を示す言葉である。

＊綱引きの棒術やヤッチャイ（東と西のぶつかりあい）は前哨戦である。これはガーエーのひとつである。ガーエー（我栄）もガージュー（我強）もガーハインと関係する言葉と思われる。

《シーブン二七》喜屋武の綱引き
ここまで来たらもう我慢できない。黙っておれない。世界に誇る我が喜屋武の綱の特徴を白状し世界に伝えなければならない。
第一の特徴は東西の綱の形や長さが違う。東は細長く西は太くて短い。その上、西の綱にだけ幾つもの手綱《てぃーんな》がついている。東西の綱の形が違うのは稀で珍しい。因みに東の長さは約五〇メートル、西は約四〇メートルである。長さに決まりはない。

では何故、東西の綱の形や長さが違うのか。それは綱引き場所である前道の形に関係している。東の道幅は狭く西は広い。東に手綱を付ける程の道幅はない。その代わり細長くする必要がある。対して西は道幅が七メートル前後あり手綱を付ける余裕の広さがある。その代わり短い。

第二の特徴は引き方がそれぞれ違う。東は肩に担いで引き、西は地面に下ろしたまま手綱を引く。東は一本の綱を直線で引くが西は手綱で斜め方向に引く。不合理のように見えるがこれがまた合理的なのである。

綱引き場の前道は大きくカーブしその上坂道である。東は上り坂であり西は下り坂である。よそ者からすると上り坂の東は不利で下り坂の西は有利に見えるらしい。しかし誰もそう感じたことはない。その不自然さも感じない。坂道は不利・有利に関係ない。

第三の特徴はイートゥである。イートゥとは引く時の調子のことである。喜屋武の綱は銅鑼鐘の合図に合わせて一斉に引く。この時に引く人たちの呼吸がイートゥである。このイートゥが勝敗の決め手となる。この引き方も独特で喜屋武にしかない。

第四の特徴は綱の勝敗ラインがない。何処まで引き寄せれば勝ちか何処まで引かれたら負けかの勝敗ラインがない。相手が諦めて綱を離すまで徹底的に引き合う。妥協はしない。命限《ぬちかじ》り引き合う。だから引き寄せたり引かれたりシーソーゲームになる。綱のシーソーゲーム。喜屋武にしか出来ない芸当である。

さらに喜屋武の綱引きにはルールがない。役員も係もいない。綱の長さも大きさもそれぞれ自由である。役員もルールもないから自由に振舞う。乱闘のようだがケンカではない。混乱しているようで調和している。無秩序の秩序、無統制の統制である。

一人一人の頭の中にそれなりのルールがあり超えてはいけない規範を認識している。やみくもに暴れているわけではない。渋谷のスクランブル交差点の横断歩道は人々がぶつかりそうでぶつからない。それと似ている。

喜屋武の綱引きは夜一〇時頃から始まり深夜一二時前に終わる。世間が夢を見ている頃に今世紀最大のスペクタクルが展開される。松明《てーびー》やほの暗い電球の灯りの中の大群衆の熱気と怒号が夜空にこだまし綱が大蛇のように舞う。

南国沖縄の夏の夜のスペタクル。世界に誇る一大絵巻、一大風物詩。これが譲る事の出来ない喜屋武の綱引きでありそして誇りなのである。ドゥージマン、ドゥーフミーと思う人は思えばいい。誰が何と言おうと綱のプライドが揺らぐことはない。

＊ドゥージマン・ドゥーフミー＝我自慢・我褒め。自分で自分を褒めること。

《シーブン二八》綱引きと喜屋武気質

喜屋武人《ちゃぬんちゅ》はクマーヤーである。クマーヤーとは集団で行動するという意味である。食堂で一人がソバを注文すればみんなソバである。「右へならい」で個人行動は嫌われる。陸上競技には弱いがバレーボール、バッケツボールなどの球技は強い。

陸上競技は個人種目で球技はチームプレーだからである。しかし、陸上競技のリレーは強い。団体競技だからである。個人では目立とうとしないがチームでは心を合わせて練習に励む。これが喜屋武気質のクマーヤーである。

この気質は綱引きから来ている。綱引きの勝敗はイートゥで決まる。イートゥとは綱を引く時の調子ことである。調子が合えば勝ち合わなければ負ける。喜屋武は銅鑼鐘の音に合わせて引く。自分勝手に引くことは許されない。

自分勝手に引くことは全体の調子を乱す事になる。だからみんな心を合わせて一斉に引く。この綱引きの調子は日常生活にも当てはまる。ムラ共同体は調子を合わせればより強固になる。決して個人行動をして全体を乱してはならない。

喜屋武は「チャンカニ」と言われる。カニとは鉄のことである。喜屋武の団結は鉄のように堅いと言う意味である。「半クージ」とも言われる。王府時代の警察組織であるクージ（公事）のように強い組織力があるという意味である。

調子を合わせて生きる。自分勝手な行動はしない。これがクマーヤーの気質でありチームプレーに強さが発揮される。この気質は綱引きからのイートゥ（調子）から来ているのである。いや、逆にこの気質が綱引きのイートゥを生み出したかも知れない。いずれにせよ綱引きと喜屋武気質は相関関係にあるのである。

＊クマーヤー＝クマーユンは仲間になる。クマーヤーは集団、団体行動。肩を組む。

＊バレーボールとバスケットボールは喜屋武の伝統である。チームプレーの球技は喜屋武気質とマッチしているのである。
＊喜屋武気質はムラの役員組織とも関係していると思われる。区長の上に民立、民立頭、勘定、勘定頭という区長より権限の強い役職があった。これらの役職がムラの行政に当たった。一糸乱れぬチャンカニ気質はここから生れたのではないかと思う。
＊喜屋武はさらに「ムスマイのムラ《まとまっている》」を誇りとしている。

第五章　儀礼歌・狂歌・座興歌

沖縄には儀礼の歌がある。赤子誕生を祝う歌、墓普請の歌、家普請の歌、盆の念仏歌などである。誕生祝い歌は赤子を祝うのではなく出産という大事業を成し遂げた母の偉業を讃えて祝う歌である。

墓普請の歌は祖先を崇め門中の繁栄を願う歌で家普請の歌は家の繁栄を願う歌。念仏歌は祖先の霊を慰める歌である。

そして一般に歌われる座興歌がある。座興歌は結婚式や新築祝いなどに歌われ踊りながら座を盛り上げる歌である。社会や人間を風刺する狂歌もある。沖縄の人々はあらゆる機会に歌を詠み歌ったのである。

本来、歌は神に捧げるものであった。神事に祈り唱える祝詞が歌になったと言われる。ここでは庶民たちの暮らしから生れた様々な歌のスケッチをしてみたい。歌の中に沖縄人の精神世界が見えるのではないか。

儀礼の歌

一、夜闇《ゆやみ》湧《わ》ち出じてぃ
明さ御代《みゆ》拝《う》がでぃ
玉《たま》黄金《くがに》掬《す》くてぃ
母の御祝《うゆ》え

母の暗いお腹の中から湧き出て来て
明るいこの世に
玉のような赤子が誕生した
今日は玉黄金を産んだ母のお祝いだ

これは赤子の誕生を祝う歌である。母の暗いお腹の中の「夜闇」から一〇カ月を経て明るいこの世に誕生した赤子。だが、その赤子を祝うのではない。誕生させた母の偉業を讃え祝福する歌である。母を讃えて祝う、出産は大事業なのである。

この歌は「ウバギー祝い」で「かぎやで風」の曲で歌われる。ウバギーとは出産祝いのことである。赤子が生まれるとユートゥジも行われる。ユートゥジとは夜伽《よとぎ》のことで赤子を悪霊から守るために約一週間程度、知人、友人たちが毎夜集い明け方まで歌い踊る誕生儀礼のひとつである。

銀《しろがね》も金《こがね》も玉も　何せむに　優れる宝　子にしかめやも（山上憶良）

どんな宝石よりも子どもに優る宝はない、という意味である。琉歌でも子どもを「玉黄金」と表現している。子どもは宝石以上なのである。子どもの誕生を「生まれて」ではなく「搠《す》くてぃ」と詠っている。金魚を搠うように慎重に大事にという思いが伝わって来る。赤子は生まれるのではなく搠うのである。

《玉黄金　命を搠くって　母の御祝《うゆえ》》

＊夜闇・明さ御代＝ゆやみ・あかさみゆ。母の暗いお腹の中から出てきて明るいこの世。
＊夜伽ぎ＝よとぎ。寝ないで付き添うこと。通夜で寝ないで死者の番をすることも夜伽のひとつ。沖縄では赤子誕生の「ユートゥジ」（夜伽）となった。
＊玉黄金＝たまくがに。赤子の尊称。宝石のような赤子。

＊掬くてぃ＝すくてぃ。金魚を掬うように慎重に大事に。赤子を掬うとはいい表現である。
＊子にしかめやも＝子に遠く及ばない。
＊万葉集の歌人・山上憶良は子どもを思う次の歌も詠んでいる。

瓜食《は》めば　子ども思ほふ　栗食めば　まして偲ばゆ

（子どもの好きな瓜を食べると子どもを思い出し栗を食べるとさらに子どもの姿がチラついて眠れなくなる）

《シーブン二八》赤子の誕生儀礼

赤子が生れたらまず「ナージキー」（命名を儀式）をする。台所の火の神の前で花米や酒を供え予め考えていた赤子の名前を火の神に伺い許可を得る。火の神の許可はつかんだ花米が奇数か偶数かで決まる。偶数であればＯＫで奇数であれば別の名前でやり直す。

生後一週間目くらいに「ウバギー祝儀《しゅうじ》」（マンサン）を行う。その日、子ども達が捕ったバッタを赤子の額から空に「セージチャーになれ！」と声を掛けて飛ばす。赤子がバッタのように元気になれという願いが込められている。

バッタを飛ばした後、庭に用意されたミージョキーに弓矢を射る。悪霊《ヤナムン》を祓う儀式である。その後、火の神の後ろへまわり子ども達が「アワーワー」と大笑いをする。よく笑う赤子に育って欲しいとの願いが込められている。そして母のお腹で赤子を包んでいた胞衣《えな》を埋める。

生後二〇日目頃に赤子を豚小屋に連れて行って豚を叩いて大きな声で鳴かす。赤子についている悪霊を豚の鳴き声で祓う儀式である。これを「ウフウヮーミシー」（大豚見せ）という。豚は神様なのである。

そして生後一ケ月程で「初歩《はちあ》っちー」である。母の実家へ赤子誕生の報告に行く儀礼である。実家からの帰りに「アンマーふかねー　たーん　見《ん》だんどー」（お母さん以外は誰れにも会うな）と呪文を唱えながら赤子の額に墨を付ける。道中の魔除けである。

儀礼はその後にハチマチ、一歳の誕生祝い続く。ハチマチ（初町）は赤子を町へ連れて行く儀礼である。赤子を町に連れて行って町を見せるのである。この時にお土産に買って帰るのがマースつまり塩である。この塩を親戚に配る。

誕生の御祝儀を「マースヌデー」（塩代）というのはここから来ていると言われる。因みに新築祝いの御祝儀は「トーフヌデー」という。つまり、豆腐代という意味である。葬式の香典は「スデー」という。

このように赤子は屋内→豚小屋→実家→町と行動範囲を徐々に広げて行く。赤子を少しずつ社会に慣らしていく様子が伺える。それにしても一年の内に赤子の健やかな成長を願う儀礼がこれだけあるのは世界広いしといえども沖縄だけではないか。

だが一年の誕生祝《タンカー》いを過ぎると「一三歳祝い《じゅうーさんゆーえー》」まで何もない。一二年間、忘れられて寂しい人生を過ごすことになるのである。

＊ミージョーキー＝箕のザル。直径八〇cmほどの薄型のザル。
＊セージチャー＝セーはバッタ。セーグヮーという。ジチャーはバッタのような。

＊我が喜屋武の「ハチマチ」（初町）は与那原の町であった。

二、土《んちゃん》ん引ち美《ちゅ》らさ
石ん積《ち》み美らさ
風水《ふんし》松金《まちかに》ぬ
向《ん》けぬ美《ちゅ》らさ

デコボコの地形を均して
石積みも見事に
そして場所も向きも最高で
素晴らしい立派な墓である

生身《なまみ》茅葺《かやぶち》や
仮宿どぅやゆる
風水《ふんし》マチカニや
万代《まんで》までぃん

今住んでいる粗末な茅葺家は
仮の住処である
石積みの立派なマチカニ（門中墓）こそ
永遠の住処である

墓普請を祝う歌である。新築または修理した墓を褒め称え一族の繁栄を願う歌である。墓を「シンズ」という。先祖という意味である。墓には先祖がいる。何時かは自分もその先祖の墓に入る。現在の家は仮の家で墓こそ永遠の我が家である。

先祖が住み一族が住みそしていつかは自分の家となる。墓は一族の帰する場所であり一族の共同住宅なのである。だから墓の行事は一番に優先される。綱引きには来なくても一六日《じゅうるくにちー》や清明祭やタナバタの墓掃除には必ず参加する。

墓の新築、修理は一族の一大事業である。我が勝連門中墓の修理に際しては一戸あたり平均して五万円の負担があった。誰も文句はない。それもそのはず個人で墓を購入すると三〇〇〜四〇〇万円も負担する事になる。門中墓は経済的にも有難く土地利用の観点からも合理的なのでる。

我が勝連門中の墓祝いの際には宗家《むぅーとぅやー》から墓まで一族揃ってパレードした。そしてこの歌で盛大に祝ったものである。門中墓の形は亀甲墓であり母のお腹を表している。亀は万代つまり永遠である。人は死して母のお腹に永遠（万代）に還るのである。

《門中墓　風水松金　むて栄《さか》い》

＊風水＝ふんし。家や墓の場所や向き、風通しがいいか、水まわりはいいか、陽当たりはどうかなどを基にした考え方。風水がよければ繫栄し悪ければ衰退する。風水ミー（風水を判断する）という専門もいる。

＊風水松金＝ふんしまちがに。立派な墓のこと。墓をフンシともいう。松金は立派、素晴らしい。

＊むて栄い＝むてぃさかい。繫栄すること。

＊門中＝もんちゅう。同じ始祖を持つ父系血縁の集団。その主な機能は祖先祭祀である。王府時代に士族層を中心に発達したもので時代とともに平民層、農村社会に浸透して主に本島南部でよく発達したと言われる。

＊亀甲墓＝かめこうばか。亀の甲羅の形をした墓。母のお腹や両足を広げた形でもある。

三、新珠《あらたま》ぬ年に
炭《たん》とぅこぶ飾ざてぃ
心《くくる》から姿《しがた》
若くなゆさ

目出度い正月元旦に
炭と昆布を飾り付けて
幸福な一年で有りますように祈ります
そして身も心も若返るようだ

かぎやで風に乗せて歌うめでたい元旦の歌である。炭とこぶが歌われている。こぶはコンブのこと。炭とこぶで「たんとよろこぶ」（とても喜ぶ）という意味になる。縁起を担ぐ言葉である。

元旦の朝、産井戸《うぶがー》から若水を汲みお湯を沸かして仏壇に供える。山からカラタケを取ってきて門に飾る。その門飾りに炭とコンブを飾る。これが「炭とこぶ飾ざてぃ」である。若水と門飾りですっかり正月気分になる。

子どもにとって正月の楽しみは何と言ってもお年玉である。現在のお年玉はお金であるが昔は餅だった。「餅が丸いのは心臓の形だからである」（食べ物と心臓・柳田国男）。餅は心臓の象徴なのである。餅が様々な行事の供物になるのはその為であろう。

お年玉は年魂のことである。正月には年を取る。それは年魂を貰うということである。その年魂の象徴が餅である。餅は心臓であり心臓は命である。だからお年玉は餅（心臓）ということになる。

夕方になるとこれまた楽しい親戚廻りの「正月りー」がある。「正月りー」とは「正月礼」のことらしい。親戚の先祖拝みである。「正月りー」で大人たちは遅くまで酒を飲み歌い踊る。我が家は「正月りー」の最終地と決まっている。

夜一〇時頃から二〇人程の従弟たちが集い歌や踊りで正月を祝う。伊佐へイヨー、川平節、泊阿嘉、はたまた「長者の大主」まで飛び出す。三線に合わせて箸でお椀を叩く。側に座る明治生まれのおばさん達も踊り出す。

これが深夜まで続く我が家の「正月りー」の風景。「正月笑れー」の中で身も心も「炭《たん》と喜んで」若返るのである。しかしこの良き習慣も今は昔となって寂しい限り。おばさんたちも先輩の従弟たちや我が兄姉も今はもういない。

《若水《わかみじ》に　炭《たん》とぅ昆布《くんぶ》に　正月礼《りー》》

＊産井戸＝うぶがー。誕生した赤子の産湯を汲む井戸。
＊若水＝わかみじ。飲むと若返る水。正月には年を取るがこの若水には命を再生する力があると信じられている。産井戸の水。
＊カラタケ＝釣り竿などに使う竹。チンブク、山原ダケともいう。
＊食物と心臓＝柳田国男。一九四〇年（昭和一五）。「餅は何故丸いか」という問いに「餅が丸いのは心臓の形を模しているから」と説いている。また柳田は「人は何故笑うか」の問いに「笑いの起源

は人を攻撃するため」とも説いている。笑いは相手を委縮させる効果があるという（笑いの本願）。
＊盆の親戚廻りを「シチグヮチリー」と言う。「七月礼」である。

四、いじゅぬきーん　ゆーしてぃ
にーしぬきーん　ゆーしてぃ
はーしら　むーにーあぎーてぃ
ふちゃーい　うーゆわぇ
ハーリガヨーヌー　サーユイサー
いーとぅさんせー　ぼーじぬにんぐる

伊集ぬ木も　取り寄せて
にーしぬ木も　取り寄せて
柱を立てて　棟上げをして
屋根を葺いて　お祝いしよう

調子はずれの者は坊主の妾にするよ

家を建てる時の基礎打ちの歌である。建築儀礼の歌と言っていい地つき歌である。瓦葺きの家を新築する場合にその礎石をすえる部分を填圧する。その作業は名月の夜に青年男女によって行われる。名月に行うのは夜通し行うからである。

二〇人前後の青年男女が電柱のような重い槌を滑車で上げたり下ろしたりして填圧する作業が「ハーリガーヨーヌー」、ヤマトの「ヨイトマケ」である。この歌は全員の呼吸を合わせる為に歌われる作業歌でもある。

土固めの「ハーリガヨーヌー」は、真ん中の「音頭とり」（リーダー）に合わせて歌いながら夜を徹して作業が続けられる。若い男女の共同作業なので楽しみながらの「ハーリガヨーヌー」となる。我がムラでも一九五〇年代まであり見聞したことがある。

最後の歌詞に「いーとぅさんせー坊主ぬ情婦《にんぐる》」とある。全員の呼吸や調子が乱れるとこの土固めの作業はうまく行かない、いーとぅ、つまり調子を合わせろ、それが出来ない者は坊主の妾にするぞと脅している。

妾が嫌がられるのは分かるが何故坊主の妾なのか。葬式のイメージの強い坊主は嫌われていたのだろう。しかし何故、坊主ぬ情婦《にんぐる》なのか。建築儀礼の歌に相応しくない。沖縄の緩《ゆる》さなのだろうか、いい加減さ、それとも豊かさなのだろうか。

《ハーリガヨー　呼吸合わせて　家普請《やーふしん》》

＊ハーリガヨーヌー＝掛け声。

＊にんぐる＝ねんごろ。男女が親密な関係にあること。妾、情婦のこと。

＊トーフナゲラシー＝棟上げ（屋根葺き）の日に「トーフナゲーラシー」（豆腐流し）がある。新しく葺いた屋根から転げ落ちて来るトーフを下で待ち受ける子ども達が奪い合うというものである。何故、豆腐を流すのか。その意味については《柳田国男の民俗学と沖縄》（二三六頁・赤嶺政信）に詳しいので参照されたし。大まかに言えば豆腐を流すことによって家のヤナムン（悪霊）が退去し家の繁栄を願う意味ではないかと言う。僕も新築の際にその「トーフナゲーラシー」をやってみた。

豆腐のおかげで僕の家はいつも明るく賑やかである。
＊ヨイトマケの唄＝美輪明宏が作詞・作曲した一九六六年（昭和四一）のヒット曲。ヨイトマケとは作業するときの掛け声のこと。
＊鍬入れ式・起工式を「ティーンダティ」という。ティーンは手斧、ダティは立てる。手斧を立てる。フンシミー（風水師）が安全祈願を行う。南風原町神里では「ゆーちぬしんばい　やーちぬしんばい　にーてぃ　とぅとぅぬてぃ」（四つの角柱　八つの金柱　地を突き固め　整えて）などと唱える。
＊家普請＝やーふしん。家の建築工事。

狂歌

一、アメリカ世《ゆ》になりば
灯《あか》りまでぃ変わてぃ
タンメ禿頭《はぎつぶる》
ゆくん光かてぃ

沖縄がアメリカ世になって
灯りもローソクから電灯になった
その電灯に照らされたおじぃの禿頭が
さらに光り輝いている

一九五〇年（昭和二五）、僕のムラにはじめて電灯がついた。一戸に一灯（六〇ｗ）で夜一〇時までだった。お祝いには一二時まで延長された。電灯のおかげで夜の機織りやミシンの仕事が出来るようになった。ローソクやランプの時代からいきなり電気の時代へ。生活の大きな変化は驚きであった。夜なべが出来るようになり収入も増えた。何より火事がなくなった。電灯の光輝く新しい時代の到来は生活を一変させた。

当時詠まれたのがこの狂歌である。明るい電灯に照らされたタンメーの禿頭は確かにローソクやランプより光り輝く。タンメーの禿頭も今までよりいっそう光り輝いている。タンメーの禿頭が電気時代の到来を喜んでいるようだ。

《禿頭《はぎつぶる》　戦後の暮らし　照らしけり》

＊この狂歌を詠んだのは我がムラの大城タカーおじぃ（小城）である。おじぃはフィリピン移民帰り。フィリピンタガログ語のターバラー（引き分け）の言葉を沖縄角力用語として流行らせた。

＊電気事業をはじめたのは大城喜郎（上勝連）と野原広（新前門）である。米軍の中古の発電機で隣の本部や照屋まで配電し喜ばれた。

二、ウチナ金丸や　　　沖縄の王様・内間金丸は
人《ちゅ》ぬ為《たみ》どぅすしが　　　人民の為に働いたが

ヤマト金丸や　本土の政治家・金丸信は

どぅ腹肥《わたく》ぇーち　私利私欲の為に働いている

王府時代の金丸（尚円王）は名君として知られている。崇元寺を創建したり中国との交易をより発展させ誰にでも親しまれ人民に推されて国王に選ばれた。沖縄の金丸は沖縄人民の英雄だがヤマトの金丸はどうか。

自民党副総裁の金丸信は政界のドンである。彼のもとに多くの政治家や実業家が集まった。彼には多くのヤミ献金があった他、表に出せない裏金があった。一〇億円の脱税で逮捕された金丸家の金庫からは金の延べ棒が発見された。

このようにヤマトの金丸は「どぅ腹肥《どぅわたくぇ》した」「国喰《くにく》ぇー虫」だが、我が沖縄の金丸は尊敬する人民の星である。この歌には金丸信をはじめとするヤマトの政治家にいじめられて来た沖縄の皮肉が込められているのではないか、そんな気がする。

《ぬさるむぬが　ヤマト政治家や　沖縄《うちな》クンピやい　どぅ腹肥《わたく》ぇーち》

＊金丸＝かなまる。第二尚氏初代の王（一四一五〜一四七六年）。尚円王。「物呉《むぬく》いーしどぅ我が御主《うふすー》」（人民の暮らしを守る人こそが王になるべきだ）。これは金丸が尚円王に推されたときに安里大親が言ったとされる言葉。尚徳王が久高島に滞在中に革命を起こし政権を奪った。

＊金丸信＝かなまるしん。一九一四年（大正三）〜一九九六年（平成八）。一九九二年（平成四）に佐

川急便事件で五億円の闇献金、翌九三年に一〇億円の脱税が発覚し逮捕。金庫からは金の延べ棒が発見された。金の延べ棒は北朝鮮から送られたものと言われた。

＊どぅ腹＝どぅわた。自分の腹。私利私欲のことを「どぅ腹肥《わたくぇ》ぇーち」とした表現が面白い。

＊この狂歌は約三〇年前に新聞で見つけたものである。失礼ながら作者は覚えていない。

＊ぬぅさるむぬが＝どう言う奴ら、イヤな奴らだ。

＊クンピやい＝クンピーンは踏みつける。踏みつけておいて。犠牲にして。

＊ヤマト＝日本の古代王朝を奈良時代、ヤマト政権と言う。ヤマトは奈良地域のことだが広く日本をヤマトと言うようになった。

三、眼玉《みんたま》んぬきてぃ　　目玉もやたらに大きく
鼻んむくむくとぅ　　鼻もむくむくと動いている
鼠《うぇんちゅ》ちら見りば　　鼠の顔を見るだけでも
わたぬむげてぃ　　腹わたが煮えたぎる程ワジワジーするよ

鼠の特徴を言い表している。目と鼻と髭、考えるだけでイライラし腹の底から怒りが湧いてくる。むげてぃは沸騰するという意味で心底ワジワジーするという表現である。この狂歌のように鼠を好きな人はまずいない。

鼠は根住み、寝盗みが語源と言われる。根、つまり土の中に住み、人が寝ている間に物を盗むという意味である。根住みは土ではなく根っこの国・神様の住む所という説もある。つまり、鼠は沖縄で言うニライカナイから来た使者だという。

我が沖縄ではウェンチュという。上の人との俗説がある。上は天井のことなので天井に住む人ということになる。人だから人の言葉が分かる。天井で人間の会話に聞き耳を立てている。だから鼠を叱るとカツオ節や背広をかじられる。

「ウェンチュ　ぬらてーならん　ウェンチュや　褒み上ぎり」。半田のおばぁに教えられた教訓である。いや、やはりパッチラーやネコリンをばら撒いて憎くたらしいウェンチュは絞首刑にしたいものである。

《鼠の顔《ちら》　思《うび》い出じゃちん　腹《わた》むげてぃ》

＊ニライカナイ＝神の住む理想郷。
＊むげてぃ＝沸騰して。煮えたぎる。怒る。
＊ワジワジー＝怒りが込み上げる。
＊ぬらてーならん＝叱ってはいけない。
＊パッチラー＝鼠を捕獲する仕掛け。ウェンチュヤーマーともいう。ヤーマは道具、仕掛けのこと。
＊ネコリン＝殺鼠剤。

四、官話大和口《かんわやまとぐち》

沖縄物語　　中国語と日本語と
一人《ちゅい》話し話《ばな》し　　ウチナーグチ
　　　　　　それぞれにしゃべりまくり
ピリンパラン　　何のことか通じない

王府時代、首里の龍潭池あたりで中国人、薩摩役人、琉球人の三人がそれぞれの言葉で何かの話をしていたのだろう。

中国人「ニーハァオ」
薩摩人「猫がどうした？」
琉球人「歯《は》ぬ痛《や》むん？」

ティーヨーヒサヨー、ゼェスチャー、ボディランゲージしてもチンプンカンプン、ピリンパラン何を言っているか通じない。通じないながら懸命にピリンパランして主張している様子が面白い。観光沖縄、現在でもありそうな光景である。

外　人「ハワァーユー」（こんにちは）
老　人「くまーハワイ湯やあらんウチナー湯」（ここはハワイではなく沖縄だよ）
外　人「ワッタイム」（何時？）
老　人「汝《いゃー》ー芋《うむ》あらん我ん芋《うむ》どぅやる」（君の芋ではない僕の芋だ）

外　人「アンダスタンド？」（分かった？）

老　人「油《あ》んだぁーなしてーうぃびらん」（髪油はつけてないよ）

海外旅行に役立つ翻訳機もあり便利になった。言語が分からなくても意思疎通が図れる有難い世の中になった。ピリンパランしないでも通じるようになった。あらん、はやりその国の言葉でピリンパランしたいものである。通じなくても。

《中国語　大和グチに　ウチナーグチ　ピリンパラン　ティヨーヒサヨー　通じない》

＊官話＝かんわ。中国語のこと。

＊ティーヨーヒサヨー＝手ぃよー足よー。手や足を使ってのゼスチャー。ティヨームーヨーともいう。

＊戦後、米人との会話で生まれた沖縄英語（ブーロンクン・イングリッシュ）を紹介しよう。

一、エァー・グッドバイ＝空気よさようなら。車のパンクのこと。空気がなくなったから。

二、ミート・グッドバイ＝肉よさようなら。肉離れのこと。

三、ネック・カット・フレンド＝首を切る友達。刎頚之友（ふんけいの友）。クビチリドゥシ。

四、ユーライターワンパチ・ミーライター・テンパチパチ＝

君のライターは一回で点くが僕のライターは一〇回パチパチしないと点かない。

五、マウンティン・カット＝ヤマチッチャン。山を切る。山（樹木）を切ると災害が起こることから困難な状況に陥ること。

＊チンプンカンプン＝何を聞いても分からないという中国語。チンプトン・カンプトンが合わさった

言葉と言う。なるほど語感からも中国語の感じがする。漢字では珍紛漢紛。ピリンパランはウチナーグチ。泥酔した状態でお互いの主張を大声で叫んでいる場面に遭遇する。これもピリンパランである。中国語にピンパン、ピンリパンリがあって雨の降る音や物がぶつかる擬声音のことらしい。対馬にはテレンパランがある（沖縄ことばの散歩道・池宮正治）。

＊他にこんな狂歌もある。

いろいろに言ちん　いかなしん行かん　行きば行くほどぅに　いりみすくとぅ

（どんなに誘われても遊郭には行きません行けば行くほどにお金がかかるもの）

「いりみ」は経費のこと。僕のムラでは字費のことを「むらいりみー」という。この歌は八八八六の句の初めは「い」でまとめられていて技巧的である。「いかなしん」は絶対に、いかにしても。

五、しか犬《いん》やからて　　隣家が臆病な犬を飼っている
立ち鳴ちゆしみて　　その犬が夜吠えるのは不吉の予兆だと
我《わ》ったユタ手間《でぃま》や　　ユタにお願いしてお祓いをさせた
汝《い》った払《は》られ　　そのユタの費用をしか犬の飼い主の君が払え

夜、犬が遠吠え（立ち鳴き）すると何か悪いことが起きる前兆だと迷信深い女たちは考えた。飼い主の家だけでなく隣近所の家も厄払いをしなければ気が気でない。そこでユタを頼んで餅や菓子を供え

て屋敷の隅々を拝んでまわった。

余計なユタの費用が高くついた。はた迷惑である。そこで「しか犬」の飼い主にユタの費用を「汝《い》った払《は》られ」と要求する。ユタの費用は君たちに払う義務があると主張する。こっけいの中にも迷信を皮肉った面白い狂歌である。ユタ手間を要求された「しか犬」の飼い主はどう対応しただろうか。

我ったしか犬ぬ　吠《あ》びたこと何《ぬ》やが　汝《い》ったしか妻《とぅじ》ぬ　騒《さわ》じまぎさ（島袋盛敏）

（私の臆病な犬が吠えたから何だ、神経質なお前の妻の騒ぎ過ぎじゃないか）

と拒否したのではないか。

＊しか犬＝臆病なよく吠える犬。臆病な人を「しかー」と言う。

＊からてぃ＝飼っている。

＊犬の立ち鳴き＝夜、犬が遠吠えするのは化けものを見ている為と考えられた。

＊汝《い》った払られ＝「汝った」は君、お前。君が払って。

＊しか妻＝しかとぅじ。迷信を信じる臆病な妻。「しか」は臆病。妻《とぅじ》は戸主《とあるじ》から来たと言う説がある。

＊ユタ＝霊媒者、予言者。ユタはユンタクー《おしゃべり》が語源と言われる。ユタはユンタクー《おしゃべり》である。

座興歌《ざきょううた》

一、唐船《とうしん》どーいさんてーまん　　唐船がやって来たよと知らせても
いっさんばーえーならんしや　　一目散に那覇港に走らないのは
若狭松村《わかさまちむら》ぬ　　若狭町の松村の
瀬名覇《しなふぁ》ぬタンメー　　瀬名覇のおじぃさんだけだ

お馴染みカチャシーの定番「唐船どーい」である。琉球国王の任命をするための冊封使を乗せた御冠船が那覇の港に入る様子を歌った歌である。何十年振りかの御冠船を迎える那覇の人達の歓迎ぶりと騒動ぶりを歌っている。

唐から来る船は国王の任命式にやって来る御冠船だけでなく琉球から唐へ行った交易船が帰る場合もある。いずれにしても唐船の入港は人々の大きな関心事である。その大きな関心事に騒がずに落ち着いているのが瀬名覇のタンメーである。

瀬名覇のタンメーは何故、ひとり落ち着いているのか。足が悪くて走れないのか、はたまた御冠船に興味がないのか。いや、そうではない。タンメーは慶良間から立ち上る唐船来航を告げる烽火《のろし》を見たのではないか。

タンメーは風の向きや船の速度からおおよその入港時刻を予測出来て入港まではまだ時間があると知っていたのではないか。「いっさんばーえー」しなかったのはその計算があったのではないか。タンメーは情報を的確に判断出来る知識人だったのではないか。

《慌《あわ》てない　騒わがない　知恵者《じんぶなー》タンメーは》

＊唐船どーい＝唐船だよー。「唐船が入って来るよー」と合図している言葉。

＊いっさんばーえー＝一目散に走る。一散走ぇー。

＊御冠船＝うくゎんしん。冊封使の乗った船。冊封使は国王の王冠を乗せて来たので冠船と呼んだ。冊封使の接待として首里城で踊られたのを「御冠船踊り《うくゎんしんうどぅい》」と言う。南風原町宮平の「綛掛け《かしか》」は「御冠船踊り」である。

＊冊封使＝さっぷうし。国王を任命する中国からの使い。一行は約五〇〇人。半年間滞在したので王府はその対応に神経を使った。芸能や料理で接待し財政的にも大きな負担だったといわれる。

＊烽火＝のろし。王府時代、島ごとに烽火台があり船の航行を発見すると烽火を焚いて次の島へ合図したと言う。唐船が慶良間沖を通過すると烽火で那覇へ知らせた。

＊瀬名覇ぬタンメー＝しなふぁのおじぃさん。実在した人物か、どんな人物だったか、心当たりに聞いて見たが分からなかった。確かに存在したから歌に詠まれたのだろう。瀬名波は名字か屋号か?。

二、首里《しゅい》に豊《toyo》まれる　首里で有名なのは
松茂良御殿《まちむらうどぅん》の平松《ひらまーち》　松茂良屋敷の平松である
那覇《なふぁ》に豊《とゆ》まれる　那覇で有名なのは

久茂地《くむじ》ぬほーい
ガジマル小《ぐゎ》

久茂地のほーい
がじまるの木である

首里の松茂良御殿の平松の見事さと那覇の久茂地のガジマルを称える歌である。首里の女性らしい松と那覇の男らしいガジマルの対比はその地域の特色を良く象徴させている。首里は士族の住む静かな町で女性的、那覇は商人たちが動きまわる男性的な町である。それを松とガジマルに象徴させ対比している。松茂良御殿は首里のどの辺にあったのだろうか、久茂地の「ほーいガジマル」は何処にどんな姿であったのだろうか。その所在の場所は確認されてない。「ほーいガジマル」とは根が這うようなガジマルという意味である。ハワイのアラモアナ海岸に「ほーいガジマル」が幾つも生い茂り景観に花を添えている。久茂地の本来の地名は普門寺であった。普門寺という寺があってそう呼ばれたらしい。その普門寺が久茂地になったと言われる。普門寺の跡は何処か確認されていない。普門寺から久茂地へ。覚えておこう。「ほーいガジマル」のことも。

《首里と那覇　松とガジマル　良く似合い》

＊「だんじゅ豊まれる　名護ぬ番所　松とぅガジマルぬ　むてぃ栄い」
名護番所には松とガジマルの二つが同時に生い茂っていたのだろう。
＊だんじゅ＝ほんとうに、いかにも、なるほど。
＊豊まれる＝とよまれる。名高い、よく知られた、有名な。
＊ほーいガジマル＝這っているガジマル。地を這うような横広がりのガジマル。

＊普門寺＝ふもんじ。一四五〇年〜一四五七年に尚泰久王によって建立された寺。場所は不明。
＊那覇の地名の由来＝伊波普猷は漁場《ナバ》が那覇になったと説いた。またある家に珍しい怪石がありそれがナバ（茸《きのこ》）に似ていた。このことから那覇となったとする説もある。
＊番所＝ばんどぅくる。ばんじょ。今の役場。
＊むてぃ栄い＝豊かに生い茂っている。「むてーとーん」は生い茂っている。

三、くまや誰《たる》とむて
無理にしかきゆが
生まれてどぅんちゃる
泣ちゃんだん

四、我ったてぃだむんぬ
歌ぬ負きやびみ
はまて弾ちみそり
乗《ぬ》してさびら

俺を誰だと思って
わざと挑戦してくるのか
俺は生まれてこの方
負けた事はないのだよ

俺としたことが
負けないよ絶対に
さぁ思い切り弾いてごらん
三線に乗せていくらでも歌ってやろう

五、立ちみそり舞方《めかた》　さぁ立って踊ってごらん
我んや歌さびら　俺が歌を歌うから
二才がする舞方　若造の舞方棒を
見ぶしゃびけい　見てみたいものだ

いずれの歌も初対面の見知らぬ者同士が出会い勝負に挑む。沖縄角力か空手か棒術か三線の勝負か。勝負を仕掛けられたら相手になってやろう、俺は今まで誰にも負けたことはないよと勝負に挑む意気込みの歌である。

道場破りがやってきて決斗に臨むような場面と似ている。巌流島の宮本武蔵が椿三十郎の決闘の挑むようなものである。この歌の二人の主人公はそれぞれのムラで一番の名手でそのことに誇りを持って誰にも負けない自負があることを示している。

四番は歌がけである。歌がけとは一方が上句を歌うと一方が下句を歌うという歌合戦のようなものである。この歌では三線と歌の歌がけである。どんな曲でも弾いてごらん、即興の歌をのせてやろうという挑発である。

五番は舞方である。舞方とは舞台の最初に演じられる「かぎやで風」に乗せて踊る棒踊りである。この舞方棒を他のシマでやるとケンカになったという。それは前述した挑発的な歌詞になっているか

らだったと言う。

《立ちみそり　乗《ぬ》してぃなびら　歌三線》

＊歌がけ＝うたがき。男が上句を歌うと女が即興で下句を返す。うまく歌が繋がると恋の成就という事になる。

＊舞方棒＝めーかたぼう。舞台の厄払いの目的で最初に演じられる。かぎやで風に乗せて踊る棒踊り。地域によってその歌詞は変わる。毛遊びもこの歌から始めたようで「毛遊びかぎやでぃ風」という（琉歌集・島袋盛敏）。

＊かぎやでぃ風＝「かぎやでぃ」（かじゃでぃ）の意味は?。鍛冶屋、冠者、輝くなどの説があるようだがはっきりしていない。

六、ウマニーたーや　　叔母さん達（遊郭の先輩）には
すくちなむん　　困ったものだよ
イットゥガヨーにん　　まだ年端もいかない娘たちに
夫持《をうとう》たちさっさ　　夫を持たせているよ（客を取らせているよ）
イットゥガヨーにん　　見習いの娘たちに
夫持たち　　嫁がせているよ（客を取らせているよ）

七、十三童《わらび》に
夫持《をとう》たち
ちゃーしが寝んたら
かさぎとーさ
さっさちゃーしが
寝んたらかさぎとーさ

一三歳の見習い中の女の子にも
夫を持たせて（客を取らせて）
どうやって寝たのか
子どもが出来てしまったよ
さてどんな風に寝たのか
お腹《はら》が孕んでしまったよ

八、隣《とうない》ぬウスメや
ゆくすくちゃー
孫《うまが》ぁしかさん
嫁《ゆみ》しかち
さっさ孫ぁ泣けーち
嫁しかちすくちな

隣のおじさんは
もっと困った人だよ
孫の子守りはしないで
嫁に取り入っているよ
あれあれ孫は泣いているのに
嫁にすり寄っているよ

ウスメー　　　困ったおじさんだ

嘉手刈林昌の「貧乏尾類小《ひんすーじゅりぐゎー》」の一節である。こんな非道徳的な歌を解説するのは気がひける。六番と七番は遊郭の歌だろう。八番は明らかに家庭内の嫁との怪しい出来事を詠んだ歌である。

歌詞の意味は読んで字のごとくだから解説しないことにする。映倫に引っかかるような春歌に近いような内容なのでそのままにしておく。だがその破天荒が実に面白い。こんなストレートで大胆な歌こそ俗謡の神髄である。

《あきさみよー　ウマニー　ウスメー　すくちなむん》

＊かさぎーん＝妊娠する。

＊あきさみよー＝あら、まぁ！。

＊すくちなむん＝ひょうきんもの。困った者。「すくちゃー」「なまちゃー」とも言う。

九、今日《ちゅう》や汝《い》ったー天井小《てぃんじょうぐゎー》　今日は君の家の離れの天井で
明日我った　明日は僕の家の
前《めー》ぬアサギんかいや　離れ家の天井で

恋《くい》ぬまどぅまどぅや　　恋もたまには
語たてぃ遊しば　　思い切り楽しもうよ

沖縄のムラでは離れにあるアサギの天井がデートの場所だったらしい。アサギはメーヌヤーと言って牛小屋や馬小屋、山羊小屋、農具部屋のことである。その天井が結婚前の恋人たちの忍びどころであった。いくら夜といっても牛や馬や山羊が鳴き出したりしなかったのか。悪臭がしなかったのか。天井は立つことも出来ず座るのがやっとではなかったのか。ネズミはいなかったか、ヒーザサシヤー（山羊を刺す虫）はいなかったか、ムカデはいなかったか、蚊に刺されなかったか。これ等と格闘しながら天井小《てぃんじょうぐゎー》で過ごす時間は恋する二人にとって気にならなかったのだろう。だが次の歌がある。

いった居《をぅ》る馬小《うまぐゎー》　買《こ》ーいけり牛とぅ　我が忍ぶぐとぅに　馬ぬ吠《あ》びてぃ

あなたの家の馬を牛と買い替えなさい、私が忍びに行くと馬がないて親にバレてしまったよ、という意味である。やはり天井小やアサギは不自由だったのである。

《天井裏　下《しちゃ》ぬ馬小《うまぐゎー》　けー吠《あ》びてぃ》

一〇、若さたるがきて　　若さを頼りに
何時《いち》ん花持《む》つな　　何時までも自惚れてはいけないよ

うみよらん風《かじ》や　　予期しない出来事が
何時《いち》がふちゅら　　何時起こるか知れないのだから

次は小野小町の歌である。

花の色は　移りにけりな　いたづらに　我が身世ふる　眺めせし間に

桜の花の色は衰え色あせてしまった。昔の私は美しく輝いていたのにすっかり年老いてしまったよ、という意味である。美は時間と共に失われる。同じように若さも何時か失われ年老いていく。若いからといって油断してはいけない。何時、予期しない出来事が起こるかも知れない。病気に侵されるかも知れない。事故に会うかも知れない。人生、この先は誰にも分からない。若さがすべてではないよ。人生、天気の日もある。雨の日もある。台風もやって来る。地震もある。津波も油断できない。若かりし頃を懐かしみながら何時か人は老いるものだよと小野小町も説いている。自信過剰の若い人に警鐘を鳴らしている歌である。

《まだ若い　自信過剰は　命取り》

＊小野小町＝おののこまち。平安時代の九世紀頃の女流歌人。小野は氏名、小町は姉妹でも年下だったからと言う。姉妹には町の名が付いていたようだ。

一一、年《とうし》とたん思《う》むてぃ
鏡取《かがんとぅ》てぃみりば
なま年や寄《ゆ》らん
元《むとぅ》ぬ若さ

年を取ったと思って
鏡に写った自分の姿は
まだまだ悲観するほどではない
まだ若く見えるじゃないか

この歌は希望の歌だろう。本当は鏡に写った自分の顔を見て老いを確認したのではないか。頭の白髪、額や首筋のシワにショックを受けたのではないのか。腰も曲がってみじめな姿に驚いたのではないか。年老いても心は一七、八歳。心は老いない。心まで老いるとそれこそ本当の老人になってしまう。だから何時までも俺は若いと信じたい。だが酒の量も減った。ウォーキングもおっくうになった。近くも車で行くようになった。歯も入れ歯だ。

あっさり老いを認めてそれなりの暮らしをした方がいい。鏡なんか見なくていい。どうせ元の若さは帰って来ない。だから認めよう、自覚しよう、やって来た老いを。かつて僕はこの歌に同意し自信に満ちた時もあったがもはや騙されまい。

「七〇からぬ年弱《にんよ》ーい　八〇からぬ月弱《ちちょ》ーい　九〇からぬ日弱《ひーよ》ーい」（七〇歳からは年毎に　八〇歳からは月毎に　九〇歳からは日毎に弱っていく）。この黄金言葉を心しなければならない。

《禿《は》ぎ頭《つぶる》　腰や曲《ま》がやい　歯は入れ歯》

口説囃子《くどぅちべーし》

ここでは「口説」は取り上げてないが「口説囃子」について考えてみたい。現在の「上り口説」に「囃子《ふぇーし》」はないが本来は囃子が入っていた。「囃子《ふぇーし》」とは歌と歌の間に入るセリフ・口上のことである。読谷村宇座の「上り口説《ぬぶい》」には元の形が残されている。歌と歌の間に本来の「囃子」が入っている。宮城美能留先生の「上り口説」も意識して囃子を残されていた。現在では上り口説から囃子が消えている。「四季口説」、「黒島口説」には囃子がある。口説の原型である。口説には囃子が付き物だと宮城美能留先生は強く主張されていた。「上り口説」の原型が残された読谷村宇座の「上り口説囃子」の踊りは見る者を圧倒する。さすがは「上り口説」にある「残波岬を後に見て」の読谷山宇座である。かつて宇座は残波岬近くにあった。

＊宮城美能留＝みやぎみのる。一九三五年（昭和一〇）～一九八七年（昭和六二）。舞踊家。父は宮城能造（一九〇六年・明治三六～一九八九年・平成元）。

読谷村宇座に残る「上り口説囃子《ぬぶいくどぅちべーし》」の一番を紹介しよう。

まこと加利吉《かりゆし》　今日《きゆう》の世果留日《よかるひ》
明日の出帆《しゅっぱん》　風や午《うま》の方《ふぁ》
船頭方《しんどうかた》から　只今御下《うくだ》り
運の来たりば　我した二才《にせ》たや
玉の杯《さかじち》　面々《みんみん》巡《み》ぐらち
殿内《とぅんち》に上《ぬ》ぶたさ　黄金《くがに》の御酌《うんしゃく》
うたびみそーちどぅ　旦那御始《だんなうはじ》み
千手観音　御暇《うぃとうま》みそーち
那覇に御下《うくだ》り　さっさ

今日は順風（南風）で　まことに目出度い日だ
明日は船を出すよと
船頭からの　知らせも来た
出帆前日の今　我々若い使者たちは
おいしいお酒を　酌み交わし
御屋敷の旦那様から　お祝いの酒を頂き
旦那様に　しばしの別れを告げて
航海の無事を　千手観音様に祈願し
那覇の港へと急ぐのです　さっさ

＊千手観音＝しんてぃかんぬん。観音堂の観音様は多くの手があるから千手観音と呼ばれる。千手は多くの人の願いを叶えることが出来るという意味。千手にはそれぞれ目があり多くの人の願いを見ることが出来るのが千手観音。

我が喜屋武の「長者《ちょうじゃ》の大主《うふしゅー》」にも「口説囃子」がある。

いやいや
前《めー》ぬ田ぬ　米加奈志《めーがなし》がどぅ
植《うぃ》て三日《みっちゃ》や　白髭《しらひじ》さし込でぃ
葉《ふぁ》の出じよう　菖蒲《しょうぶ》ぬ葉さみ
穂《ふ》ぬ垂れよう　柳《やなじ》の垂れよう
粒《ちじ》や読だりば　三三七粒《しじ》あいびさ
うりがお初《はち》や　神にうさぎてぃ
うりが残《ぬく》いや　首里にのぼせて
うりが残りや　蔵に積《ち》ん込でぃ
うりが残いや　我《わ》した二才《にせ》たが
御酒《うさき》たりとぅてぃ　飲《ぬ》だい遊しぶし
うりどぅ　面白《うむし》るむんさみ
さっさ　はは

前にある　水田に苗を植えて
三日目には髭のような　白い根が出て
やがて菖蒲のような　葉が出てきて
成長して実った　稲穂は柳のようで
その稲の実を　数えると三三七粒あり
収穫した米は　まず神さまに供え
その残りは　首里王府に収めて
その残りは　蔵に保管し
その残りで　我々若者たちが
酒を造って　飲んで遊ぶのです
これはもう　最高の喜びです

＊三三七粒＝豊かに実った一本の稲穂には三三七粒の米粒が入っているという。豊作という表現。
＊長者の大主＝十五夜遊びや豊年祭の主要演目。歌、セリフ、踊りで構成される狂言。「長者の

大主」とは、福（子孫繁盛）、禄（お金）、寿（長寿）を兼ね備えた長老の事。三三三人の子孫、一二〇余歳の長寿、三三七粒の米（お金・豊年）の「長者の大主」である。子や孫を引き連れて、その三つの幸（福・禄・寿）を体現した喜びと感謝を神に捧げる芸能が「長者の大主」である。

＊手事＝てぃぐとぅ。「長者の大主」が登場する時の音曲を「狂言手事《ちょうぎんてぃぐとぅ》」という。組踊では身分によって「按司《あじ》手事」「大主《おふぬし》手事」「若按司《わかあじ》手事」がある。手事の音曲で登場人物が分かるようになっている。

ミルクムナリ

エイサーの定番に「ミルクムナリ」（日出克）がある。その歌詞は口説囃子である。

今年《くとぅし》ミルクぬ　世果報年《よがふとぅし》さみ　　今年は弥勒世の　目出度い年だ
ミルク加那志《がなし》　降《う》りみそーち　　弥勒の神様が　降りて来て
五穀《ぐくくぅ》ぬ物《むん》だに　うたびみせたさ　　五穀の種を　授けて下さった

これは県内に伝わる「長者の大主」の「口説囃子」とだいたい同じである。そして二番は我が喜屋武の「口説囃子」とそっくりである。

うりが御初《うはち》や　コーテン加那志《がなし》に
うりが残《ぬく》いや　蔵に積《ち》んちき
うりが残いや　我《わ》した若者《わかむん》
甘酒辛酒《あまざきからざき》　たりとてぃ
飲《ぬ》だい遊《あし》ぶさ

獲れた米は一番に神様にうさぎてぃ（奉納して）
残りは蔵に積んで
その残りは若者たちが
酒を造って
飲んで遊ぶのさ

「ミルクムナリ」のミルクは「豊年」、「ムナリ」はインドネシア語で「踊り」という意味のようである。
ミルクムナリは「豊年踊り」ということになる。「世果報来い　世果報来いと　神踊り」（沢木欣一）
神様は踊るのである。

＊二一六頁の喜屋武の「長者の大主」の「口説囃子」と比較されたし。

第六章　黄金言葉・むぬあかしー

沖縄の「黄金言葉《くがにくとぅば》」、「むぬあかしー」、「早口言葉」がある。「黄金言葉」は知恵の宝庫であり哲学の部屋である。生きるための道徳観や倫理観、価値観が表現されている。だから黄金の言葉なのである。「黄金言葉」は諺《ことわざ》のことである。

「むぬあかしー」は子ども達の素直な疑問や関心について比喩的に優しく表現した奥の深い面白さがある。「むぬあかしー」とは物事を明かす、つまり物事の道理や本質を解き明かすという意味で「なぞなぞ」の事である。

他にも早口言葉、沖縄芝居、日常生活で使う言葉にも妙なるウチナーグチがある。子ども達の目に写った出来事を素直な言葉で詠んだ我が喜屋武の「子どもエイサー」、さらに南米に移民した県人たちの古いウチナーグチや新ウチナーグチもまた面白い。

黄金言葉（ことわざ）

一、カニガラ研《と》じ針《は》ーい作《つ》くゆん

カニガラとは墓を開ける時や大木の根を切る時に使う棒状の鉄の道具のこと。直径四㎝、長さ一、二メートル程の大きな鉄の棒。その大きな鉄の棒を砥石で研いで針を作るというのだから気が遠くなるほど時間が掛かるはずである。このことから物事に間に合わないこと。

太く長い鉄の棒カニガラから小さな針を作ることは不可能だ。機械ならいざ知らず砥石で研いで作るとは何十年かかるだろうか。例えばプールの水をスプーンで入れかえるようなものではないか。しかしこの意外な発想が面白い。

最近はカニガラも見かけなくなった。我が門中墓の扉もアルミの鍵式に代わりカニガラは必要なくなった。また、ガジマル等の根を切るのもユンボになりカニガラの出番はなくなった。カニガラはやがて死語になるのであろう。

《プールの水　スプーンの匙《さじ》で　入れ代える》

＊カニガラ＝カニは鉄、ガラは柄のことではないかと思う。柄は取っ手のことで「カニガラ」は取っ手付きの鉄の棒ということになる。柄杓《ひしゃく》がある。

二、盗人《ぬすどう》かちみてぃ縄《ちな》のーゆん

盗人を捕まえてから縛る縄をなっても間に合わない。縄は捕まえる前に準備しないとならないはずである。鹿を見て弓を作るようなものではないか。これは要領の悪い人のことを皮肉っている言葉である。

「手錠を取って来るからちょっと待っていてくれ」

泥棒を前にしてそうお願いする警官のようなものだ。

「はい分かりました」

と手錠が届くまで泥棒が待つはずがない。これはまた食堂でポーク卵の注文を受けてからポークと卵を買いに走るようなものだ。備えあれば憂いなし。この黄金言葉はその事を言いたいのである。
《喉《ぬ》でぃーぬ　乾《か》ぁきてぃ　井戸掘《かーふ》いん》

三、海ぬ水《みじ》んかい湯混《ゆーま》んきーん

春の海はまだ少し冷たい。しかし、どうしても泳ぎたい。そこでヤカンのお湯を海の水に混ぜてみた。変わらない。何の役にも立たない。豆腐に釘。田芋の葉に水。馬耳東風。効き目がない。無駄！。海にお湯を混ぜて海水を温かくする。こんなバカゲタことをする人はまずいない。それを考えるバカもいない。だが発想は愉快である。「海に湯を入れる」という地球的規模の大胆な発想が面白い。

「海ぬ水んかい湯混《ゆーま》んきーん」

無駄なことと不可能なことはするなという意味である。だが実際にやってみたらどうなるか、海にヤカンのお湯を何杯混ぜたら温かくなるのだろうか。物理学的に計算出来ないだろうか。

《太平洋　スプーンの砂糖　入れてみる》

＊「行ちぶさや　我した島沖縄《うちな》　アンデス担《かた》みやい　パシフィック渡ら」（移民の琉歌）。「アンデス山脈を肩に担いで太平洋を渡る」。「波路パシフック渡てぃなびら」（ヒヤミカチ節）。世界に広がる沖縄人の大胆な発想が愉快である。

四、坊主《ぼうじ》に櫛《さばち》・盲目《みっくゎー》に鏡《かがん》

坊主に櫛《サバチ》、盲目に鏡を与えても役に立たない。「豚に真珠」「馬の耳に念仏」と同じ意味。坊主の頭は何故に丸坊主なのだろうか。それは雑念を祓うためだと言う。頭に毛があると髪型や薄毛とかが気になって精神集中の妨げになるかららしい。

頭を丸めることは仏門に入った印になるという。仏教を開いた仏陀は悟りを開く時に頭を丸めた。そこから坊主の頭は丸めるようになった。頭が丸いとシャンプー代も要らないのでイミ(経済的・節約)するかも知れない。

「坊主に櫛・盲目に鏡」は誰も思いつかない。誰も思いつかないところに黄金言葉の妙味がある。これは不要なものという意味である。もし仮に坊主用の櫛と盲目用の鏡が発明されたらイグ・ノーベル賞は間違いなし!。

《坊主の櫛　盲目の鏡　あればいい》

＊坊主・盲目＝坊主はボージといい、盲目はミックヮーと言う。目暗《めくら》から来た言葉だろう。

＊イグ・ノーベル賞＝人を笑わせ考えさせるユニークな研究に送られる賞。ノーベル賞のパロディー班。例えば「酔ったミミズとしらふのミミズの見分け方の研究」。

五、言葉銭使《くとぅばじんじけ》ぇー・水《みじ》や醤油使ぇー

言葉はお金を使うように丁寧に慎重に水は醤油を使うように大事に使いなさいということ。教訓歌のデンサー節も「物言《もぬい》らば慎みよ」と注意を呼び掛けている。「口は災いの元」にならないよう言葉は慎重に行きたいものである。

水道がない時代の沖縄にとって水は貴重なものであった。水の確保には苦労した歴史がある。恒常的な断水があり屋根には水タンクが必要だったことを忘れてはいけない。水は醤油と同じように貴重なものである。

まさか水を買って飲むとは思ってもみなかった。水はただで何処にもあった。今や水はガソリンと同じくらいの値段になった。テレビは水のコマシャールに忙しい。水商売は大繁盛している。ひょっとしたら水が醤油より高くなる時代が来るかも知れない。その時、「醤油や水使ぇー」となるのだろうか。

《口は災い　水は命の　素となり》

＊水臭い＝みずくさい。料理で水分が多いと味気がなくなる。それから親しい間でも「愛情が薄い」「よそよそしい」ことを「水臭い」というようになった。

《シーブン三〇》雨と水の話

昭和の初期、ヒャーイ《かんばつ》が三ヶ月も続いた年があった。ヒャーイとは旱魃のことで雨の降らない日が何カ月も続くことである。ムラ井戸《がー》や黄金森の湧き水も枯れ飲み水さえない。ヤマー兄とカマー兄は与那原の親井戸《えーかー》に天秤棒を担いで水汲みに行った。

天秤棒の水を満杯にして与那原の街を通り与那覇から宮平へと家路を急いだ。兼城を過ぎ学校ワイトゥー（掘割り）に差し掛かった時に雨が降り出した。ワイトゥは土の道で坂道である。靴は履いてない。裸足だ。土の坂道はよく滑る。

転ばないように慎重に歩いた。だが雨は激しくなるばかりで土の道も水浸しとなった。ふたりは足の爪を立てて歩いた。さらに雨が激しくなったので急いだ。上りの坂を越え下りに差し掛かった時、ヤマー兄が転倒した。同時にバケツがひっくり返った。

与那原からはるばる運んで来たバケツの水は全てこぼれた。水の泡になった。ヤマー兄は雨を恨んで天を仰いで叫んだ。

「やな雨《あみ》ぐゎーぬ降《ふ》いくゎてぃ！」（雨の奴、今頃降りやがって）

それを聞いたカマー兄が言った。

「雨ぬ降れー与那原まで行かんてぃんしむんどー」（雨が降ったら与那原まで行かなくいいのだよ）

六、生まれーからー同級生《ちるみー》

親より先に逝く人もある。先輩より後輩が先に逝くこともある。命は年齢順とは限らない。年齢に関係なく誰が先に逝くか分からない。人間生まれたら皆同級生なのである。俺はまだ若いと思ってはならない。人の寿命は生れた時に決まっている。

ムラの同級生一六人中四人が逝った。船乗りの栄太郎は海難事故に遭い二〇歳で亡くなった。親は五〇代で現役だった。中学校卒業以来、静岡にいた一三は血圧で逝った。四五歳だった。親は九七歳のカジマヤーまで生きた。バスケ選手だった広正は弟や妹を残して急死した。従弟の栄も病気で兄や姉より先に逝った。

カマ婆・ナベ婆・ウサ婆は隣同士の仲良し三人組である。カマは九〇歳、ナベは八九歳、ウサは八八歳である。ある年、カマ婆さんが先に逝った。その一年後にナベ婆さんも逝った。残されたウサ婆さんが寂しそうにしみじみと呟いた。

「次ぇー我《わ》ん番やさやー」（次は私の番だね）

しばらくしてウサ婆が逝った。人は年齢順に旅立ちたいものである。

《残されて　その日その時　待つ老婆》

＊カマは東仲里小、ナベは前ぬ勝連小前、ウサは新仲里のおばぁさん。隣同士の三人は年齢順に亡くなった。

＊死後の世界

人は死ぬと暗いトンネルを通った後に
眩しい光の世界や黄色い花畑に導かれ
亡き人々と再会する

これは確かノンフィクション「臨死体験」（立花隆）で描かれた死後の世界の姿である。重い病で危篤状態に陥りあの世とこの世の境界をさまよった後に蘇った経験のある人々が語った「臨死体験」の証言である。

人は誰でも死を恐れる。いつまでも生きたいと思う。しかし死から逃れることは出来ない。死とは何か。僕はこれまで死んだ経験が一度もない。だから死がどんなものであるか知らない。死後が「臨死体験」のような穏やかな世界であればいいと思う。

＊立花隆＝たちばなたかし。一九四〇年（昭和一五）〜二〇二一（令和三）。「田中角栄研究」「脳死」など著作は一〇〇冊以上。「知の巨人」と言われた。「負け続けてもいい自分の意思を持ち続けよ」

（立花隆の言葉）

七、片手《かたてぃ》さーいや音《うとぅ》や出《ん》じらん

片手で音は出せない。音は両手を打って初めて出る。人間も一人の力はしれている。どんな優れた人でも集団の力には勝てない。多くの人の協力があっていい仕事はできる。音は両手で叩けば大きな音になる。

俺はひとりで何でもできると自惚れてはいけない。片手では絶対に音は出せないことを知るべきである。周りと調和して協力しあってこそ大きな音を出す事が出来る。いい仕事をすることが出来ることを知るべきである。

実験してみよう。まず両手の指の一本ずつで叩いてみよう。音は聞こえない。次に二本ずつ叩いてもまだ音は出ない。三本、四本、五本と指を増やしていく毎に音は大きく出るようになる。やはり周りと調和して生きることにしよう。

《どぅ一人《ちゅい》せー　何《ぬ》ぅーぬないが　しりとーさ》　（一人では　何も出来ない　果たせない）

＊両手＝たーちんてぃ。指の名をウチナーグチで言えるだろうか。親指はウフイービ、人差し指はチュサシイービ、中指はナカイービ、薬指はナラシイービ、小指はイービングヮー。薬指はもつれた糸をほぐす、均（なら）す指だからナラシイービと言う。結婚指輪を薬指にするのは心臓に一番近い指だからと言われる。

＊しりとーさ＝たかがしれている。大したことはない。

八、銭《じん》とー笑らーらん・人《ちゅ》とぅどぅ笑らーりーる

金をいくら貯めても幸福とは言えない。金で孤独は克服できない。金で友人を買うことも出来ない。愛を買うことも出来ない。金は万能ではない。やはり家族や友人たちとイヒーアハーして暮らす事こそ幸福なのである。

知人や友人とカラオケを楽しむ。ゲートボールで一喜一憂する。子や孫の自慢話に花を咲かる。そこに生き甲斐がある。いや待て、これは弁解ではないのか。金のない貧乏人の負け惜しみではないのか。やせ我慢ではないのか。

部屋を閉め切って何千万という現金を前にして片口笑《かたくちわれー》ぇーをしてみたいものである。人とも金とも笑ってみたい。しかし次のような教訓歌がある。

「有《あ》てぃん喜《ゆる》ぶな　失《うしな》てぃん泣くな　人ぬ善悪《ゆしあし》や　後《あとう》どぅ知ゆる」

お金があっても無くても一喜一憂するな。人の評価は棺箱が閉まった後に決まる。人はお金の有る無しではない。人はその人の人格で評価される。だからお金に執着してはならない。なんともいい言

葉であるが・・・。

金は天下の廻りものという。だが自分のところには廻って来ない。金は天下の廻り物ではない。一部の人の前で停滞して独り占めにされている。「銭やナンドゥルムン」とも言う。掴もうとしても滑って掴めない。掴んでもすぐ逃げて行く。

「銭とぅ笑らーらん・人とぅどぅ笑らーりーる」。これは金儲けやお金の亡者にならずに人との付き合いを大事にしなさい、人の幸は金よりも人付き合いにあるという意味である。だがやはりお金とも笑ってみたい!。

《銭抱《じんだ》ちゃい　イヒーアハーし　暮したい》

＊イヒーアハー＝イヒーもアハーも笑い声。周囲と仲良くすること。
＊銭やナンドゥルムン＝金は滑りやすい、掴みにくい。

雨《あみ》にん負きらん　　雨にも負けず
風《かじ》にん負きらん　　風にも負けず
北《にし》んかい　　北に
貧乏人《ひんすーむん》ぬ居《をぅ》いねー　　お金のない人あれば
行じゃーい　　行って
金持貧乏《いぇーきひんすー》や坂道《ひら》ぬ下《う》り上《のぶ》り　　お金は天下の廻り物だと励まし

南《ふぇー》んかい
銭《じん》ぬ亡者《もうじゃ》ぬ居いねー
行じゃーい
ユークーやさんうきでぃち言ち

東《あがり》んかい
銭ぬガニぬ居いねー
行じゃーい
皆《んな》んかい分きりでぃち言ち

西《いり》んかい
うっ遣《ち》かやーぬ居いねー
行じゃーい
ないる分のー貯《た》みりでぃち言ち
銭《じん》ぬくぅとー計算《さんみん》さんぐとぅ
何時《いち》やてぃんイヒーアハーし

南に
守銭奴（貪欲）の人あれば
行って
あまり欲ばるなと忠告し

東に
ケチな人いれば
行って
困っている人に寄付しなさいと進言し

西に
金遣いの荒い人あれば
行って
出来るだけ貯金しなさいと諭し
お金のことは気にせずに
いつも周囲と肩組んで談笑する

かんし我んねー生ちちぶさん　　そういう風に僕は生きたい

九、火吹《ひーふ》ちぬ穴《みー》から天道《てぃんとう》拝まー

火ふちは空気を送って火を起す竹筒のこと。みー（穴）は竹筒の穴のことである。天道は宇宙や世間や世の中のこと。望遠鏡のように竹筒の小さな穴から宇宙を伺う視野の狭い人のことを皮肉っている言葉。

「盲目《めくら》像をなでる」「井の中の蛙大海を知らず」と同じ意味である。世間には視野の狭い人、偏見に満ちた人がいる。竹筒の穴から見える世界だけで全体を判断してしまう。盲目が像の鼻を触って像とは丸太棒のような動物だと信じ込んでしまう。

A君は学業が得意ではない。しかし挨拶や部活は率先し明るい性格は周りを和ませている。将来は料理人になると決めている。テストだけで生徒を評価してはならない。生徒の人格や将来まで成績で評価してはならない。

火吹ちの穴《みー》は火を吹くだけにして決して天道を覗いてはならない。

《竹ぬ穴　見える星と　見えない星》

＊「井の中の蛙大海を知らず」。だが僕は「井の中の蛙大海を知る」。「足元を知って初めて世界が見える」のである。逆に「大海の蛙井の中を知らず」ではないか。東京の人は沖縄を知らない。沖縄の

僕たちは東京の浅草も知っている。

十、世間《しきん》の一手《て》ぃ上《い》ぃ・世間にどぅ武士や居《をぅ》る

よく知られた高慢な政界のドンがいる。テレビや新聞、週刊誌で知ったかぶりの文人墨客もいる。一方で地道に社会に貢献する名も無い人がいる。地域史を発掘しこれまでの学説をひっくり返す人がいる。

世間には無名の隠れた優れた人がいる。お金や名誉に関係なく第一線で踏ん張る人がいる。地位には関係ない優れた人がいる。「世間の一手ぃ上ぃ」（優れた人は市井の中にいる）であり「世間にどぅ武士や居る」（無名だが有能な人）のである。

沖縄戦でアメリカ兵に持ち去られた琉球国王の御後絵《おごえ》（国王の肖像画）を長年にわたって探し求めて自費で何度もアメリカに渡りついにその返還を実現させた人がいる。高安藤さんである。失礼ながら僕は高安さんの存在を知らなかった。高安さんは米国総領事館に勤めながら研究を深めその返還を実現させた意義ははかり知れない。

沖縄の綱引きは那覇、糸満、与那原が有名らしい。誰が言ったか沖縄の三大綱引きというそうだ。確かにこの三つの綱は大きい。歴史や伝統もある。だが「みぃふぁまぎーぬ中ふーかー」（見た目だけで中身は空っぽ）ではないか。マスコミが忖度し騒いでいるに過ぎない。それに観光目的ではないか。有名なものに本物はない。

喜屋武や糸満市真栄里の綱はあまり知られていない。知られようとも思わない。宣伝もしない。観

客がいようがいまいが構わない。ショーでも見世物でもないのだから。だが、綱引きの神髄である綱虫の「綱ぬイカリ」、「綱ぬガー」、綱の迫力において那覇、糸満、与那原の比ではない。真の勇者は黙って名声を求めない。

「三人《みっちゃい》からー世間《しきん》どー」

三人からは世間である。己惚《うぬぼ》れることなく自分より優れた人が世間にはいることを知らなければならない。人は常に「世間畏《しきんうす》り」の心を持って生きなくてはならない。

「大工《せーく》や道端んじしぃ」の言葉もある。人通りの多い道端で仕事をするといろいろ教えてくれる人がいる。世間には自分より優れた人がたくさんいるという意味である。やはり、「世間のー手ぃ上ぃ」なのである。

僕は四八年間、同じ理容室に通った。とても丁寧で上手い。髪を切った後は髭剃りである。ところが顔や顎を撫でてみると剃り残しや剃りムラがある。あんなによく切れる剃刀で時間を掛けて剃ったのに、である。

僕は二日おきに自分で髭を剃る。僕の髭剃りに剃り残しや剃りムラはない。剃った後に僕の顔に留ろうとした蠅が足を滑べらせて下に落ちるくらいツルツルだ。四八年間も経験を積んだ優れた職人よりも僕の方が手《て》ぃ上《い》ぃなのである。

公園に専属の庭師によって丁寧に育てられた派手なバラの花がある。一方で川の土手に人知れずひっそりと咲くタンポポもある。派手なバラと地味なタンポポ。君はどの花に魅力を感じるのだろうか。

《バラよりも　土手のタンポポ　しゅーらーさ》

＊武士＝武士の武は武器のことで士は男のこと。武士は武器を持って戦う男と言う意味。ここでは有能な人のこと。

＊高安藤＝たかやすふじ。一九四三年（昭和一八）うるま市生まれ。元米国総領事館職員。琉球大学大学院時代からアメリカへ流出した文化財の研究を進めた。二〇〇〇年（平成一二）の沖縄サミットの際、クリントン大統領に御後絵の調査・返還を提案した。そして二〇二四年（令和六）三月一四日、四枚の御後絵の返還がＦＢＩを通じて実現した。返還には真栄平房敬氏等も関わったがこの快挙を成し遂げた一番の功労者は高安藤さんである。

＊しゅらーさ＝素晴らしい。見事。

十一、子《くゎ》一人《ちゅい》産《な》しーねー片手《かたでぃ》ぃ失《うしな》い　二人《たい》産《な》しーねー両手《むるでぃ》失《うしな》いん

子どもが生まれると母親は忙殺される。仕事をしながら子育てに追われ身動きも出来ない。ちょうど片手を失ったような状態になる。さらに二人目が生れるとさらに追い打ちをかける。上の子もまだ三歳になったばかりで二人の世話をしなければならない。

右手は上の子に左手は下の子に取られて何も出来ない。炊事、洗濯、仕事、夫の世話。子どもはよく泣き我がまま。泣く子と地頭には勝てない。右から左、上から下へと母は忙しい。息もアクビも出来ない。誰か助けてくれ！

では三人生まれるとどうなるか。人に三本の手はない。しかし三人目が生れると手が一本生えて来

るのだという。先に生まれた上の子が六歳くらいに成長して母親の手伝いが出来るようになっている。オムツを変えたりミルクを飲ませたり出来るようになって母を支える事が出来きるのだ。

「三人目が産まりーねー　手ぃーぬ　一本みーゆん」（三人目が生れると手が一本生える）のである。なるふどぅ納得ぬ黄金言葉やさ！。僕の叔母さん半田のカメーおばぁには一〇人の子どもがいた。おばぁの手は生えたり失ったりの繰り返しだったのだろう。

《産《う》れる度　手が生えたり　失ったり　母の手は》

十二、愛《かな》さるなーかー鞭《ぶち》かきり

子どもを溺愛して子どもの言うことを何でも聞く親がいる。あれが欲しい、これが欲しい、あそこへ行きたい、あれを買って、子どもの言う通りフンデーさせている親馬鹿がいる。子どもを自慢するクヮブーチャーもいる。

沖縄芝居「丘の一本松」は、頑固親父が子どもの力や才能を認めず朝から晩まで叱り飛ばしている。叱る理由を「愛《かな》さるなーかー鞭《ぶち》かきり」。頑固親父の言い分である。子どもが可愛いからこそ叱るのであって憎いからではないと。

叱るのは教育。鞭を打つのは世間に笑われない子どもに育てるため。子の良助を一人前のカンジャヤー（鍛冶屋）に鍛えるためと頑固親父はいう。クヮブーチャーになってフンデーに育てるか、鞭をかけて一人前の大人に育てるか、答えは明白である。

《鞭かきてぃ　愛《かな》さる童や　一人前》（鞭かけた　子どもに不良は　生まれない）

＊フンデー＝甘えん坊。一説にフンデーは中国語で皇帝という意味とか。確かにフンデーはわがままな皇帝のようである。
＊クヮブーチャー＝子どもを吹聴する。子どもを自慢し褒め上げる。ブーチャーは吹聴する。ヒイーチャーともいう。ヒィーチャーはひいきにする。
＊愛さるなーかー鞭かきり＝愛しい子は厳しく育てなさい。「可愛い子には旅をさせろ」と同じ。

十三、蟻《あや》ーぬ持《む》っち行《う》じん滅《ひ》ないん

「アイヒャー　チュラーク　サットールムン」（しまった、見事にやられているよ！）

盆前に大掃除をした。床《とこ》の床《ゆか》を雑巾で拭くと異常を感じた。指を押すとあちこちへこむのである。床が浮いている。よく見ると穴も空いている。拳で叩くとポコポコ音が出る。柱にも穴が空いている。何んだこれは?、まさか!。

まさかのシロアリだった。築二〇年の我が家がシロアリに喰われている。「チュラーク　シロアリンカイ　サットーン」。見事にシロアリにやられている。シロアリ屋を呼んで憎きシロアリを駆除し大工には床を取り換えてもらった。余計な出費である。

シロアリが一日に食べる量はしれているはずだ。しかし二〇年食べ続けて家を食いつぶつ程になっている。前の家も築二〇年でシロアリにやられて全面改装を余儀なくされた苦い経験がある。シロアリは油断大敵だ。

アリの穴はダムの堤防も壊すと言う。アリが開けた小さな穴が侵食され次第に大きくなりついにはコンクリートの頑丈な堤防も崩れ落ちる。アリに噛まれた傷口を掻いているうちに細菌が入り破傷風になった人もいる。

鼻水が出て風邪の症状が出た。すぐに治ると決めつけて薬も飲まず病院にも行かずいた。二・三日後に高熱が出て急性肺炎になって死んでしまった。単なる鼻水小《はなみじぐゎー》とウセーティカカッタ（馬鹿にした・軽く考えた）結果である。

小さなことだからと軽く考えると破傷風にもなり肺炎にもなる。「蟻―が持っち行じん減《ひ》ないん」の例である。「アリアリデージなたん」「アリヒャー手遅れやたん」とならない内に早めに対処するのが肝心である。

《ぐな穴小《あなぐゎー》　まぎ穴なやい　石ふがち》（蟻の穴　ダムの堤防　破壊する）

*アリとキリギリス＝「アリは越冬の準備の為に働き通した。キリギリスは歌ってばかりいた。やがて冬になり備えがなかったキリギリスは餓死してしまった」。お馴染みのイソップ物語である。アリが遊んでいるのを見たことがない。何時も何かをくわえて働いている。目立たない地道なアリだが大きな仕事を成し遂げている。馬鹿にしてはならない。アリが持って行っても減ることを肝に銘じなければならない。

*今夏は特に暑かった。雨が降らず水溜まりがなかったせいか蚊がいなかった。蚊の代わり無数のアリが歩き回った。そのアリは砂糖には寄り付かず肉や魚に群がった。アリ民族も様々のようだ。

＊シロアリの駆除の方法が面白い。シロアリの通り道に毒入りのダンゴを置く。それをシリアリが巣に運ぶ。それを食べた巣全体のシロアリが死ぬ。シロアリの習性を利用した優れた駆除の技術である。我が家の駆除に約三月掛かったが殺虫剤より効果があり環境にも優しいという。
＊ぐな穴・まぎ穴＝小さい穴・大きい穴。
＊石ふがち＝石、セメントを破壊する。

十四、医者半分・ユタ半分

長男が走行中の車から落下して体調に異変が生じた。目がうつろになり黙って動かくなった。徳洲会病院で精密検査をしたが異常は見つからなかった。半田のおばぁに相談したらマブヤーが抜けているという。さっそく落下した現場でマブヤー込めを行った。するといきなり元気に走り回わり元に戻った。

またある日、長男が高熱に襲われひきつけ（全身痙攣）を起した。救急車で那覇病院へ急いだ。
「家族を呼んだ方がいい」
医者は告げた。収まるはずの痙攣が収まらない、治療のしようがない、覚悟しなさいという意味だった。急いで義母を呼んだ。義母は長男を抱きかかえ腰に手をまわしてひねった。するとひきつけが収まり意識が戻った。長男は二度もおばぁたちの知恵に救われた。

このように医者では分からない病を簡単に治してしまうおばぁ達の知恵がある。沖縄伝来の民間療法である。世の中には医学だけでは解決できない病がある。医者が分からなければおばぁたちやユタの出番となる。

Tはユタ信者である。ある日、Tは黄疸に見舞われた。目が黄色になり体がだるい。何だこれは。Tは先月ハワイへ行っていた。だから屋敷の御願も一日一五日のウチャトーもしなかった。御願不足の報いではないか、先祖のカカイムンに違いない。Tは馴染みのユタに助けを求めた。

「御願不足がやいびーら」

「ユタには分からない病院に行きなさい」

カカイムンではないとユタに言われた。ユタの指示通り医者に診てもらった。検査の結果、肝機能の数値が異常に高いという。処方された薬で一週間後には治った。ユタ信者のTは医者も信じるようになった。

医者が治せなければユタに頼りユタに分からなければ医者に頼る。ユタに頼りすぎてもいけない。かといって医者に分からない病もある。医者もユタも万能ではない。だから医者半分・ユタ半分。

《ユタと医者　御願と病院　半分ずつ》

＊カカイムン＝祖先の祟り。
＊一日一五日のウチャトー＝ちぃたち・じゅうぐにちぬ・ウチャトー。旧暦一日と一五日には仏壇にお茶を供える沖縄の習慣。ウチャトーを漢字で書くと御茶湯になるか。
＊御願不足＝うぐぁんぶすく。すべき御願をしないと祟りがあるとされる。
＊「天気予報とユタぬユクシむぬいい」＝天気予報もユタも当たらない、両方とも信用してはならない、

嘘つきだから。ユクシはウソ。因みにユタの当たる確率は三〜四割りという調査結果があると言う。

＊御嶽＝うたき。ムラの拝所。

十五、クーイユゆっかターイユなり

クーイユは鯉のことで鑑賞用にもなる高級魚。ターイユは鮒のことで雑魚。鯉は見た目も美しく鮒は地味で目立たない。A氏は高校の校長を務めB先生は同じ高校の平教員で二人は同郷の先輩後輩である。

B先生の周りには仲間や後輩たちが集りいつも賑やかである。一方のA校長は酒が飲めず人つきあいはしない、いや必要ないと思っている。将来は町の教育長にと内心思っている。A校長は周りに人が集まる賑やかなB先生を快く思ってない。

「君はターイユ頭《がしら》だな」

A校長に雑魚の頭と言われた。皮肉だった。

「先生はクーイユ頭《がしら》ですね」

とは反論しなかった。反論どころか自分はターイユ頭で充分、クーイユになる気はない、エリートの道を歩もうとは思わない、今のまま仲間たちと賑やかに生きればいい、それが自分の人生だと常日頃から思っている。

クーイユよりターイユになれ！。エリートより庶民で生きろ！。A校長とB先生の生き方を間近に見てそう思う。ターイユで生きようと思う。いや所詮、僕にはクーイユになる能力はないのだから。

《エリートより　平《ひら》で生《い》きよう　肩組《かたく》んで》

＊クーイユはエリートの生き方、ターイユは庶民の生き方のこと。

＊B先生はみんなから慕われて校長になった。校長になってからもいつも賑やかだった。酔うとダンス「荒城の月」で場を盛り上げた。退職後は初代中央公民館長となりターイユ運営が活動を盛り上げた。「和喜君、クーイユよりターイユになりなさい」。公民館時代にB先生から学んだ僕だけの黄金言葉である。

十六、ゆくしむぬいーや門《じょー》までぃん通《とう》うらん

「汝《い》ゃーや　貯金のー　まんどーみ」（君の貯金はいくらあるか）

「一億円！」

「汝ゃー　ゆくしむぬいーや　門までぃん　通うらんやー」（君の嘘はすぐにバレるよ）

ユクシは嘘のこと。門は近くを意味し嘘はすぐにバレるという意味である。では何故、嘘をユクシと言うのだろうか。日本の古語に「よこし」がある。悪口、中傷する、そしるという意味がある。横には正常ではない、普通ではないと言う意味もある。

横目（疑いの目）、横しま（わるい考え）、横行（悪事が流行ること）、横領（金を横取りすること）、横柄（無礼）、横暴（乱暴）などがある。また、刑務所の囚人服は横柄である。沖縄でも「ユクバイ」（横に行く・道草をする）がある。横は悪い意味の言葉なのである。

池宮正治によれば、ユクシは「よこし」（横し）から来た言葉である。だから、正常ではない、ほんとうではない、嘘ということになる。「ユクシむぬいーはすぐバレる」。これはユクシではなく本当なのである。

嘘つきは信用を失い本当のことを言っても誰も信じない。つまり、イソップ物語のオオカミ少年になってしまう。嘘は天に唾をするようなものである。天に吐いた唾は自分に降りかかる。「嘘つきは泥棒の始まり」と言う。泥棒にならないよう嘘は法度である。

《嘘つきが　真実語るも　嘘になり》

＊ユクサー＝嘘つき。ユクシムナーとも言う。

＊オオカミ少年（イソップ物語）

「嘘つきの羊飼いの少年がいた。いたずらでオオカミが来ると何時も嘘をついて人をからかった。ある日、実際にオオカミが来た。「オオカミが来たぞー」と村中に触れ回った。だが誰も信用しなかった。オオカミに狙われた羊飼いの少年は助けを求めたが誰も助けに来なかった。結局、羊飼いの少年はオオカミに食べられてしまった」

＊法度＝はっと。禁止。武家諸法度（武士がしてはならない事を定めた法）

＊イソップ物語＝紀元前六世紀頃のギリシャの奴隷イソップが語った教訓の物語。

十七、人《ちゅ》ぬたまいや酒かきり

曲がった人、偏屈な人、頑固者、変人、堅物には酒をうんと飲ませなさい。どんな頑固者、変人でも酒を酌み交わして世間話をするとだんだんと心が開けてお互いの心が和らいで来る。曲がった心がまっすぐになる。

　酒《さき》や肝《ちむ》ぬ門《じょー》ぬ　鎖《さ》ぁーしぬ子《くゎ》がやゆら　飲みば飲む程《ふうどぅ》に　開《ひ》らち行《い》ちゅさ

酒は心の門の鍵の子なのでしょうか飲む程に心が開けて来るよ、という意味である。酒は閉ざされた心の門を開く力があるというのである。

三つ子の魂百歳までと言われる。酒はさすが百薬の長と言われるだけあって持って生まれた性格まで変える力があるのだ。酒は人と人を繋ぐ潤滑油なのである。また一方で「酒飲ましわどぅぬ人ぬ性分や分かいる」（酒を飲むと本性が現れる）ともいう。

酒にはいろいろな力があるのだ。ブラジルのことわざに「酒を飲まない人は世の中の半分しか見えない」というのがある。酒で人を知り世界を知ることが出来るのだ。また「酒は憂いの玉箒《たまほうき》」ともいう。「酒は涙か溜息か」も掃いてしまう。

酒には曲がった性格を変える力、人の本性を見抜く力、世界を知る力、憂いを払う力がある。反対に「酒や毒でぃち思むり」という言葉もある。酒は百薬の長でもあるが毒でもある。酒のケンカも絶えない。酒は飲んでも飲まれぬように。

《人《ちゅ》ぬたまい　酒小《さきぐゎー》飲《ぬ》ませー　けー治《の》ぅーてぃ》

＊たまい＝曲がっている。ひねくれている。

＊堅物＝かたぶつ。クフヮパッチラーという。
＊酒かきり＝酒飲ませ！。飲ませではなく「かきり」の方が強い意味となる。シャワーのようにたっぷり酒をぶっ掛けよう。
＊山羊肉は堅い。煮込むのに豚肉は一時間で充分だが山羊肉は四時間も掛かる。そこで酒を入れて煮込むと柔らかくなる。酒は人だけでなく山羊肉まで柔らかくする。
＊木ぬたまいや使《ち》かーりーしが人《ちゅ》ぬたまいや使かーらん＝曲がった木は使い道があるが人の曲がったのは使い道がない。しかし酒をかければどんな頑固者でも柔らかくなり使い道は開けるのである。「木ん青さる間《えーだ》どぅたみらりーる」（木は青いうちにしか曲げられない）もある。

むぬあかしー《なぞなぞ》

一、うわーび美《ち》ゅらーが内くんじょう　うれー何《ぬ》ぅーやが？
（見た目のうわべはきれいだが心は薄情　何ぁーんだ？）

答えはコーレーグス（唐辛子）。くんじょうは根性や性格のこと。唐辛子の表面は赤く美しい。しかし食べてみると吐き出すほど辛い。彼女は初対面では笑顔で優しかった。だが結婚してみると性格は棘だらけで薄情だった。

馬や乗《ぬ》りわどぅ　知らりゆる　人《ひとぅ》やひらてぃどぅ　知らりゆる

馬は乗って初めて馬の性格を知り、人は付き合ってはじめてその人の本性が分かる。人はうわべだけで判断してはいけない。「カーギや皮どぅやる」。美人は「内くんじょう」だから要注意！。

《要注意　美男美女には　棘がある》

＊内くんじょう＝内根性。「くんじょう」は根性、怒りっぽい。手に負えない。

＊ひらいん＝付き合う、交際する。

＊カーギ＝容姿。顔形。体形。

＊一〇年間交際して結婚したが二週間で離婚した人がいたと言う。カーギに騙されていたのである。

＊「ヤナカーギー妻を嘆く人は少ないが妻の美貌に泣く人は多い」。君は泣いたことがあるかないか。

二、みーふぁまぎーぬ中ふーかー　うれー何《ぬ》ぅやが？

（見た目は貫録十分だが中身は空っぽのもの　何ぁーんだ？）

答えはピーマンである。ピーマンの表面は色つやもよく皮もしっかりしているが中は空洞である。高級で派手な洋服を身にまとい化粧もぬかりなく髪型も香水の匂いもバッチリ。話をしてみるとトンチンカンで常識程度も知らないただのおしゃべりがいる。

肩書《みーふぁ》の大きい有名政治家はピーマンのような「なかーふーかー」が多い。「ふどぉでんでんし」という言い方がある。体は大きいのに何もできないという皮肉の言葉である。「あびーる犬のー咬《く》ぅーらん」

（吠える犬は咬まない）である。

逆にみーふぁは小さいが中身は満ち溢れている実力者もいる。「みーふぁぐなーぬ　中満タン」である。僕はその中間「みーふぁー　てーげーぬ　中てーげー」ではないかと納得している。みーふぁがよくても中ふーかーに用心。

《一目ぼれ　二目がっかり　中ふーかー》

＊みーふぁ＝見た目。外観。「まぎー」は大きい。
＊中ふーかー＝中身は空っぽ。ブラジルのおやつ「フェジアーダ」も中ふーかー。ウチナーンチュは「空気テンプラ」と呼んでいる。
＊トンチンカン＝意味不明。刀剣を作る時の鉄を打つ音から来た言葉。二人であいづちを入れて打つタイミングが合わないとずれた音になるという。その音がトンチンカン。トカトントン（太宰治）は大工のゲンノウの音。
＊テーゲー＝大概。ごく普通。

三、腹《わた》ぶぅとぅテンテン顔《ちら》たまやー　うれー何《ぬ》ぅやが？
（お腹は太って顔は曲がっているものは　何ぁーんだ？）

わたぶとぅはお腹、顔たまやーは曲がった顔のこと。答えは三線である。三線のチーガ（胴体）はお腹のように大きく竿の上の部分（顔・からくい）は滑らかに曲がっている。三線の特徴を幼児語で言い表している名言である。

「わたぶとぅテンテン」のテンテンは叩くとテンテンと鳴るからであろう。相撲取りが土俵でお腹をポンポンと叩く音はまるで太鼓のようだ。太鼓腹とはこのことだろうと納得する。しかし三線のお腹《チーガ》をポンポン叩いてはいけない。

《三線ぬ　腹《わた》ぶとぅテンテン　テンみかち》

＊三線を弾くことを「テンみかすん」という。三線の音はテンテンと鳴るのである。

「なまぬ尾類小《ずりぐゎ》たが　弾ちゅる三線や　御客《うちゃく》から銭小《じんぐゎ》　とぅてんとぅてん」

遊女は三線を弾いてお客からお金を取った取った。三線のテンテンの音とトゥテン（取る）を掛けている。遊女はお金のためだけに三線を弾いているという意味に解釈される。

＊志堅原比屋《ひや》（球陽・尚貞王一六八九年）

「三線の名手で遊女の志堅原比屋は南風原間切宮平村に招かれて芸を披露した。志堅原比屋の三線の音色にほれ込んだ照屋某は三線を譲るよう迫った。初め断ったが照屋某の熱意に負けて渋々三線を譲った。その為か志堅原比屋は病を得て亡くなった。その後、志堅原比屋の亡霊が三線を見たいと照屋某の前に現れるようになった。照屋某がその三線を弾いたところそれ以来、志堅原比屋の亡霊は現れなくなった」。三線に対する強い愛着を示す逸話である。

四、行ちねーちゃー一番　来《ち》ぃーねーおーぐゎー　うれー何《ぬ》ぅやが？

（行きは一番　帰りは最後尾　これは何ぁーんだ？）

答えは雨戸である。小学校の頃の家はどこも茅葺だった。茅葺の家の雨戸は戸袋から開けたり閉めたりする。戸袋から出して戸を閉める時の先頭の戸は開ける時は最後の戸になる。その雨戸を「はしる」といった。

学校の校舎の窓もすべて雨戸《はしる》で開け閉めした。雨戸《はしる》の先頭は一番選手でありおーぐゎー（最後尾）選手なのである。「行ちーねーちゃー一番　来ぃーねーおーぐぁー」の答えは雨戸、はしるである。

僕は開店と同時に居酒屋に入って閉店に帰ったことがある。その日、僕は「行ちねー一番　来ぃーねーおーぐゎー」だった。

《一番客　帰りは最後　戸の如く》

＊雨戸は「はしる」という。障子のことを「あかいさんばしる」という。「明かり桟走り」と書く。桟は格子のことで障子は「明るい格子のはしる」のことになる。雨戸は「雨戸の道を走る」ことから「はしる」と言うのだろう。雨戸「はしる」の語源は「走る」ということになる。

五、幾人《いくたい》さーいん　帯《うーび》ぇーてぃーち　うれー何《ぬ》ぅやが？

（何人でも帯はひとつ　何ぁーんだ？）

答えはソーメンである。ソーメンは何百本でもひとつの帯で括られている。それを「幾人でも帯はひとつ」と面白い表現をしている。大したことのないソーメンの束に関心を寄せる視点はさすが子どもである。

ソーメン汁、冷やしソーメン、ソーメンチャンプルー、ソーメンタシヤー、ソーメン料理は何でも美味しい。そばより、ラーメンより、うどんより、キシメンよりも身近にあるソーメン。その帯は何本のソーメンを括っているのだろうか。

数えてみた。二五〇本だった。白髪ソーメン、島原ソーメン、三輪ソーメン、揖保乃糸。日本各地にあるソーメンだがそれぞれに特徴があって優劣つけがたい。朝はソーメン汁、昼は冷やしソーメン、夜はソーメンタシヤーにしようか。

《ソーメンの　帯を解いたら　数百本》

＊ソーメンは一七〇〇年前の奈良時代に中国から伝わった。素麺と書くが「縄のような麺」という意味があるらしい。

六、巡《み》ぐてぃん巡ぐてぃん　門《じょー》ぬねーらんせー　うれー何《ぬ》ぅやが？

（中に入ろうとして一周しても入り口がないのは　何ぁーんだ？）

茅葺の家には蚊が飛び交っていた。屋敷は竹、木、溝に囲まれ蚊の天国である。殺虫剤はフマキラーである。そして寝る時の蚊除けはカチャ（蚊帳）である。蚊帳に門（入り口）はない。だが何処からでも自由に出入り出来る。答えはカチャ（蚊帳）である。

蚊帳吊りは子どもの役割である。蚊が侵入しないように蚊帳を吊る。だが翌朝は蚊帳の中で多くの蚊が肥えて太くなっている。血を吸って動けなくなった蚊もいる。入り口はないのに蚊帳の中は蚊だらけである。

使い古した蚊帳は破れて穴が空いている。空いた穴を輪ゴムで結び破れた穴を塞ぐ。寝相が悪く蚊帳から飛び出した足元から蚊が侵入している。巡ぐてぃん巡ぐてぃん門（入り口）のない蚊帳なのだがこうして蚊の楽園となる。

《持ち上げて　何処でも入れる　蚊帳《かちゃ》の門》

＊蚊帳＝かちゃ、かや。蚊の屋。蚊を防ぐ家。帳は幕のこと。

七、スル皮一皮《がーちゅかー》　卵二個《くがたーち》　竿一本《そー》　うれー何《ぬ》ぅーやが？

（シュロの皮に卵二個に竿一本　何ぁーんだ？）

面白い表現である。答えは分かるだろうか。ヒント、男の下半身にあるもの。そう男の下にブラブラ下がっているものである。今の子どもにスル皮は通じないだろう。かつてはムラのあちこちに棕櫚《シュロ》の木があった。そのシュロの皮のことである。

男のブラブラの表面がその棕櫚のシワシワに似ていると言うのである。なるほど今夜、風呂場でじっくり観察してみよう。卵二個はよく分かる。竿一本もなかなかピンと来ないがよく考えると「ドゥーチュイ笑れー」し納得する。する皮と卵と竿。なるほどあれのことか。

しかしこんな事まで「なぞなぞ」にするとは面白い。問題を考え出した人は詩人ではないか。表現というか比喩が愉快である。嫌らしくも下品でもない。スル皮とか竿とか、確かめたことはないが確かに卵は二個ある。問題の発案者と飲んでみたいものだ。

《ブラブラや　スル皮卵に　竿一本》

＊ドゥーチュイ笑れー＝一人笑い。人知れず笑う。

八、汝《いやー》ぁーやあまから行けー　我んねーくまから行ちゅん　また会《い》ちゃらやー
うれー何《ぬ》ぅーやが？

(君はここから行け、僕はここから行く、何処かで会おうね、何ぁーんだ？)

帯の両方の先はお互いに反対に巻いて行く。そしてどこかで結ぶ。この様子をこのように表現しているのである。結ぶことを「いちゃらやー」(会おうね)と表現していて何とも面白い。言うまでもないが答えは帯《うーび》である。

小学校一年生の頃までは寝間着は着物だった。短い帯が着物に付いていた。この着物を確かネルと言った。ネルとはフランネルの略で柔らかく軽い毛織物のことのようだ。子ども用の着物に適した生地だったのだろう。寝間着をネル（寝る）とはまるで言葉遊びのようで面白い。

帯のように反対方向に進んでも人は一つになれるという。意見の違う人でも共通点があり話し合えば通じ合えると示唆している。そして別れて離れ離れになった人でもまた会えると言っている。まる

で哲学のようだ。

《保守革新　何処かで交われ　帯の如》

＊あま・くま＝あそこ・ここ。あちらこちら。
「くまやあまぬ心配《しわ》　あまやくまぬ心配　心配ぬ果てねらん　あまんくまん」（懐かしき故郷・普久原朝喜）
＊いちゃいん＝行き合う。出会う。ここでは結ぶこと。

九、畑《はる》ぬフクター着《ち》やー　うれー何《ぬ》ぅーやが？

（畑でつぎはぎの着物を着けて居るのは　何ぁーだ？）

フクターーとはクンティ《つぎはぎ》だらけのボロの着物のこと。答えはチンヌク、里芋。チンヌクの表面はボロ着に覆われたように見える。それがクンティ（つぎはぎの着物）に似ている。それをフクターと言っているのである。

畑《はる》ぬ来《く》ぅーわ来ぅーわ　何《ぬ》ぅーやが？

（畑でいらっしゃい　いらっしゃいと手招きしているのは？）

答えは同じくチンヌク、ターウムである。風に吹かれ揺れ動く葉が手招きしているように見えるのである。なるほどそう言われればそう見える。芭蕉布の歌「芭蕉は情けに手を招く」は、芭蕉の葉が風に揺られる様を「来ぅわと手招きしているよ」という意味である。

チンヌクは誰の口にも合う伝統の野菜で県民に親しまれている。「チンヌクジューシー」は広く県民に愛されている歌である。よれよれのボロ着物姿のチンヌクだが中身は天下一品の味である。唐辛子のチンヌクは「うゎーびやなーが中御殿」（うゎべはみすぼらしいが中身は豪邸）なのである。

「うゎーびー美らーが内くんじょう」の逆である。チンヌクをフクターといって馬鹿にしてはならない。

「カーギや皮」（容姿は皮でしかない）なのだから。

《チンヌクは　フクター着けても　実は錦》

＊フクター＝ボロ着。つぎはぎの着物。つぎはぎをクンティという。フィターは丹前のような着物。
＊来ぅーわ＝くぅーわ。いらっしゃい。おいで。

十、畑ぬ巡査　うれー何ぅーやが？
（畑の巡りさん　これは何ぁーんだ？）


トマト畑が見事に熟して美味しそうだ。暗くなったのを見計らってこっそり盗りに行くとしよう。

夜になり暗くなった畦道を歩きトマト畑を目指した。

「アガー！」

足が何かに刺された。虫か。血が出ている。よく見るとチバナーだ。チバナーとはあざみのこと。

チバナーは棘だらけの草だ。それに触れると刺されて血だらけになる。チバナーは名前の如く血の花なのだ。

かつての畑や野原には野生のチバナーがここかしこに生えていた。昼なら避けて通ることが出来るのだが夜は見えないのでチバナーに捕まってしまう。夜のトマト泥棒をしっかりとチバナーが警護している。チバナーは「畑《はる》の巡査」なのである。

《畑《はる》チバナー　トマト護《まむ》いる　巡査なり》

＊集落内の生活道路に数百メートルおきに盛り上がったセメントの構造物が施されている。明らかに車の速度を落とすための安全対策である。この構造物を「畑《はる》の巡査」という。インドネシアでは「眠れる警官」というそうだ（平良次子）。

早口言葉

一、たかたばくぶん　たかたばくぶん　たーちかさびてぃ　たかたばくぶん
たーうぇーむんが　たーりーうぇーむん
（高煙草盆　高煙草盆　二つ重ねて高煙草盆　誰の高煙草盆か　お父さんの　高煙草盆）

＊煙草盆＝火入れ、灰吹き、煙草、煙管《キセル》など煙草用具一式入った箱。高煙草盆は二重三重になっている。タバコはポルトガル語。

一、かんだぬふぁーさち　しらびてぃん　しらびやびらん
（かずらの葉は多すぎて　根っこからの続きの葉が　どれがどれだか調べてもよく分からない）

＊かんだ＝芋の葉。かずら。組踊の「根葉かんだ」は根本も葉っぱも、親も子もすべてという意味。
＊うぇーむん＝所有者。

二、ちゃたんぬ　ちゃーうやーとぅ　たんちゃぬ　ちゃーうやーが　ちゃーうてぃ　あっちゅたん
（北谷のお茶売りと　谷茶のお茶売りが　お茶を売り歩いていた）

＊民謡に「茶売ゃー節」がある。首里の茶売りが那覇で茶を売りつける内容。
＊歌劇「泊阿嘉」で伊平屋島（伊是名）の勤めから那覇へ帰った嬉しさの場面に「茶売ゃー節」の曲である。

三、うぐしくぬうなーや　うなんどぅるさぬたむのー　まじでぃんまじでぃ　うまじりゃびらん
（首里城のお庭は　きれいに掃除され磨かれているので　薪を積もうとしても　滑って積むことが

出来ない）

＊なんどるさん＝滑りやすい。「あれーなんどぅるーどー」は「とぅんちかみんならん」と同じでよく理解できない変わり者のこと。掴もうとしても滑るから掴みきれない。

四、ちびぬあくびや　にじてぃにじららん　すばにうるしんか　はなうすてぃたぼり

（お尻のオナラは　我慢しても　我慢しても　我慢できない　どぅか側にいる皆さん鼻をつまんで下さいね）

「にじてぃ　にじららん　尻《ちび》ぬラッパ」

オナラはプーと音がする。その音をラッパに例えている面白い言葉である。沖縄ではオナラはアクビでありラッパなのだ。臭いオナラをユーモラスに捉えている。遊び心があり愉快なウチナーグチやさ。ついでにいうと下痢状の「おもらし」をシビリという。「ビリ」と音が出るからだろうか。

さらにいうと「つべこべいうな」（あれこれいうな）の「つべ」は「ちび・尻」のことで「こべ」は（こぅべ・頭）のことだという。「尻とか頭とかあれこれいうな」ということらしい。ウチナーグチの世界は面白い。

「あたとーめーがー　プーひっちゃせー　たーやがやーヒー」

この中でオナラをしたのは誰だ?。円陣のなかで目隠しした鬼に指された人が次の鬼になる子どもの遊び。指をさされた人がオナラをした犯人ということになる。これはヤマトの「かごめかごめ」と似た遊び。

《尻《ちび》ぬアクビ　尻ぬラッパ　うりが臭《かざ》さや　ふしがらん》

＊オナラ＝音を「鳴らす」に上品言葉の「オ」をつけて「オナラ」となった。ウチナーグチではプー。ヒーともいう。音からきた言葉だろう。
＊にじてぃ＝我慢して。
＊あたとーめー＝当たった人。指をさされた人。
＊かごめかごめ＝「かがめかがめ」の意味（小さき者の声・柳田国男）。
＊プーひっち＝オナラして。「ヒーひっち」ともいう。
＊ふしがらん＝我慢できない。

五、しちぐゎちぐんぼー　ぶんぐんぼー
（七月のゴボウは盆用のゴボウ）

＊ゴボウは牛蒡と書く。牛の尻尾《しっぽ》と言う意味だそうだ。なるほど似ている。ゴボウは土の中で強く成長するので長寿・延命の象徴とされている。
＊七月はシチィグヮチで盆のこと。

六、なまぬ　くるまや　むる　ぐむぐるま

（最近の車のタイヤはすべてゴムタイヤの車）

＊馬車時代のタイヤは木や鉄で出来ていた。

＊言葉遊びに「車屋《くるまやー》ぬ前―んかいクルマヤー（黒猫）が居ぃちょーん」がある。

七、むちむちむーち　むっちいちぶさしが　むっちゃい　たっくわいし　むっちいちゃびらん

（もちみのある餅を六つ　持って行きたいが　餅はベタベタ指にくっついて　持って行くことができません）

＊むっちゃいたっくゎい＝たっくゎいむっくゎいともいう。「みーとぅんだやー　かーさとぅ餅ぬぐーとぅ　たっくゎいむっくゎい」。夫婦はムーチーガーサに包まれた餅と同じようにくっついて離れないという意味。

早口言葉に意味はない。ただの言葉遊びであるが声を出して挑戦してみてはチャーヤイビーガ。ウチナーグチの練習になるかも。

《シーブン三一》恋の山の手線

《上野》を後に池袋　走る電車は内回り　私は近頃外回り　彼女は綺麗なウグイス《鶯谷》芸者

《日暮里《にっぽり》》笑ったあのえくぼ　田畑《田端》を売って命がけ　思うはあの娘のことばかり　我が胸の内こまごま《駒込》と　愛の《巣鴨》へ伝えたい　おっかな《大塚》びっくり度胸を定め彼女に逢いに《池袋》　行けば男が《目白》押し　そんな女は駄目だよと　高田の婆《高田馬場》や《新大久保》　おじさんたちの意見でも　《新宿》聞いていられません　夜々《代々木》になったら家を出て　《原宿》減ったと《渋谷》顔　彼女に逢えれば《恵比須》顔　親父が生きて《目黒》い内は　私もいくらか豪胆だ《五反田》《大崎》真っ黒恋の鳥　彼女に贈るプレゼント　どんな《品川》よりも　魂《田町》も宙に踊るよな　色よい返事を《浜松町》　このことばかりが《新橋》で　誰に悩みを《有楽町》　思った私がすっとんきょう《東京》　何だ《神田》の行き違い　彼女は遠に《秋葉原》　本当におっかな《御徒町《おかちまち》》ことばかり　《山の手》(やがて)消えゆく恋でした（痴楽綴り方狂室）。

これは落語家四代目柳亭痴楽（一九二一年・大正一〇～一九九三年・平成五）の「痴楽綴り方狂室」のひとつ「恋の山手線」である。東京環状線の内回り（山手線）二八の駅名をすべて取り込んだ恋物語である。一九六〇年代にラジオの落語番組でよく聞いた忘れられない言葉遊びのひとつ。セリフのテンポとリズムがいい。沖縄の言葉とは関係ないが面白い言葉遊びとして紹介した次第でーびる。

ついでにヤマトの早口言葉を思い出してみよう。

一、隣の客はよく柿食う客だ

二、蛙ぴょこぴょこ　み（三）ぴょこぴょこ　合わせてぴょこぴょこむ（六）ぴょこぴょこ

三、この釘はひきぬきにくい釘だ（このくぎは　ひきぬきにくい　くぎだ）
四、ブスバスガイドバスガス爆発（ぶす　ばすがいど　ばす　がす　ばくはつ）
五、青巻紙赤巻紙黄巻紙（あおまきがみ　あかまきがみ　きまきがみ）
六、生麦生米生卵（なまむぎ　なまごめ　なまたまご）
七、骨訴訟症訴訟勝訴（こつそしょうしょう　しょしょう　しょうそ）
八、ブタがブタぶったら　ぶたれたブタが　ぶったブタをぶったので　ぶったブタと　ぶたれたブタが　ぶったおれた

＊余談だが「しりとり遊び」がある。日本の「しりとり」は「ん」になれば終わりである。「ん」から始まる日本語はないからだ。沖縄の「しりとり」に終わりがない。「ん」で始まるのがいくらでもあるからだ。

「んちゃ」（土）「んたばる」（土原）「んかし」（昔）「んかじ」（ムカデ）「んぞ」（恋人）「んじゅ」（溝）「んけー」（向かい）「んけーゆん」（迎える）「んじゃりーん」（もつれる）「んじゃらー」（厄介者）「んじゃりがな」（もつれた糸）「んーんー」（いいえ）「んちゃんやさ」（あっそうだ）「んに」（胸）「んにわたー」（胃袋）「んじゃな」（にがな）「んじゃー・んざさん」（苦い）「んじ」（棘）「んす」（味噌）「んす」（御衣）「んながら」（中身なし）「んなどぅ」（から手で）「んなしるー」（中身のない味噌汁）「んなとぅ」（港）「んな」（みんな）「んじゃっくゎ」（身売り）「んじゅん・んちゃん」（見る・見た）「んちゃたかべ」（神行事）「んざとぅ」（美里）・・・。何と一四三もあるという（沖縄語辞典）。んちゃ、ウチナーグチぇー豊かでー

むん。

沖縄芝居「丘の一本松」
子《くゎ》でぃーせー
育《すだ》てぃよーなむん
二人《たい》しぬらいねー
ヒンジムンなすん
二人《たい》し褒《ふ》みーねー
フリムンなすん
やくとぅ
一人《ちゅい》がぬらいねー
一人《ちゅい》やかにまーちどぅ
子《くゎ》や育《すだ》てぃーんどーやー
我んがや良助ぬらいしんや
愛《かな》さるなーかー鞭《ぶち》かきりでちぃ
あんしどぅ我んねー
思むとーんどーやー

子どもというものは
育て方次第だよ
ふた親で叱りつけると
グレて不良になってしまい
ふた親で褒めると
馬鹿になってしまう
だから
片親が叱る時は
片親は守って（愛護して）
子は育てなければならないよ
ワシが良助叱るのも憎いからではなく
可愛い子には鞭を当てろと
ワシはそう
思っているのだよ

沖縄芝居「丘の一本松」の一場面である。大宜見小太郎演じる頑固親父が大宜見静子演じる妻《とうじ》を諭す名セリフである。鍛冶屋《かんじゃやー》を営む頑固親父とケンカして我慢できずに那覇へ出て行こうとする後継ぎの息子・良助《りょうすけ》をめぐる子育て論である。

納得である。ふた親で叱るとグレてしまい、ふた親で褒めると世間知らずの大馬鹿者になってしまう。だから片親が叱ると片親は守ってあげる、そのバランスが子育ての要なのだという。確かにそう思う。

ではは自分たちの子育てはどうだったか。この頑固親父の哲学通りに子育てに臨んで来たか。ふた親で叱り飛ばさなかったか。ふた親で甘やかさなかったか。いや今さら言ってももう遅い。四人の我が子ども達はヒンジムンにもフリムンにもならないで何とか人並みに生きているから、しみどぅするぬが！。

《親頑固　子も頑固の　カンジャヤー　古鉄叩《ふるがにたた》いて　火花散る》

＊親煩悩・子畜生＝うやぼんのう・くゎちくしょう。親は子どもを溺愛するが子どもは親に畜生のように振る舞う。「親の心子知らず」。

主題歌

北谷桑江前ぬ　村《むら》はじし　　北谷の桑江前の村はずれの

渡久地小ぬ　カンジャー屋よ　　渡久地小の鍛冶屋は

親子揃《うやっくわす》るとーてぃ　古鉄《ふるがに》打っちゃい
馬ぬ爪《ちみ》くまちゃい　見事なむんさみ
アネ良助評判どー　村中他島《むらじゅうたしま》までぃん
音《うとぅ》ぬ立っちょんどー

（セリフ略）

主《す》や頑固主小《がんくぅすーぐゎー》　子《くゎ》や上《あ》ったむん
ゴーグチヒャーグチ　するうちなかいん
打ちゅる鍬《くぇー》ひーら　汗《あし》はい水はい
打っちゃい叩ちゃい　うみはまらんでー
アネ良助　主《すー》どーひゃー
親《うや》どぅやっさい　にじーどぅすんどーやー
ゲーンすなよーやー

（作詞・上原直彦　作曲・普久原恒勇）

親子で古鉄を打ったり
馬の爪を履かせたりして
村をはじめ近隣までも
評判の親子だよ

だが親も子も頑固者同志で
口喧嘩しながらも
鍬づくりで汗水流して
打ったり叩いたり励んでいる
それ頑固親父がやって来たよ
親なんだから我慢するんだよ
反抗もするなよ

＊北谷桑江前＝ちゃたんくぇーぬめー。ムラの名前。劇はこの地の言葉。小太郎の妻・静子の生まれ島。
＊渡久地小＝とぅぐちぐゎー。屋号。

＊頑固主小＝がんくーすーぐゎー。頑固親父。
＊上《あ》がったむん＝それ以上の。親以上の頑固者という意味。
＊ごーぐちひゃーぐち＝愚痴や文句。強口冷口。
＊古鉄＝ふるがに。鉄のこと。砲弾の破片をフルガニと言った。
＊ゲー＝反論、言い返す、反抗、ケンカ。

《シーブン三二》丘の一本松

頑固親父と後継ぎの息子・良助との対立と和解、親子の情愛を描いた沖縄芝居の傑作。一九四一年（昭和一六）頃、大阪にいた大宜見小太郎が庶民生活を描いた家庭劇「丘の一本杉」を沖縄風に改作して「丘の一本松」とした。

だからタイトルの「丘の一本松」はヤマト風である。一〇〇〇回も公演し県民に愛されている沖縄芝居の代表作。劇は北谷の桑江《くぇー》言葉《ぬめー》で展開されて味わい深い。「丘の一本松」の下で老婆が山原本部言葉で良助を諭し納得した良助が那覇へ行くのをやめて家に帰る決心をする。この場面が劇のクライマックスである。

配役は頑固親父・大宜見小太郎、その妻・大宜見静子　良助・八木政男　良助の妻・玉那覇照子、良助の妹・伊波貞子、村の男・佐川昌夫、老婆・北島角子、医者・島正太郎、会社員・中山幸四郎。沖縄芝居の懐かしき名優たちである。

《シーブン三三》孫が二十歳まで

不発弾撤去作業で消防職員は独り住まいの老人を指定された避難所に避難させる任務を負う。ある時、どうしても説得に応じないおばぁがいた。消防職員は気持ちをとりなそうと世間話を始めた。

職員「おばぁさん、火にはくれぐれも気を付けて下さいよ」

おばぁ「・・・・・・・・」

職員「ところでおばぁさんの子どもはいるねー」

おばぁ「兄さん、童《わらび》ぇーゆー育《す》だてぃりよーやー　火や家《やー》しか持《む》っち行《い》かんしが　童ぇー土地《じー》までぃ持っちはいんどー」（兄さん子どもはよく育てなさいよ　火は家しか持って行かないが子どもは土地《じー》まで持って行くよ）

可愛いはずの子どもが子育てを間違えると土地財産まで持って行ってしまうというのである。このおばぁさんそのつらい経験をしたのであろう。

釈迦によれば「子育ては孫が二〇《はたち》歳まで」という。普通なら子どもが結婚して独立するまでと考えるのが常識のはずだ。しかしよく考えてみると子どもが結婚して孫が生れその孫が土地財産まで持っていってしまうようでは穏やかではない。

孫が二〇歳というと祖父母は七〇代で人生を楽しんでいる年齢なのだ。意に反した孫がいれば毎日が頭痛の種になるに違いない。可愛いだけの孫ではない。孫への責任もあるのだ。釈迦のいう通り「子育ては孫が二〇歳まで」。心して行こう。

＊おばぁさんの話は東部消防職員赤嶺豊正さんから聞いたもの。南風原町与那覇での不発弾撤去作業時のことと言う。「火は家しか持って行かないが子どもは土地財産まで持って行く」。経験から得た納得の言葉である。

《シーブン三四》沖縄芝居

廃藩置県で職を失った士族たちは生計を立てる為に雑踊りや演劇などを新しく創作した。明治の中頃には那覇に芝居小屋が建てられ次第に踊りや沖縄芝居は盛んとなり庶民の娯楽として定着して行った。

戦後の代表的名優は大宜見小太郎と真喜志康忠である。大宜見小太郎は劇団・大伸座、真喜志康忠は劇団・ときわ座を引いて人気を博した。北島角子・平良トミ、そして喜劇の女王・仲田幸子などの女優も輩出し沖縄芝居の全盛期を築いた。

劇場だけでなくテレビでも放映され沖縄芝居は人気の的となった。沖縄テレビは「水曜劇場」と銘打って数々の沖縄芝居を紹介した。沖縄芝居は力道山のプロレスと並ぶ人気番組であった。僕はプロレスも沖縄芝居にも熱中した。

《シーブン三五》喜歌劇

沖縄芝居は歌劇とセリフ劇からなる。その中間に喜歌劇がある。歌と芝居を組み合わせた軽妙でユーモラスなチョーギン(狂言)である。筋も簡単で時間も短い。主に田舎の庶民の暮らしをテーマにしている。

村芝居でも人気の「馬山川《ばじゃんがー》」はよく知られている。八重山の白保の真謝井戸で繰り広げる醜男醜女と美男美女とのやり取りや動作がこっけいで面白い。井戸を中心とした沖縄のムラの暮らしがよく見える馬山川である。

「戻《もど》り籠《かご》」も村芝居の人気演目である。我がムラでも馬山川と並んで十五夜遊びの定番である。二人の駕籠かきが客の若い女を妻にする為に決斗で決着をつけることになる。だが籠の若い女は実は醜女だったというオチが付いてしまいには駕籠かきたちは醜女から逃げ回わる羽目になる。

「徳利小《とうっくいぐゎー》」は酒飲みでろくに仕事もしない夫とそれに不満の妻との夫婦喧嘩の様子を面白く描写している。その他に「楽しき朝《かながーなーとう》」や「仲直り三郎小《さんだーぐゎー》」も傑作で見逃せない。何を隠そう、僕も中毛小劇団の名優・大城逸子と前道広場で行われたムラの十五夜遊びの特別舞台で「徳利小《とっくいぐゎー》」を演じたことがある。

「かずきー　酒飲《さきぬ》まー役　上手《じょーじ》やたんどー」

僕のアル中役が本物そっくりだったと言うのである。喜ぶべきか悲しむべきか、それが問題なのであった。

＊馬山川は真謝井戸《まじゃんがー》の間違いである。白保に馬山川も馬山井戸もない。それに井戸《がー》は川ではない。

＊楽しき朝＝別名（かながーなーとぅ）と言う。「かながなーとぅ」とは仲良くという意味である。

若い夫婦が仲良く力を合わせて畑仕事に励み子どもを授かるというハッピーエンドのストーリー。

＊徳利小＝徳利は酒を入れる磁器。徳利小は酒飲みを表している。

＊仲直り三郎小＝喧嘩ばかりで別居寸前の両親を子どもの三郎小の知恵ある計らいで仲直りさせるストーリー。かつて我が娘の和歌子も三郎小を演じたことがある。

味喰《あじく》うたーウチナーグチ

一、入《い》ららん穴《み》ーんかい入《い》っちゃん

房総半島の太平洋側の御宿《おんじゅく》という町に童謡「月の沙漠」の記念像と記念館がある。午前九時、レンタカーで東京湾のアクアライン経由でその房総半島を目指した。羽田、川崎までは何とか時速六〇キロのスピードで車の流れは順調だった。

初めての東京アクアライン。東京湾の地下にトンネルを繰り抜いて対岸の千葉県に至る未知の道路。誰がこの構想を考え誰がこの壮大なトンネル工事をしたのか。国や東京都、トンネルマンたちに尊敬の念を持ちながら東京アクアラインへ向かう。

しかし東京湾入り口のトンネルに差し掛かるとノロノロ運転の渋滞が発生していた。やがてノロノロから完全に停まり身動きが取れない状態に巻き込まれた。しまった!。五メートル進むのに二〇分。

トンネルは一方通行で引き返せない。

トイレに行きたい。行けない。イライラが積もる。だが文句や愚痴を言ってもはじまらない。諦めるしかない。結局、東京湾上にあるアクアラインの休憩所・海ホタルに到着したのは一二時過ぎ。一五㎞進むのに何と三時間近く掛かった。

東京アクアラインには完全に裏切られた。誰がこんな海中トンネルを計画したのか。誰がこの渋滞道路の為に膨大な予算をつぎこんだのか。無謀な国家事業を押し進めた国や東京都が憎い。大渋滞に巻き込まれ期待は愚痴に変わった。

こういう状態を「入《い》らん穴《み》―んかい入《い》っちゃん」言う。直訳すると「入る事の出来ない穴に入った」になる。「入ってはならない穴に入ってしまった」が本来の意味だろう。どうにもならない状況に入り込んでしまった、八方塞がり、四面楚歌の状態に巻き込まれニッチモサッチもどうにもならないこと。アクアラインは地下トンネルである。つまり穴《みー》なのである。僕たちはまさに「入らん穴―んかい入っちゃん」だったことになる。今後は穴（トンネル）に入る前に確かな情報を確かめよう。いや二度と東京アクアラインなんかに誰が行くものか！。君子危うきに近寄らず、である。

《東京湾　入ってはならぬ　穴がある》

＊東京アクアライン＝神奈川県川崎と対岸の千葉県木更津を結ぶ東京湾の中央を走る地下自動車専用道路。全長は一五、一㎞。東京湾上に海ホタルという休憩所がある。レストランやトイレが完備され東京都や千葉県が一望できる景勝地である。

＊童謡「月の沙漠」＝加藤まさお（一八九七年・明治三〇〜一九九七・昭和五二）が療養に為に御宿《おんじゅく》海岸に滞在した一九二三年（大正一二）に作詞した。曲は佐々木すぐる。砂浜に「ラクダの記念像」とその向かいに「月の沙漠記念館」がある。御宿から少し行った九十九里浜海岸に高村光太郎の詩碑もある。

＊「砂漠」ではなく「沙漠」となっている。サハラ砂漠のような乾燥した広大な砂漠ではなく、舞台となった御宿海岸は砂浜である。だから砂浜の意味を持つ「月の沙漠」とした。

＊ニッチモサッチモ＝そろばん用語で「二進も三進も」。計算がうまく行かないこと。どうにもならないこと。

二、生《う》まりらん生まり

「あの子は可哀そうだね」
「両親は戦死して戦争孤児だってね」
「生まりらん生まりそーんやー」

「生まりらん生まり」とはこの世に生まれても生きる甲斐もない生まれ方をしている、生まれた価値もないという意味である。直訳すると「生まれない生まれ」で何のこと分からない。「入《い》らん穴《みー》んかい入っちゃん」の表現とよく似ている。

似た表現が他にもある。「歩《あ》っからん歩っち」(疲れ果ててやっと歩ける状態)、「あびらんあびー」(必死の叫び、悲鳴)、「かまらんかみー」(腹いっぱいなのに無理に食べる)、「担《かた》みららん担《か》たみ」(これ以上担げない、精一杯担ぐ)。

沖縄戦で両親を失って二歳で戦争孤児となったNさん。Nさんは孤児院から見ず知らずの人に貰われて奴隷のように使われ学校にも行けず文盲だった。名前もチャリーから四回代えられた。戸籍はない。だから家庭もない。この孤児の境遇を記録するために七〇歳で文字を覚えた。戦争孤児のNさんの人生はまさに「生まりらん生まり」だった。

《生まりらん　生まりやさ　戦争孤児》

三、居《い》ぃーちん立《た》っちん居《をぅ》ららん

「やがて産まれるよ」

病院へ先に行った長男から緊急の電話が入った。初孫の誕生が間近じかいというのだ。待ちに待ったオバァになるのだ。取るものを取らず病院へ急いだ。

「あんし　ちゃーなとーが?」(して　どうなっている?)

長男に聞く。

「分からない」

産室の前で待機する。中の様子は分からない。イライラする。まだか。じっとしておれない。産室の前を行ったり来たり。時計を見る。一時間経った。ただただ静かだ。そわそわ歩き回る。

長男「母ちゃん落ち着いて座って待って！」

母「うんな場合に　居ぃーちん立っちん　居《をう》らりーみ！」

居ても立っても居られない初孫誕生の瞬間を待つ新《みぃ》オバァである。

「オギャー！」

やっと生れた。

「シタイヒャー」

新《みー》おばぁーはティージクンで出来もしない空手をして見せた。

《お産前《うまりがたー》　立っちゃい　座《い》ぃーちゃい　あま走《は》いくま走い　落《う》とぅちかん》

＊あんしちゃーなとーが＝してどんな状況なの?。
＊うんな場合＝こんな時、差し迫った非常時。出産間際の。
＊立っちゃい居ぃーちゃい＝立ったり座ったり
＊あま走いくま走い＝あちこち動き回る。あっち行ったりこっち行ったり。
＊シタイヒャー＝やった！。
＊ティージクン＝手の拳。

《小　話》

次郎「居─ちん立っちん　居《をう》らんねー　ちゃーすが？」

三郎「ほーとーけー！」（言っておけ）

四、寝《に》んずる目《み》ぃーん寝《に》んだん

次郎「汝《い》ゃーやあんし目《み》ぃぶくらーし」（君の眼はだいぶ腫れているがどうしたの？）

三郎「試験前《め》ぇーなてぃ朝方までぃ勉強さん」（試験勉強を朝までしたんだよ）

次郎「寝んずる目ぃーん寝んだんてーさやー」（眠る時間もなかったんだね）

眠るべき時にも寝ないで頑張ることをいう。

「寝んだん目ぃーん寝んとーん」（寝ないでもいいのに寝ている）

僕の今日この頃である。時間が余ってするのがなくついウトウト寝てしまうのである。人はやはり「寝んずる目ぃーにー寝んてぃ」（寝るべき時に寝る）が一番いい。「寝んずる目ぃーん寝んだん」。今は酒を飲むときだけになってしまった。

《眠むくとも　寝てはならない　試験前》

五、歯ーぬ虫喰《く》ゎとーん

舞天「今日やちゃーさが？」（今日はどうした？）

患者「先生様《しんしーさい》、歯ぁーぬ　虫喰《むしく》ゎとーいびーん」（先生、歯が虫を食べている）

舞天「何《ぬ》ぅやんでぃ？　歯ぁーぬ虫　喰ゎとーん？」（何？歯が虫を食べている？）
患者「あんやいびーん」（そうです）
舞天「歯ぁーぬ　虫喰ゎれー　虫ぇー何《ぬぅ》ぅ　喰ゎいが！」（歯が虫を食べたら虫は何を喰うか）
患者「・・・・・・・」

＊医者＝歯科医で漫談家の小那覇舞天《ぶーてん》、一八九七年（明治三〇）〜一九六九年（昭和四四）。本名は小那覇全孝。今帰仁村湧川生まれ。糸満生まれの貫一と小禄生まれの宮さんの「金色夜叉」は舞天の傑作。「フォーシスターズ」生みの親。
＊歯―ぬ虫喰ゎとーん＝虫歯のこと。
＊ついでにブーテンの話をもうひとつ。
ブーテンは孫の運動会を観戦していた。すると競技中の子どもが熱中症で倒れた。会場が騒然となる中、校長がブーテンを見つけて言った。
校長「先生！助きてぃくぃみそーり」（先生、助けて下さい）
舞天「あらん我んねー　歯医者《はいしゃ》どぅ　やしが」（いやいや、僕は歯科医だよ）
歯科者のブーテンは断った。だが校長から見れば歯科者でも医者は医者。運動場の倒れた子どもの元へ有無を言わさずブーテンの手を引っ張って行った。ブーテンは倒れた子どもの口を開け「歯に異常はありません」。

＊まだある舞天劇場。

患者「先生さい　ちゃーせー長生き　さびーがやー」（先生様《しんしー》、長生きの秘訣を教えて下さい）
舞天「汝《いやー》や　タバク　吸うーゆみ」（君はタバコを吸うか）
患者「吸うやびらん」（吸いません）
舞天「パチンコや？」（パチンコは？）
患者「さびらん」（しません）
舞天「酒ぇー飲むみ」（酒は飲むか？）
患者「飲《ぬ》まびらん」（飲みません）
舞天「汝《いやー》や　ぬーぬ為に　長生き　しーぶさが？」（君は何の為に長生きしたいのか）
患者「・・・・・」
舞天「汝《いやー》や　長生きする　意味《いめー》ねーらん」（君に長生きは必要ない！）

六、息《い》ぃーちんアクビんならん

次郎「今夜、酒ぐゎーんでー　ちゃーやが？」　今夜、一杯どうだ？
三郎「あらん　くぬ後やー」　いや、あとにしてくれ
次郎「最近、忙《い》ちゅなさぎさ　そーしが？」　忙しそうにしているね
三郎「仕事んかい　うゎーってぃ」　仕事に追われているのだよ
次郎「息ぃーちん　アクビん　ならんさやー」　息もアクビもできないのだね

自然に出るアクビをする時間さえもったいない。ゆっくり深呼吸する暇もない。当然、御飯の代わりにパン。次から次へと出て来る仕事。逃げられない、避けられない。今日も深夜まで残業だ。これではブラック企業ではないか。

「息もアクビも出来ない」とは普通に当たり前のことも出来ない程に忙しいという意味である。趣味や娯楽は勿論、飲み会も人付き合いも出来ない。山積みの仕事に追われて気が狂いそうだ。三〇年振りのクラス会もあると言うのに。しかし忙中閑有である。過労死しないように休まなければならない。高くジャンプするにはかがまなくてはならない。ゴムも伸びっぱなしだと切れてしまう。縮んだり伸びたりそれがゴムである。人も伸び過ぎると切れてしまう。

「疲れたら休め彼等もそう遠くへ行くまい」とロシアの文学者が言っている。「立っちぇーゆくらん座《い》ぃーちゆくり　座ぃーちゆくいしゅっか　寝《に》んてぃゆくり」。休むなら立って休むより座って休め、いや、座って休むより寝て休め。会社の社長さんに教えてやりたい思いやりのある言葉である。

《息もアクビも　思い切り　休んでみたいよ　社長さん》

＊アクビ＝昼御飯を食べた後の五時間目は睡魔に襲われアクビを繰り返す。御飯を食べると胃が働き酸素が足りなくなってその補給の為にアクビをするのだという。アクビは怠慢や怠惰のせいではなく命の営みなのである。アクビの語源は「飽く」と言われている。

＊忙中閑有＝ぼうちゅうかんあり。忙しい中にもわずかな暇は必ずあるもの。

＊ひれーんならん＝人付き合いも出来ない。

＊ツルゲーネフ（ロシアの文学者）の詩「疲れたら休め」の原文は次のようになっている。

疲れたら休め
しばし路傍の草に腰をおろして
道行く人を眺めるがよい
人は決してそう遠くへ行くまい

七、チルダイ・チーシッタイ

次郎「最近、元気ぬ　ねーらんしが」（元気ないねどうしたの？）
三郎「チルダイし」（落ち込んでね）
次郎「ぬーでぃち　チルダイそーが？」（何故、落ち込んでいるの？）
三郎「資格試験落てぃたん」（現場監督の資格試験失敗してしまってね）
次郎「チーシッタイ　そーさやー」（それで落ち込んでいるのだね）

チルダイの「チル」は三線の絃《ちる》のことである。三線の絃が緩んでいる状態を「チルダイ」という。チルダイの「ダイ」はダレルという意味である。絃がダレて緩んだ三線の音は響かない。いや演奏そのものが出来ない。

三線の絃が緩んで音が出ないのと同じように人も何かのショックで落ち込む時がある。何をするにも力が入らない、元気が出ない、やる気になれない状況に陥ることがある。これがチルダイである。チーシッタイは気が湿っていると言う意味である。血気盛んな気が湿って（滅入って）やる気のない状態がチーシッタインである。意気消沈である。
反対にやる気満々がチータツュン（気が立っている）である。チルダイもよくないがチル（絃）を締めすぎると切れてしまうので要注意である。チルダイもチーシッタイもしないようにしよう。もしチルダイしたら酒でも飲んでチルダイを跳ね返せ。飲むとチー（気・血）がタツ（立つ）はずである。

《チルダイは　カラクイ廻して　締め直せ》

＊チーべー＝気が早い、することが早い、てきぱき。反対が「トゥルー《のろま》」である。「チーソー」は気性、性格。「チージル」は血管。「ジル」は三線の絃《チル》と同じ意味だろう。

＊カラクイ＝三線の絃《チル》を締める部位。

八、トゥルバイ・カーバイ

覇気がなくただ黙っている人をトゥルバヤーという。
次郎「汝《い》ゃーやぬーでぃち　トゥルバとーが？」（君は寡黙だね）
三郎「トゥルバーてーをぅらん　黙《だ》まてぃどぅをぅる」（黙っているだけだよ）
次郎「いぬむんやさ」（同じことだよ）
海の波は夕方収まり静かになる。これをトゥリーンという。トゥリーンは凪《とう》りーん（止まっている）である。浦添ユードレは夕凪《ゆうどれ》の意味である。波の静まった夕方、海から吹く風と陸から吹く風が衝突して風が止まった状態が凪であり、ユードレ（夕凪）なのである。ユードレとは風が夕方にトゥルバッている状態を言うのである。

浦添ユードレは王族の墓である。死者たちの平安を願った命名だろう。争いのない平和な凪、つまり風がトゥルバッテいる世界。風も波も収まりあの世も何事もなく穏やかであって欲しいという願いが込められたのが浦添ユードレである。

トットローはトゥルバイのトゥル、風のトゥリーンからの変化で鈍い、つまり鈍感とか馬鹿と言う意味である。トゥルー《のろま》ともいう。トゥルバヤーはまだいいがトットローになってはならない。カーバイは連語で特に意味はない。ウッチェーヒッチェー（さんざん痛めつける）、サンザンクンザン（徹底的に）、ゴーグチヒャーグチ（文句たらたら）、ニーブイカーブイ（睡魔）、タックヮイムックヮイ（ベタベタくっついて）。まだある。アビエーティエー（口論）、ユンタクヒンタク（おしゃべりのかぎり）、ヒッチャカムッチャカ（あれ煩いこれ煩い）、アリイークリイー（あー言ったりこう言ったり）、ユッタイクヮッタイ（ゆらゆら揺れて）、ヨーガリヒーガリ（やせ細って）などいくらでもある。

吠《あ》びーる犬《いん》のー咬《く》ぅらん

吠える犬は人を襲わない。黙ってトゥルバッテいる犬には要注意！。ほんとうに力のあるものはトゥルバッて黙っているのだ。トゥルバヤーといって馬鹿にしていると反撃される。また「胴《どう》びーるーや口剃刀《くちがんすい》」である。体の弱い人ほど口は達者なのである。

「満《み》たんカラカラーぬどぅ鳴ぃる」。カラカラーは酒を入れる壷のこと。酒が満杯したカラカラーは振っても音は出ない。満たないカラカラーは振るとカラカラと音がでる。「あびーる犬のー咬《く》ぅらん」

と同じである。「実るほど頭《こうべ》を垂れる稲穂かな」やさ。
《トゥルバヤー　犬《いん》ねーかなーんさ　吠《あ》びやー犬》

＊トットローは馬鹿者。ポッティカー、ポッティカスーとも言う。
＊埼玉県秩父に「長瀞《ながとろ》ライン下り」がある。荒川上流の流れがゆるやかなライン下りである。「瀞《とろ》」とは「ゆるやか・静か」と言う意味。沖縄の「とぅりーん」（止まる）と同じ意味である。
＊ミートゥルバイ＝目が死んで覇気がない、元気がないこと。
＊吠《あ》びやー犬＝吠える犬。ゆーあびやーはおしゃべり。犬の鳴き声も国によって違う。アメリカはバウバウ、ドイツはワウワウ、オランダはワフワフ、韓国はモンモン、中国はウーウー、インドネシアはゴンゴン、ロシアはガブガブ。犬の種類が違うかららしい。人種によって言語が違う人間と同じだ。猫や鳥も国によって鳴き声が違う。動物の鳴き声が国によって違うのは当たり前のことなのだろう。
＊夕凪《ユウドレ》に対して朝凪《アサドレ》もある。
＊胴《どう》びーるー＝体の弱い人。胴は胴体で体、「びーるー」「びーらー」は弱い。
＊くちがんすい＝口のかみそり。「がんすい」はカミソリ。饒舌で口達者のこと。
＊かなーん＝勝てない。

九、ウズムン

僕は夜中に二回トイレに行く。これをウズムンという。五月頃に降る雨をウリーという。そしてこの季節をウリズンという。ウリーは潤《うるお》うから来た言葉である。ウリーとウルオウ、なるほど似ている。

雨で潤う季節がウリズンでズンは旬《しゅん》のことである。その旬（季節）に降る雨がウリーである。夜中にトイレに行くのは潤っているからである。だからウズムンと言うのである。潤い過ぎると頻尿になりウズミケーサーになる。

昭和二〇年代までウリーすると学校も休校になりサトーキビを植えたと先輩たちは証言している。ウリーは農業にとって慈雨、恵みの雨なのである。しかし夜中のトイレのウリーだけは適当に潤って欲しいと僕は切に思うのである。

《真夜中に　ウリーし過ぎて　行ち戻《む》どぅい》

＊ウズミケーサー・行ち戻どぅい＝トイレに何回も通うこと。ケーサーは繰り返す。

十、シーブン

大正五年、僕のムラはサトーキビが大豊作だった。そこで特別にその慰労会「腰《くし》ユックイ」をムラ主催で盛大に行うことになった。ムラの役員が辻遊郭へ交渉に行き二人の芸妓が来ることになった。ムラ人たちは期待しながら今か今か二人の芸妓を待った。

ついにその日その時がやって来た。何と二人の約束が三人の芸妓が来た。

役員「予算は二人分しかありません」

芸妓「心配いりません一人はシーブンです」

なるほどよく見ると一人の若い娘がいる。この芸妓がシーブンなのだ。見習いなのだろう。そしていよいよ歌や踊りがはじまった。しかし今や見よ、見習いのそのシーブンさんの方が誰よりも輝いているではないか。

ムラ人たちは高い芸妓より無料のシーブンさんの溌溂《はつらつ》とした踊りに魅了され大いに満足した。こうして二日二晩にわたる「大腰《うふくし》ユックイ・二日《ふちか》ムイ」の宴はシーブンさんのおかげで大盛況となった。

先日、奥武島へサシミを買いに行った。二〇〇〇円分買うと黙って雑魚をシーブンしてくれた。夕餉に食すると二〇〇〇円のマグロよりシーブンの雑魚の方が遥かに美味しいではないか!。

《マグロより　美味しい小魚　シーブンさん》

＊腰ユックイ＝製糖期を終えた慰労会。ユックイは休む、腰ユックイは腰休め。二日ムイは二晩、二日連続の遊びのこと。

＊シーブン＝おまけ。サービス。シーは末。沖縄の角力や闘牛の最後の横綱戦を「シーの一番」という。シーブンは末物か。あるいは添《し》ぃー分か。昔のマチャー小ではシーブンは当たり前だったが、今のスーパーにシーブンはない。行きつけのスーパーで試しにレジの娘に「シーブンはないの」と聞いて見た。シーブンの意味が分からず話が通じなかった。

十一、やふぁら頑丈《がんじゅう》・頑丈者《がんじゅうむん》ぬくふゎ倒《どう》り

やぁふぁらーとは柔らかい、つまり病弱という意味である。その病弱の人が頑丈者というのである。病弱の人は日頃から用心して食べ物や運動に気を使い体に異変があればすぐに病院に駆け付ける。与えられた薬はしっかり服用する。

一方で健康に自信のある人は少しの異変は無視して病院にも行かない。薬も飲まない。酒も煙草も三枚肉も食べ放題。自信過剰である。それが命取りに繋がる。だから病弱な人は長命し自信過剰の頑丈者は意外と早死にする。「頑丈者のくふぁ倒れ」である。

健康のように見えても心しないといけない。柳の枝は柔らかいがどんな強い風を受けても折れない。硬い大木は風を受けるとすぐ倒れる。身も心も柳のように柔らかく生きよう。健康の為には命も要らない！。

《病弱者《やふぁらむん》　頑丈者《がんじゅうむん》より　長生《ながい》きし》

十二、蜂《はち》ゃーガマク・ラッキョウクンダ

美人を表す言葉である。蜂のガマク（腰）はくびれてかっこいい。ラッキョウのクンダ（脚）は流れるようにスマート。蜂のようなくびれた腰にラッキョウのようなスマートな脚の持ち主は美人であるという意味である。

大根足という言葉がある。太って醜い足という意味である。しかし最近の大根はラッキョウを大きくしたようなスマートなものが多い。沖縄にシマ大根《でーくに》がある。先から根まで同じ大きさのデブの大根である。大根足とはシマ大根を指しているに違いない。

「君たちは女性を見る時まず何処を見るか」

中学校三年の英語の時間に神里富雄先生が何故かいきなり質問した。

「顔です」

みんなそう答えた。

「僕はまず脚を見る顔はその次だな」

神里先生の答えだった。大人になった今、なるほどそうかも知れないと思うようになった。よし、蜂ャーガマク・ラッキョウクンダを探すことにしよう。いや、手遅れだ。もはや人生八回の表の老人ということを自覚しなければならない。大根足で我慢するか。

《顔《かお》よりも　ラッキョウクンダに　魅せられて》

＊クンダ＝足の脛の反対側。クンダはこむらのこと。ふくらはぎ。クンダアガヤーはふくらはぎの痙攣。

十三、ウフソー・ソーヌガー・ソーイラー

心の広い何事にもくよくよめそめそしない大らかな性格の持ち主を「ウフソー」という。失敗や間違いもシミドゥスルヌガ、ナンクルナイサ、と気にしない天真爛漫の人がウフソーである。馬鹿のことではなく大きな魂の人というべきだろう。

何事に対しても間がぬけて失敗が多く人の笑いものになるのがソーヌガーである。ソー（魂が）がヌガー（抜けて）いる人である。魂《たまし》ぬぎとーんともいう。ソーヌガー、魂の抜けている人は何故か明るい性格の持ち主である。

それに対して何でも抜け目なく準備周到で事に当たる人をソーイラーという。賢い子どもをソーイラー童《わらび》という。赤子に向かってソーイリヨー（賢くなれよ）と頭をなでる親がいる。ソーイラーはソー（魂）が入っている人のことである。

世の中、この三つの人々から成っている。多彩である。憎めない性格のウフソーとソーヌガーたちは世の中を明るくしている。ソーイラーだけでは窮屈な世の中になるに違いない。世の中にはウフソーもソーヌガーも必要なのである。ウフソーにソーヌガーにソーイラー。君はどっちだ！。

《明るいよ　ウフソーソーヌガー　居《をう》る社会》

＊落ち着きのない人をサンサナーという。サンサナーはクマゼミのこと。クマゼミのような人という意味ではないかと思う。クマゼミの鳴き声はうるさいばかりで情緒がない。

十四、アッパンガラー・アタテンパー

突然、訳もなく予想外の大それたことを仕出かすことをアッパンガラーという。アッパンガラーの本来の意味は自暴自棄、やけくそのことである。アタテンパーは当てずっぽう、無鉄砲、いい加減のことである。このふたつの言葉の意味は近い。

次郎「汝《い》ゃーやまたアタテンパー物言《むぬい》いし」（君はまた当てずっぽうな言い方して）

三郎「汝ゃーんアッパンガラーどーやー」（君だって何を仕出かすか分からない）

やけくそのアッパンガラーと当てずっぽうのアタテンパーは誰からも信用されない信念のない人である。後は野となれ山となれ、どうにでもなれがアッパンガラーであり、訳の分からないでたらめがアタテンパーである。

《アッパンガラ　狂者《ふりむん》どぅやしが　アタテンパー》

＊「フェーレー口説」の囃子にアッパンガラーの歌詞がある。

んだまじ言ちんだ　十か十三頃までぃや
まとぅむな童どう　我んねーやたしが
十七・八頃女に振らってぃ　アッパンガラーぬ
事ぬ始まい　あらに！やみ！やさ！

先ずは説明しよう一二・三歳頃までは
真面目な少年だったが
一七・八歳の頃に女に振られたのが
やけくそ《フェーレー》の始まりなのさ

十五、カニハンディトーン

A姉さんはスーパーで買い物を済ませてタクシーを拾い家に急いだ。

「お客さんどちらまでですか」

「南風原の喜屋武までお願いします」

途中、運転手と世間話に花が咲いた。

「着きました」

「ありがとう」

A姉さんはタクシー賃を払い買い物袋を持ってタクシーを降りようとした。ところがA姉さんは裸足だった。降りようにも降りられない。

「靴がない！」

まさかの緊急事態である。

「どうしたのですか」

「アイヒャー、靴《しまった》を脱いでタクシーに乗った！」

A姉さんの靴はスーパーの玄関前に脱ぎ捨てられたままだった。

こういう人をカニハンディトーンという。カニは番匠金《ばんじょうがね》のことである。番匠金は大工のモノサシで物事の基準である。ハンディトーンは外れている。モノサシの基準からずれている、常識から外れている人をカニハンディトーンと言うのである。

カニハンダーはただの物忘れや勘違いではない。その人の性格である。カニハンダーはウフソーやソーヌガーの先輩である。老化現象かも知れない。ネジは緩めていいがカニをハンダ（外す）してはならない。

《靴脱いで　タクシー乗ったよ　カニハンダー》
＊この話は実話である。A姉さんはタクシーの客席のソファが家の玄関に見えたので靴を脱いだという。
＊カニハンダーの反対がカニジューである。カニは物差し、基準、ジューは強い。物差し通り、常識

通りに物事に対処する人。義理堅い人。義理堅い人をジリジューともいう。

＊番匠金＝ばんじょうがね。大工道具の曲尺、L字の金属のモノサシ。

＊池宮正治によればカニは顎の骨や掛け金のことで掛け金とは施錠に使う道具である。顎の骨や掛け金が外れた状態がカニハンディーンだと説いている（沖縄ことばの散歩道）。番匠金説の方が面白い。

《シーブン三六》性格《ちーそー》を表す言葉

人の性格を表すウチナーグチはここに上げた以外にも沢山ある。思いつくままに列挙して見よう。

＊ポンカー・ポッティカスー（間抜け）＊ハジチラー・チラガーアチー（恥知らず）＊マタバシゴーヤク（二股掛けた信念のない人）＊クメーキヤー（抜かりなく細かい人）＊ザットゥ・ウカットゥー・テーゲー（大ざっぱな人）＊アーキトーキー・アーバーサーバー（あれこれ定まらない人）＊サングヮナー（三貫者・尻軽）＊ユグリハイカラー（不潔だがおしゃれの人）＊イビラー（ケチ）＊ボーガニー・ボーチラー（荒くれもの）＊アンダグチャー（お世辞のうまい人）＊アクー・ハティー（怖い人）＊エンダー（優しい人）＊フンデー（甘えん坊）＊ケンダー（高慢な人）＊アチハター（飽きっぽい人）＊フユームン・フユナー（怠け者）＊ユクサー・ユクシムナー（嘘つき）＊スグラー・ディキャー（頭のいい優秀な人）＊カマジサー（不愛想な人）＊ゴーグチャー（文句の多い人）＊ウーマク（やんちゃな人）＊クサブー・クサブックヮー（愚痴や文句の多い人）

＊グーファー・ムダー（すねる人）＊ハチコー（変人）＊ヒジュルー（薄情者）＊ヒンジャナー（言うことを聞かない自分勝手な人）＊ヒジャルー（かみ合わない人）＊ヤマカーガー（人付き合いが苦手な人）＊ナンドゥルー・スッティカー（手応えのない）＊ハガナー（一筋縄ではいかない人）＊アシガチャー（何事も焦ってしまう人）＊カタヒチャー（障害者）＊ジリジュー（義理堅い・遠慮深い人）＊フーチャー・ジマナーー（吹聴、自惚れの人）＊サンミナー（打算の人）＊ハジカサー（恥かしがりや）＊テーファー（ユーモアの人）＊ナチブサー（泣き虫）＊オーヤー（ケンカぱやい人）＊ウセームン（人を馬鹿にする人）＊タクマー（策謀家・計算高い人）＊チビガルー（すぐに行動する人）＊チビウブー（なかなか行動しない人）＊フックヮー（怒りぽい人）＊クファパッチラー（頑固者）＊クェーブー（食運のある人）＊ヒーチャー（ひいきをする人）＊ユンタクー（おしゃべり）＊ムヌユマー（人の噂が得意な人）＊ドゥーカッティ（独りよがり・自分勝手）＊イナグメーサー（女を燃え上がらせる人・浮気者）＊ヤナグチャー（人の悪口を言う人）＊クーヤー（噛みつく人）＊ティグマ（器用な人）＊ブクー（不器用）＊ノンカー（呑気者）＊ウカットゥ（大ざっぱ）＊カテームン（厄介者・困った者）＊握《に》じやー・ガニ《かに》（ケチ）＊チュヌネーバー（他人の真似ばかりする人）＊サーダカー（霊感の強い人）＊アマサー（荒れくれ者）＊フニウラーー（怠け者）＊クヮティー（飲み食い好き・浪費家）＊ガンマラー（いたずら好き）・・。

　アキサミヨーうさき《たくさん》ーある。ここにあげただけでも幾つあるだろう。数えてみたらいい。こんなに沢山あるとは。いやまだあるはず。君の性格もこの中に該当するのがあるのではないか。もしなければ君はもはや人間ではない。

「唐辛子《こーれーぐす》とぅ黒糖《さーたー》から　辛さとぅ甘さ取ぅれー　何《ぬ》ぅーすが」。唐辛子の本分は辛さであり黒糖は甘さである。それが無くなったら何の価値もない。人間、それぞれの気質で生きて初めて価値がある。「十《とぅ》ぬ指《いーび》や同丈《いぬたき》やあらん」なのだから。指はそれぞれ長さや太さも違う。人もそれと同じで個性がみな違う。

十六、アファーないん

Kは兼城十字路から喜屋武の家に向かって歩いていた。しばらく歩いて役場前に来た時Kの三〇メートル先に車が停まった。知り合いの車で自分を乗せてくれるのだろうとKは車に小走りした。ところがKの前を歩いていた女の人が車のドアを開けて乗り込んだ。Kはきまりが悪いので家までそのまま走り続けた。

Sはバスを乗るために兼城十字路に歩いていた。福祉センター前のワイトゥに来た時、反対側から美女が歩いて来た。すれ違いざまに美女は微笑んで軽く会釈した。慌ててSもお辞儀を返した。ところが美女が会釈したのはSの後ろを歩いていた男の人だった。バツが悪いのでSはお辞儀の姿勢からそのましゃがみこんで靴の紐を結び直した。

こんな状況を「アファーないん」という。「アファー」とは味がないことでシラケてしまう、気まずい様のこと。味のないアファーは美味しくない。味のある人生を送る為にKやSのようにアファーならないように心がけよう。

《アファーなてぃ　美女の会釈は　後の人》

＊このKとSのアファーの話は実話である。
＊ワイトゥ＝堀割り。山を切り取って開いた道。

十七、ウチアタイ

「汝《い》ゃーや　A子さんぬんかい　惚《ふ》りーてー居《をう》らに」（もしかしたら君はA子が好きなんじゃないか）

「ギク！ウチアタイすさ、やしが何《ぬ》ぅーでち分かいが」（的中！でもどうして分かるの）

「肝《ちむ》にむぬ思《う》みば色《いる》に現わりる例《たみ》し」（君の表情や行動で分かるよ）

人に公言してないが何となく言い当てられることがある。隠しているわけではないがそれを指摘されると何となくしまった！と思うことがある。それがウチアタイである。心に当たる、思い当たる、心が痛い、心の打撲のことをウチアタイという。

ウチアタイは日本語で何と言えばいいか。内面打撲傷?。いやウチアタイはウチアタイで無理して訳することはない。トゥンタチイーも日本語ではどうなるか。かがみ立ち、半座り、半立ち、座り立ち、立ち座り、トイレ座り、どれも違う。

英語では?。あらん、ウチアタイはウチアタイ、トゥンタチイーはトゥンタチイーそのままで、しみどぅするぬが!。

《んちゃやるむん　思《うみ》い当たるよ　ウチアタイ》

＊肝にむぬ思みば色に表れりる＝心に思っている事は顔に表れる。
「忍ぶれど　色に出にけり　我が恋は　物や思うと　人の問うまで」（平兼盛・平安時代）
（秘密の恋だったけれど想いや行動が顔に表れて世間に知られてしまったよ）

＊トゥンタチイーはヤマトグチでは何と訳すればいいか。トゥンモーユンはびっくりする、飛び上がる。モーユンは踊る。トゥンタカモーラーは飛び跳ねる。トゥン出《う》ジーンは飛び出す。トゥンケーユンはふり返る。トゥンミグインはついでに訪ねる。トゥンタチュンは急に立ち上がる。トゥンにはいきなり、急にという意味が含まれているようだ。トゥンタチイーも急に何時でも立てる姿勢である。

＊んちゃやるむん＝そういえばそうだ！。

十八、ヤマチッチャン

富山の冬の名物はブリ大根である。黒部の山々に大量に積もった雪が解けて富山湾に流れ込む。その雪解け水に含まれる養分はブリの恰好の餌となる。その餌を食べた富山湾のブリは脂がのって日本を代表する海の幸となる。山の幸が海の幸となる。山は海（生）の親なのである。

大宜味村の平南《へなん》の海は大雨が降ると平南川の濁流が流れ込んで橙色に染まる。山の木を伐採して大雨の度に濁流が発生し海が汚染されている。魚は住めない。山が枯れると海も枯れる。富山湾の海も平南の海も山と深い関係がある。

荒れ果てた山は保水力を欠いて大雨の度に山崩れが発生する。家屋を押し流し人命も奪う。収穫前の田や畑も無残な姿になる。山は暴れて村や人に襲い掛かる。無謀な開発で木を切った結果である。「山が枯りーねー海ん枯りーん」である。

どうすることも出来ない窮地に追い込まれた状態をヤマチッチャン・ヤマチリーンという。ヤマチリルと動物たちの命や木の実や山菜等の山の幸も消えてしまう。山は人間に幸を与えているのである。

いつまでも富山湾の美味しいブリを味わい続けたい。その為には黒部の山々をヤマチラカシてはならない。

《山切るな　黒部の恵み　富山湾》

＊ヤマチリーン＝山を切るという意味。山を切ると人々の暮らしに大きな影響があるという意味。ヤマチッチャン・ヤマチラカスン・ヤマチリーンには自然保護の思想が織り込まれている。

＊沖縄では木を切っていいとされる日は一二月のムーチーの日だけである。後の日は切ってはならない。山を保護する思想である。一八世紀、首里王府の三司官・蔡温は植林事業を推し進めた。蔡温の植えた松は蔡温松と呼ばれ県内各地に残っている。今帰仁村の仲原馬場と国頭村辺戸の見事な松並木は蔡温松である。

＊山が枯《か》りーねー海ん枯りーん＝山が枯れると海も枯れる。沖縄の黄金言葉である。ヤマチッチャンと同じ意味。大雨の度に濁流に見舞われ汚染される大宜味村の「平南の海」はその言葉通りになっている。

＊ヤマチッチャンは英語で「マウンティンカット」。一九五〇年代、ブロークン・イングリッシュの例として笑い話になった。

十九、シニチリバイ

知念高校の始業時間は八時四〇分である。今朝は朝寝して家を出る時間が遅くなった。わき目もふらず一目散に学校へ走った。始業時のベルに何とか間に合った。シニチリバイのおかげであった。シニは足の脛《すね》のことである。チリは切れる、バイは走る、の意味である。脛が切れる程、一目散に走る事をシニチリバイと言うのである。漢字を当てると「脛切り走い」になるであろう。

Cは呑気者《のんかー》、いやウフソー（心の広い人）だった。始業時に遅れていると分かっていても急がずゆっくり学校へ向かった。友人たちが後ろからシニチリバイ走ってきてCを追い越して行った。Cはつぶやいた。

「二時間目に間に合えばいい」

《猛ダッシュ　何を急ぐか　シニチリバイ》

＊ガットゥカバイは跳ねるように一目散に走る。踊るように乱れて回る独楽をガットゥカーという。舗装されてない石だらけの道をガッカラー道という。

＊シニタタチヲゥラリーンもある。「脛を叩き折られる」という意味である。「たっくるすん」と同じケンカや口論での殺し文句である。

二〇、バチクヮースン

五年続いた片想いが成就し結婚する事になった。

「バチクヮーチェールムンナー」

友人たちから祝福された。よくやった、よかったねという意味である。バチは三線の撥《ばち》のことである。クヮースンは当てる・弾くこと。コーサークヮースンはゲンコツをする。

三線の絃《ちる》に撥《ばち》を当てると音が出る。これがバチクヮースンである。三線本来の美しい音色が出るように撥をあてることがバチクヮースンである。このことから目的を達成し思い通りになったことをバチクヮースンと言う。

バチクヮーサリーンはひどい目にあったという意味である。九回裏同点、対戦チームにヒットを打たれてサヨナラで負けた。バチクヮーサッタンである。逆に対戦チームにすればバチクヮイ(良かった)ということになる。

《バチクヮーセー　弾けー三線　吠《あ》びれー歌》

＊三線の撥《ばち》は山羊の角、牛の角等である。奄美の三線の撥は竹串。撥がない時は人差し指の爪が撥になる。三線弾きは何時でも何処でも撥をポケットに忍ばせている。機会があれば「バチクヮースル」構えである。

＊コーサークヮースン＝コーサーはゲンコツのことで。コーサーは拳《こぶし》から来た言葉だろう。

＊弾けー三線・あびれー歌＝本来の意味は弾けばいいというものではないよ、歌えばいいというものではないよ。しっかり弾いてしっかり歌って。

二一、テンプスみぐらすん

「たっくるさりーんどー」。ケンカや激高した時に思わず出て来る言葉である。「たっくるすん」とは直訳すれば叩き殺すになる。穏やかではない。ある殺人事件の裁判で「たっくるすん」と言った容疑者に「殺意があった」と争点になったという。

「たっくるすん」は「叩き殺す」の意味ではなく「懲らしめる」が本来の意味である。最近は殺す意味になっている。正さなければならない。事件の裁判でも殺すか懲らしめるかで争点となったが懲らしめるに落ち着いて刑が軽くなったと言う。

中部のあるムラでは「テンプスみぐらすん」と言うらしい。「この野郎！お前のヘソをクルクル廻すぞ」という意味である。激高して「汝《い》ゃーやてんぷすみぐらさり―んどー」（君のヘソをクルクル回してやるぞ）。言われた相手は高ぶった気持ちも和らぎ吹き出してしまうのではないか。「てんぷすみぐらすん」は愉快の言葉である。

ヘソの辺りを丹田《たんでん》という。腹筋をした時に硬くなる部分が丹田でお腹の重要なツボらしい。健康や命に係わる部位なのだろう。「てんぷすを巡ぐらされる」と丹田に異変が起こる。「テンプスみぐらん」には根拠があるのだ。

今度、機会があればこの言葉を使ってみようか。

「このバカヤロ！てんぶすみぐらさりーんどー」

言われた相手はどんな反応をするのだろうか。おそらく意味が分からずキョトンとするであろう。いや、そんな機会はない方がいい。やはり「てんぶす」は大事にしまっておこう。

《たっくるせー　てんぶす巡《み》ぐらち　大喧嘩》

＊ヘソ＝胎児が母親から栄養や酸素の供給を受けていた管（ヘソの緒）の痕跡。

＊テンブス＝テンは天、ブスはヘソのことではないかと思う。テンヘソがテンブスに変化したのだろう。ヘソは真ん中にあるので天の中心、つまりテンブスは体の中心部位という意味ではないかと秘かに考えている。

二二、ヌチグスイ・ヌチカンパー

特に美味しいものを食べた時や感動的な場面に出会った時に「ヌチグスイやっさー」と言う。命の妙薬という意味であるが、生き返るような寿命が延びるような人生が豊かになるようないいものに出会えたことがヌチグスイである。

ヌチグスイの中でも特に感嘆、感動している様がヌチカンパーだという。（与那嶺芳夫氏）。カンパーとは何だろうか。カンパチのこと?。まさか。ヌチカンパーには命がけという意味もあるらしい。

いい踊りを見た時はミーグスイ（目薬）、いい音楽を聞いた時はミミグスイ（耳薬）と言う。それをさらに越えた感動がヌチグスイ（命の妙薬）なのである。今夜はマグロの中トロを酒の肴にヌチグスイしようか。
《ヌチグスイ　命輝く　ヌチカンパー》

＊ヌチグスイ＝ヌチは命、グスイは薬。命の薬。
＊ヌチガフー＝命の果報。命拾い。

二三、カーゲェー皮《か》ーどぅやる

表面の顔形や容姿は皮である。表面より中身、つまり心が肝心だということ。チンヌク（里芋）の見た目はシュロ皮のようで醜い。しかしその実は美味である。コーレーグス（唐辛子）の見た目は美しい。しかし中身はウチクンジョー（食べれない・まずい）である。見た目に騙されてはいけない。

この言葉はヤナカーギーが言ったものではないか。ヤナカーギーが自分を慰めるために考え出した言葉ではないのか。やはり誰でもカーギは美しい方がいいに決まっている。ヤナカーギーでも美しく見せるために化粧するではないか。

笑顔の人は美しく見える。ブスでもエクボのある人は可愛く見える。笑顔の人は化粧しなくても美しい。「笑顔に優る化粧なし」である。さらに「肝《ちむ》さーい容姿買《かーぎこ》ーゆん」という言葉もある。ヤナカーギーでも笑顔美人になれるのだ。心当たりのある人はこれらの言葉を信じて自信を失わずに生きてほしいものである。

《ブスは三日で　慣れるが　美人は三日で　飽きるとか》

《シーブン三七》愛嬌美人《あいきょうびじん》

隣家に美人とはいえないN姉さんがいた。N姉さんはいつも笑顔であった。顔にはえくぼもあった。青年会活動も活発で誰とでも明るく接した。戦争孤児だった。孤児四人兄弟で女は一人だったので一切の家事をこなした。

「あね、あり見《ん》ちんでー　ちゃー笑らとーくとぅ　見《ん》だりーせー」

母の言葉である。隣のN姉さんを見てごらん、カーギはないけどいつも笑顔だから見ることが出来るでしょう、ブスでも笑顔であれば可愛く見えるという意味である。愛嬌・笑顔美人である。

「笑顔に優る化粧なし」。

いくらチュラカーギーでもブスッとしている人は嫌われる。

「あれー愛嬌持《あいきょうむ》ちどー」

これも母の口癖であった。母は織物の糸括りの仕事をN姉さんに依頼していた。母は笑顔で愛嬌持ちそして素直で優しいN姉さんを気に入っていた。N姉さんも母を慕っているようだった。

だがちょっと待てよ、母の言葉は暗に僕に向けられたものではなかったのか。

「かずきー　汝《い》ゃーんカーギェー悪っさくとぅ　愛嬌持《あいきょうむ》ちなりよー」

改めて鏡を見ると母の言葉にウチアタイした。

《ヤナカーギー　エクボの花咲き　チュラカーギー》

＊目ぃ笑れー＝みーわれー。目が笑う。可愛い。「鼻笑れー」は馬鹿にした笑い。「片口笑れー」は含み笑い。「さー笑ぇー」は薄笑い。時と場合によって笑い方を変えなければならない。

＊ブス＝トリカブトの猛毒を付子（ブス）という。その猛毒を飲むと無表情になることからヤナカーギーのことをブスというようになった。ブスはトリカブトの毒のことである。

＊チュラカーギー・ヤナカーギー＝チュラカーギーは美人でヤナカーギーは美人ではない人。ヤナカーギーの「ヤナ」は「イヤナ」（嫌な）の「イ」が抜けた言葉。チュラは「清よら」で「美よら」ではない。

＊ルッキシズムという言葉があると言う。外見至上主義と言う意味らしい。「カーギェー皮どぅやる」はこのルッキシズム（カーギ一番・外見至上主義）を批判している黄金言葉という事になる。

《シーブン三八》外来語

沖縄角力の同体（引き分け）をターバラーという。フィリピン移民帰りが伝えた外来語である。伝えたのは狂歌「アメリカ世になりば　灯りまで変わて　タンメ禿頭　ゆくん光かて」と詠んだ大城翁である。ゲレン（馬鹿者）パタイ（死ぬ）も嘉手納基地で働いていたフィリピンの人が伝えた言葉らしい。

チュファーラ（腹一杯）、チューカー（急須）、フンデー（泣き虫・皇帝）テーファー（ユーモアのある人）などは中国語。但し中国では省によって若干違うようだからこれ等は福建語になるのだろう。ホロホロは（ブラブラ・怠ける）はハワイ語のようである。

こどもの遊びパッチー《めんこ》のドン（親分）はスペイン語でテンプラはポルトガル語である。いや、元よりウチナーグチの大半がヤマトグチに由来するのだ。言葉は旅人なのである。

二四、針《はーい》ぬ穴《みー》からふきーん

法事に参加するため大阪天王寺駅から大和路快速で奈良へ向かった。王子、法隆寺を経て奈良駅に着いた。改札口で娘の和歌子と婿の諒に迎えられホテルへチェックインした。荷物を解きながら何か足りないことに気付いた。

「アイヒャー、カバンを忘れた！」

肩掛けのカバンを電車に忘れたのだ。奈良駅へ急いだ。

「忘れ物の届け出はありません」

駅員に忘れ物センターに登録するよう言われた。沖縄の太喜が位置情報確認システムやドコモ情報センターに問い合わせた。どこ（ドコ）も（モ）色よい返事はない。カバンの中には携帯電話、Eチケット、カメラ、充電器、メガネが入っている。

どうしたものか。大和路快速電車は大阪・奈良・京都の三府県にまたがる長距離路線だ。三府県の警察に届けるか。これは太平洋に落した針を探すようなものではないか。大和路快速の路線の駅は四〇以上もある。諦めようか。

念の為、近くのドコモショップへ寄ってみた。

「本日は予約が一杯で対応できません」

近鉄駅前の交番へ向かった。

「只今、パトロール中」

入り口に張り紙があった。諦めた。腹が減った。居酒屋に入った。酔いがまわる頃、和歌子が忘れたカバンにあるはずの僕の携帯に電話を掛けてみた。着信音はしたが応答はなかった。

「おそらく盗られた」

「いや望みはある」

「何処かの駅に届いているのではないか」

喧々諤々《けんけんがくがく》まずはと和歌子が登録してあったＪＲの忘れ物センターに問い合わせてみた。

「奈良駅に届いています」

「何！カバンがあった？」

半信半疑の中タクシーを拾い奈良駅へ急いだ。

「電車に忘れたカバンが出て来た」

嬉しさのあまりタクシーの運転手に事の成り行きを話した。

「良かったですね、お客さん」

奈良駅に着いた。

「お客さんお釣り！」

「要りません」

お釣りどころではない。駅事務所に飛び込んだ。

「このカバンですね」

免許証を提示し中身を確認した。盗られたものはなかった。

「お礼に沖縄旅行に招待したい」

届けた人の名前や住所を聞いた。

「名前も住所も聞いていません」

「代わりに奈良県知事にお礼するか」

「こんなことはめったにありませんお客さんは幸運ですね」

このカバン、国内はもとより韓国・台湾・インドネシア・中国・ハワイ・南米・インパールなど四〇年も僕に寄り添って来た旅の友だ。その愛しのカバンが奈良駅に還って来た。大事件の解決だ。信じられない。オーヘンリーの「結末の意外性」だ。

僕たちはホテルで奈良県民と奈良駅に感謝の杯を上げた。「針《はーい》ぬ穴《みー》からふきーん」。このカバン事件、まさにこの言葉の通りである。

《おかえり！　帰って来たか　我が友よ》

＊オーヘンリー＝一八六二年～一九一〇年。アメリカの作家。《賢者の贈り物》《警官と讃美歌》《赤い酋長の身代金》などの短編がある。どんでんがえしの「結末の意外性」が愉快である。
＊針《はーい》ぬ穴《みー》からふきーん＝小さな穴から通り抜ける。困難を克服、解決する。「ふきーん」は身をかがめて通り抜けること。小鳥のさえずりもフキーン、穴があくはフギーン。

二五、怖《うとぅる》さむんや見《み》ぃぶしゃむん

うとぅるさは怖い、見ぃぶしゃは見たい、怖いものは見たくなるという人間の心理を言っている。この世で怖いものと言えば第一に幽霊だろう。幽霊はほんとにいるか一度は見てみたい。実際に見ない限りその存在は信用できない。しかし実際に見た人がいる。

水汲みや洗濯でいつも賑やかなムラ井戸《がー》にA姉さんが落ちて死んだ。その後しばらくは誰もその井戸に近づかなくなった。夏のある夜、兄の政喜と従弟の豊吉は井戸の側を歩いていた。井戸の中央に亡くなったA姉が立っているのを見た。二人は震え上がった。

幽霊より自然災害はもっと怖い。地震、津波、洪水、山崩れ。これは見たくない。テレビの映像でもその怖さが分かる。現場で遭遇した人はもっと怖い思いをしたのだろう。現場で体験しないとほんとうの怖さは分からない。幽霊は見てもいいが自然災害は出来るだけ見たくないものである。

「君の一番の怖《うとぅる》さむんや?」

「妻《とぅじ》!」

「妻?君は毎日、怖さむんや　見《み》ーぶしゃむんだね」(君は毎日、見たいものを見ているのだね)

「あらん　見ーぶこー　ねーらん!」(いや見たくないよ)

《怖《うとぅ》さむん　見たくはないよ　妻の顔》

*怖《う》さむんや見ぃぶしゃむん　見ぃぶしゃむんや怖さむん=怖いものみたさ、見たいけれど怖い。

*妻=とぅじ。戸主《とあるじ》に由来する言葉との説がある。妻は家の主なのである。

＊見ぶくねーらん＝見たくない。

二六、カネームン

頑強な人、屈強な人のこと。カネーは鼎《かなえ》のことである。鼎とは中国古代の三本脚の祭祀などに使う器のこと。三本脚の鼎はどっしり安定して動じない。そのことから鼎のような人をカネームンというようになった。ムンは者、人のこと。

鼎の形は仏壇の香炉と似ている。香炉は陶器だが鼎《かなえ》は青銅器である。見た目もがっちりしていて安定感がある。香炉の脚も三本なのは鼎の影響かも知れない。香炉の安定した形は鼎と同じである。

「汝《い》ったー親《う》やー　ちゃー　カナイそーみ」

君の親は健康でいるか、元気で頑丈にしているかという意味である。カネームンは頑丈者（がんじゅうむん）と同じ。鼎のようなカネームンになって「ちゃーカナイ」したいものである。

《香呂の脚　三本脚で　倒れない》

＊腕力の強い人をグテーという。グテーは五体満足の五体のこと。国連の事務総長は「グテーレス」。力がなくても大丈夫なのだろうか（蛇足）。

＊腕のことを「ケーナ」という。日本語の「かいな」から来た言葉だろう。

「世間《しきん》の　アガチャータ－　ケーナ組み」（松本三益）（万国の　労働者よ　団結せよ！）（マルクス）のウチナーグチである。

＊カネームンの反対はシピタヤー、シビラー（病弱の人）
＊ちゃーカナイ＝鼎、カナエから変化した言葉。いつも元気。

《シーブン三九》犬の足

香炉の脚はもともと四本あり犬の足は三本だったという。三本足の犬は歩行に不自由していた。そこで見かねた神様が四本脚の香炉から一本抜いて犬に付け加えた。こうして犬は四本足となり自由に走り回れるようになった。

犬が片足をあげてしっこするのは香炉に恩義を感じて貰った足を濡らしてはならないと思っているからだという。犬ながら人情持ちなのである。一方の香炉も一本抜かれた為にさらに安定感が増して喜んでいる。

三点は一面を決定する。カメラの脚も三脚である。三本（点）が一番安定するのである。因みに四点はふたつの面が出来て不安定となる。四本足の机はよくグラグラする。鼎も香炉も三本脚なので安定するのである。

＊歌は三番まで時間は三分、日本三景（宮島・天橋立・松島）、栄養の三要素（糖質・脂質・タンパク質）、肥料の三要素（窒素・リン酸・カリウム）、三役、三部作、出羽三山（月山・羽黒山・湯殿山）、三点鐘　三井、三菱、三越、三洋、三共、三匹の侍、三猿（見ざる・聞かざる・言わざる）、憲法の三原則（国民主権・平和主義・基本的人権の尊重）、三度目の正直、仏の顔も三度まで、三光作戦（殺

す尽くす焼き尽くす奪い尽くす）、三人寄れば文殊の知恵、三人《みっちゃい》から一世間・・・。三は日本人のリズムであり心も安定するのである。

《シーブン四〇》赤信号のウチナーグチ

ウチナーグチの衰退と比例して使われなくなった、忘れてしまった、死語に近くなった言葉がある。思いつくままに列挙してみよう。

＊ククラキ（胸やけ）＊ウラゴーサ（妬み・嫉妬）＊ウラーキーン（お椀を洗って伏せる）＊ウブラーサ（見事）＊クチュクイン（脇の下をこちょこちょする）＊トゥヌーマヌー（迷う）＊ウサカティ（門中の会費）＊タンキーン（遠慮、用心する）＊ミックヮサン（憎い）＊カテームン（困りもの）＊メーサー（おべっか）＊カマラシャー（気難しい人）＊ンジャラー（乱暴、難しい人）＊フリマクトゥー（お人よし）＊ミッチアマヤー（出来過ぎた人）＊ドーマー（もうろくした人）＊イビラー（ケチ）＊カマジサー（不愛想な人）、＊フク（肺）＊フクマーミ（心臓）＊タキーマーミ（膵臓）＊ウフゲー（胃）＊ウトゥゲー（顎・あご）＊チマグ（豚足の爪先・テビチはその上の部分）＊スプタリーン（ひりひり染みる）＊クチシル（よだれ）＊ユムドィグチ（唇の瘡蓋）＊コートゥ（爪先）＊ウッチヌクブサー（ダルマ）＊ジチャシ（しらみ）＊コーガーキー（ほほかむり）＊ハーヨージ（はみがき）＊ワチャク（いたずら）＊口武士（話し上手）＊口ガンスイ（舌鋒鋭い人・ガンスイはカミソリ）＊アマガスン（動揺・誘惑）＊ミンザイ（耳垂れ）＊ハナムヌイー（鼻声）＊トーニクチャー（発

音の悪い人）＊バッペー（間違い）＊トーシンバイ（おたふく風邪）＊イリガサー（はしか）＊カサギーン（妊娠する）＊ソーリーン（崩れる）＊ブチクン（気絶）＊アナガチサン（懐かしい）＊ガーナー（こぶ）＊ミーウンデー（ものもらい）＊ミークラガン（めまい）＊マフックヮ（炎天下）＊アコークロー（夕暮れ）＊ヌチャシー（割り勘）＊クガ（たまご）＊トーニバラー（やすで）＊シビリ（下痢）＊グーヤーマチ（渦巻）＊ガラスマガイ（痙攣）＊クンダアガヤー（こむらがえり）＊ムタブン（もてあそぶ・いたずら）＊ウミナーク（安心）＊ティンチャマ（いたずら、悪ふざけ）。

これらの言葉が死語にならないように使って残したいウチナーグチである。

二七、セーキヤー

「ウジ倒《と》しセーキテーるむんなー」

「キビ倒しはかどっているね」という意味である。働き者をセーキヤーという。このセーキヤーは王府時代の仕明地《しあけじ》に由来する。王府時代、土地はすべて王府のものだった。山や森もすべて王府所有だった。ある時代、王府の財政がひっ迫したので農民たちに山や森の開墾を許した。自力で開墾した土地は農民のものとなった。王府はその農民の土地に課税して王府の収入とした。農民が自力で開墾したこの土地を仕明地《しあけじ》という。

苦労して自力で開墾した仕明地からセーキヤーという言葉が生まれた。

「A青年はキビ畑五〇〇坪のバイド（培土）を一日で完了した」

「B青年はサトーキビ八〇トンを一人で出荷した」

真面目なセーキヤーがムラの評判となり女性にモテたセーキヤーの時代があった。

《セーキヤー　女にモテモテ　働き者》

＊セーキヤーの反対はフユームンである。怠け者という意味である。フユーナーともいう。

《会　話》

セーキヤーのAが雨で三日も畑を休まなければならなかった。畑のことが気になった。家ではするのがなくて退屈だった。A家の隣に何十年も仕事をしないフユームンBがいた。セーキヤーがフユームンを訪ねた。

セーキヤー「退屈しでーじ」（するのがなくて退屈だね）

フユームン「あらんすぐ慣《な》りーさ」（いや君もすぐに慣れるよ）

《シーブン四一》石川正通《いしかわせいつう》

「夫《をぅ》やフユーし妻《とぅじ》ぇーニントーン」（夫は怠けて妻は寝ている）

これは石川正通のユーモアである。伊波普猷の妻のペンネームは忍冬《にんとう》という。夫婦二人とも怠け者という意味である。ユフー（普猷）とニントーン（忍冬）を掛けた正通の言葉遊びである。

石川正通は東京裁判の英語通訳の一人としてとして知られる。順天堂大学や国士舘大学等の教授を務めた正通は日米琉の三つの言葉を自在に話すことが出来た那覇人《なーふぁんちゅ》。ユーモアのセンスに優れハガキや手紙の枕言葉は「拝啓」ではなく「拝再《はいさい》」と書いた。そしてペンネームは魔野多賀谷《まーぬたがーやー》である。

そー（本物の）ナーファンチュ（那覇人）、そーウチナーンチュ（沖縄人）である。極東放送の正通放談は人気の番組だった。正通は話術に長けそして歌人でもあった。那覇の数か所に正通の歌碑がある。

朱《しゅ》の瓦　屋根のかげろう　春の日に　ものみなよろし　我が住める那覇

橋内《はしうち》の　誇りも高き　泉崎　昔も今も　人美しく

高村光太郎は智恵子抄の中で「東京には空がない」と詠んだ。それに対して我が正通は「沖縄は空しかない」と応じた。面白い。正通は隣に住んでいた児玉誉士夫や笹川良一とも懇意だったと自ら語っている（琉文手帳二二）。

戦後、ＧＨＱ（最高司令部）は日本刀を没収し廃棄処分の方針であった。それに対して反対運動が起こり正通もその運動に深く関わった。正通等関係者は日本刀の歴史的価値を粘り強く訴えた。その結果、ＧＨＱは日本刀廃棄の方針を撤回した。

＊石川正通＝いしかわせいつう。一八九七年（明治三〇）～一九八二年（昭和五二）。那覇市生まれ。

＊伊波普猷＝いはふゆう。一八七六年（明治五）～一九四七年（昭和二二）。「沖縄学」の父といわれる。

＊フユーの語源は不要のようである。要らないものが変化して怠け者の意味になった（池宮正治）。

＊真栄田忍冬＝まえだにんとう。一八九七年（明治三〇）～一九七五年（昭和五〇）。本名は伊波冬子。

歌人・詩人・随筆家。伊波普猷の妻。にんとぅ→にんとーん（寝ている）

＊東京裁判＝一九四六年（昭和二一）～一九四八年（二三）。正式には極東軍事裁判という。日本の戦争指導者を裁いた連合軍側の裁判。戦争犯罪人として東条英機等七人が死刑となった。

＊高村光太郎＝たかむらこうたろう。一八八三年(明治一七)～一九五六年(昭和三一)。詩集「道程」「智恵子抄」等。「智恵子は東京には空がないといふ　ほんとうの空が見たいといふ」（智恵子抄・あどけない話）。

＊児玉誉士夫＝こだまよしお。一九一一年（明治四四）～一九八〇年（昭和五五)。右翼活動家、自称ＣＩＡエージェント（仲介人・代理人)、暴力団顧問。戦争中に海軍の物資調達を行って蓄えた物資を戦後に売りさばいて莫大な利益を得た。政界や財界、アンダーグランドで暗躍した「日本最大のフィクサー」と呼ばれた。フィクサーとは政界、財界に正規の手続きを経ないで意思決定に深く関わる人物のこと。黒幕。

＊笹川良一＝ささがわりょういち。一八九九年（明治三二）～一九九五年（平成七)。右翼活動家、社会貢献活動家。競艇（モータボート）を設立しその収益を寄付して社会貢献もした。東京裁判で戦犯として巣鴨プリズン（刑務所）に収監されたが東条英機の方針に反対していたとして釈放された。政界、財界の児玉誉士夫と並ぶ大物フィクサーである。

＊橋内＝はしうち。久茂地川に掛かる橋から現在のバスターミナル付近と言われる。区域や場所を示す地名のようなもの。

＊魔野多賀谷＝まーぬたーがやー。「何処の誰でしょう?」という意味。正通のペンネーム。正通は

英語の辞書を一頁覚える毎にその頁を切り取って食べてしまったと言う。最後には英語の辞書一冊を食べたという逸話がある。ウチナーグチの詩も書いている。

二八、やーさどぅ美味《ま》ーさる

朝七時に朝飯、昼一二時に昼飯、夕六時に夕飯。決まった時間に当たり前のように三食を取る。腹が減った訳ではない。ただ時間だからと食べているだけ。飽食の時代、腹が減って食べることが少なくなった。

「やーさどぅ美味ぁーさる」。腹が減ったら何でも美味しい。満腹時にいくら美味しいのを食べても美味いしいとは思わない。腹が減ったら好き嫌いなんか言っておれない。何でも美味しく感じる。あれもイヤこれもイヤというのは飽食の甘えにすぎない。

「汝《い》ゃーや夕飯《ゆうば》のー何《ぬ》ぅ食《か》むが！」

子ども頃の祝儀《しゅうじ》（お祝い）には昼抜きで夜に備えた。昼食べようとすると母の声が飛んで来る。「夜は何を食べるのか」。思い切りお腹を空かして夜の祝儀で沢山食べなさいという意味である。だから祝儀には七マカイも八マカイを美味しく食べた。

僕の愛飲の酒は「残白《ザンシロ》」である。二五度なのでまろやかで飲みやすい。しかし三日も飲まないとどんな酒でも美味しい。「久米泉」や「菊の露」の三〇度でも四三度の古酒でもさらには日頃は口にしない清酒までも美味しい。「やーさどぅ美味《ま》ーさる」である。

《祝儀《しゅうじ》の夜　昼飯抜いて　七マカイ》

＊やーさ＝ひもじい、腹が減る。ヲゥガリーンともいう。
＊朝飯はストゥミティ、昼飯はアシバン、夕飯はユウバンという。ストゥミティは古語である。枕草子に「朝はつとめて」とある。ストゥミティである。朝と晩の間の昼食はアサバン（朝晩）、アシバンともいう。
＊七マカイ＝おかわり七杯。マカイはお椀のこと。
＊残白＝ざんしろ。読谷村比嘉酒造の泡盛。

二九、粗《あ》らむんじょーぐーや胴頑丈《どうがんじゅう》

「粗《あ》らむん」とは粗食のことである。粗食を好む人は胴頑丈、健康であるという意味だ。親戚に「美味《まぁ》ーむんじょーぐー」の姉弟がいた。肉類を好みステーキ、三枚肉には目がなかった。親は好きなだけ肉類を食べさせた。

野菜は苦手で食べない。魚も好きではない。ジュース・コーラは大好き。運動はしない。ブクブク太った。血圧、血糖値、中性脂肪、γGPTは異常な数値で赤信号。姉は五〇代前半、弟は四〇代後半で逝った。兄弟は「美味《ま》ぁーさむんじょーぐーぬ胴《どぅ》びーらー」だったのである。

「口からどぅシイラー入《い》ーる」。シーラとは災いや病のことである。食べ物が偏ると病気になるという戒めの言葉である。僕も口からシーラが入って二回も救急で運ばれた経験がある。狭心症と急性膵炎である。肉類の取り過ぎと医者に指摘された。

半田《はんた》と下仲里《しちゃなかざとぅ》の双子のおばぁは、芋、カンダバー、味噌《ひんす》の葉《なばー》、そして豆腐が好物だった。肉はお祝いとウイミの時だけ。甘いのは黒糖以外に食べない。「粗《あ》らむんじょーぐー」のおかげで二人とも九七歳のカジマヤーを超えて九九歳まで生きた。

ブラジルの中部にあるカンポグランデ市は沖縄県人が多い。このカンポグランデで京都大学の研究チームが日系人の長寿の調査をした。その結果、沖縄県人の平均寿命は八六歳で他県人より四歳長いことが分かった。

研究チームは長寿の原因として沖縄県人は豆腐をよく食べることにあると結論づけた。そういえばカンポグランデにはウチナー豆腐屋が多く市場でも売られている。ブラジルのカンポグランデ沖縄県人も「粗《あ》らむんじょーぐーや胴頑丈《どうがんじゅう》」なのである。

人は誰でも長寿が夢である。粗むんを食べて九七歳のカジマヤーを目指したい。いやマースジキー（塩漬け）にしてでも何時までも生きたい、どんな時にも息を止めないで生き続けたい、不老長寿でいたいものである。

《肉よりも　粗《あら》むん食《か》べて　長寿する》

＊美味《ま》ぁーさむんじょーぐー＝贅沢な食生活を好む人。美食家。
＊胴《どぅ》びーらー＝びーらーは病弱、体の弱い人。
＊シーラ＝苦しみ。病気。

＊じょーぐー＝好物。よく食べる。上戸（じょーこ・飲酒出来る家）から来た言葉。飲めない人を下戸という。酒を注ぐ器の「ジョーグ」も同じ意味。
＊ウイミ＝折り目。伝統的な御願行事。節日《しちび》ともいう。
＊カンダバー＝芋の葉。カンダはかずら。
＊「沖縄そば」はカンポグランデ市の文化財に指定されブラジル人にも人気があり現地に定着している。
＊青　年「おばぁさんは何歳ですか」
おばぁ「一〇〇歳だよ」
青　年「長寿の秘訣を教えて下さい」
おばぁ「簡単だよ」
青　年「何ですか」
おばぁ「どんな時にも息を止めないことだね」

三〇、アバイチリーン

いきなり心臓の辺りに激痛が走った。何が起こっているのか、思い当たる節はない。とにかく痛い。第一病院の救急室に運ばれて検査が始まった。血液検査、ＣＴスキャン、レントゲン、医師たちが何か議論している。何だろう。一時間後に検査結果が出た。

「狭心症です」

そう言われても何のことか分からない。

「何ですか」

心臓発作のひとつで心筋梗塞の一歩手前という。

「ここでは治療できません」

救急車で徳洲会病院に移された。ＩＣＵで全身をチューブに繋がれた。頭には電流を流され固定された。六日間は眠れぬほどに痛みが続いたが入院一〇日目で退院した。大事に至らず嵐は去った。

ところが退院した二日後、今度はみぞうち辺りが激痛に襲われた。またしても救急車に乗せられて退院したばかりの徳洲会病院へ運ばれた。

「また来たのか」

医者に言われた。今度は何か。狭心症の再発か。

「急性膵炎です」

膵臓のようだ。またしてもＩＣＵでチューブに繋がれた。生存率五〇％と告げられた。が事なきを得て二週間で退院した。

二週間で救急車に二回も乗った。二回とも激痛に見舞われた。アバイチリーンだった。アバイチリーンとは痛みでもがき苦しむ事を言う。二回とも僕はその痛みでアバイチッチャン。幸いアバイチリーンは的確な治療のおかげで事なきを得た。

アバイは母親の陰部と肛門の間にある部位のことという。母親がお産の為にもがき苦しみながら力を込めるとアバイが切れてしまうという。これがアバイチリーンである。このことからもがき苦しむことをアバイチリーンという（沖縄ことばの散歩道・池宮正治）。

三度目のアバイがチリラン為にアルコールは控えようと誓った・・・のだが。

《アバイチリ　心臓・膵臓　救急車》

＊二度も救急に搬送された原因は生活習慣病だった。飲む・食べる・運動なしの不摂生の長年の習慣に心臓と膵臓が悲鳴を上げたのだった。

＊狭心症＝心臓の血管が詰まり十分な酸素を供給できない状態。原因は高コレステロール。

＊急性膵炎＝膵臓に急激に起こった炎症。アルコールが原因と言われる。

＊激しい痛みを表す言葉にパッタリゲーヤー（這いずり回る）もある。トゥントゥルモーカー（飛び跳ねる）もやや近い言葉。限度を超えるとブチクン（気絶）する。

＊アバリチリーンは元々、女性の言葉なので男が使うべきではないかも。

三一、キーブルダチャー

神里の友人宅で酒を飲んでの帰りは門中墓の前を通らなければならない。サーフーフーしながら門中墓が幾つも並んでいる前を通る。なるべく墓を見ないようにして早足で急ぐ。ふと墓の方をなんともなしに見るとヒーダマのようなものが見えた。

何だ！あれは。血の気が引いた。毛が逆立ちになった。全身キーブルダチャーした。草木も眠る夜中だ。月もなく暗闇だ。犬さえ泣かない。あのヒーダマのような正体は何だろう。人家のある方へシニチリバイして駈け出した。

キーブルダチャーとは怖さのあまり全身の毛が奮い立つことである。ヤマトグチの「身の毛がよだつ」と同じである。最近、老化の為か手や腕の毛が抜けてしまった。もはやキーブルダチャーも不可能になってしまった。

《火玉《ひーだま》に　キーブルダチャー　門中墓》

＊サーフーフー＝ほろ酔い加減。

＊キーブルダチャー＝キーは毛、ブルは奮い、ダチャーは立つ。毛が奮い立つ。「鳥肌が立つ」。似た言葉に「ヒジュルカンジャー」（身震い）がある。ヒジュルは冷水、カンジャーはかぶる。シャワーで冷水を浴びると身震いする。これがヒジュルカンジャー。

＊火玉＝ひーだま。人魂《ひとだま》（死人の魂）とも言う。人骨が化学反応を起こして燃えて火の玉になると言う俗信がある。科学的にはプラズマと言う電気が発生したものらしい。

三一、鷹《たか》ぬ舞《も》うれーガラサーん舞《も》うゆん

秋の運動会シーズンになると鷹の群れが空高く舞う。それにつられてカラスも真似をして舞う。鷹の舞う姿は静かでまるでワルツを踊っているようである。カラスはただ獲物を探して不細工に舞っている。

鷹は渡り鳥であるが訓練すると優れたハンターになる。鷹匠によって訓練された鷹は空の警察犬となる。鋭い眼光、鋭い爪、そして頭がいいのだろう鹿やウサギを獲る。鷹はただの鳥ではない。

鷹は保護鳥である。カラスは害鳥である。空中のゴルフ玉も咥《くわ》えて持ち去るという。空の泥棒である。空の鼠である。だからカラスをガラサーと呼ぶ。ガラサーの名には嫌悪感が込められている。

鷹とカラスは身分が違う。身分の低いカラスが身分の高い鷹の真似をして舞う。鷹に高笑いされているのではないか。カラスは鷹のように上品に空中を舞うことは出来ない。カラスは遠く鷹に及ばない。

鷹ぬ舞うれーガラサーん舞うゆん

この言葉は人の生き方について言っている。能力不相応な事に挑戦して失敗する人がいる。カラスが鷹の真似をしようとしたためである。人は能力に応じて生きた方がいい。そしてまた自分より能力のある人を羨んでもいけない。鷹が舞ってもカラスは真似してはならない。人間もチュヌネービはしない方がいい。

《人の真似　してはならない　わきまえて》

＊鷹匠＝たかじょう。鷹の本来の能力を発揮出来るよう様々な訓練をして狩猟をする職人。

＊カラスの名は「カァーカァー」の鳴き声から来ている。沖縄では「ガァーガァー」と鳴くからガラサーになる。

＊これと似た言葉に「エビの鯛まじり」「魚の真似するメダカ」がある。

＊チュヌネービ＝人の真似をすること。ネーバーは真似する人。

三三、明日《あちゃ》ぬ無《ね》ぇーらんでちんあみ

人は意に反して失敗する。あるいは失恋する。失意の中で世の中が嫌になる。学校にも仕事に行きたくない。友人や知人とも会いたくない。このままどこかへ行ってしまいたい。消えてしまいたい。しかし、やはり自分は可愛い。自分を否定できない。失敗を反省してやり直さなければならない。傷は時間とともに癒されるはずだ。今更、愚痴や文句を言っても始まらない。自分はまだ若い。やり直そう。

失敗は昨日のことだ。過去のことだ。全ては時間が解決する。明日がある。明日がない人はいない。必ず明日はやってくる。元気を出して生きよう。ヒヤミカシて立ち上がろう。泣くな！明日はきっとある。明日は明るい日なのだから。

《明日《あす》がある　くよくよするな　橋はある》

＊沖縄で別れの際「さよなら」とは言わない。「またあちゃ（明日）やー」と言う。南米でも「アスタ・マニャーナ」と言う。「また明日」と言う意味である。「昨日に勝る今日よりも明日はもっと幸せに」（鐘の鳴る丘）。

三四、元祖《ぐゎんす》　明《あ》かがらしーねー家庭《ちねー》や繁盛すん

父や母、祖父母や先祖に対していつも敬虔な思いを持てば家庭は繁盛する。一日・一五日（ちーた

ちじゅうごにち)、ジュウルクニチー（旧一月一六日)、シーミー（清明祭）等にはしっかり仏壇に線香をあげ墓参りをすれば祖先が見護ってくれる。

父母や祖父母の命日や門中行事を忘れずにちゃんと手を合わせたい。子や孫の前で声を出して拝みたい。祖先に見護られていることを子や孫に伝えたい。神様ではなく自分につながる祖先がいることを肌で感じさせたい。

子や孫が仏壇に向かって手を合わせる姿を見ると子の教育は成功したと実感し嬉しくなる。人はひとりで生きているのではない。上には父母がその上には祖父母がいる。横にはおじさんおばさん従妹たちがいる。蜘蛛の巣のように繋がっている。人はその蜘蛛の巣の中のひとりなのである。

そう思うと何事にも優しい気持ちになり自分を過信したり自惚《うぬぼ》れたりしなくなる。そうするとトラブルも失敗もなく周りと調和し平和で穏やかになる。だから「元祖　明かがらしーねー家庭《ちねー》や繁盛する」のである。

＊一日・一五日＝ちーたちじゅうぐにち。旧暦の一日と一五日は仏壇に御茶湯《うちゃとー》をする。

＊ジュールクニチー＝旧暦一月一六日の墓参り。あの世の正月と言われる。

＊シーミー＝旧暦四月の清明の季節の墓参り。

＊ジュールクニチーやシーミーには門中墓で全家庭の重箱の中身を集め全員に平等に分配する。これを「トゥセー」と言った。「通す」「分配する」と言う意味である。こうして門中は「同じ釜の飯を食った」仲間になる。

三五、タマシうちゅん

「うれー〇〇タマシ」

僕は九人家族の中で育った。ある日の夕食に長男がいなかった。母は「うれー政喜タマシ」と言って夕飯を分けて取って置いた。政喜は長男である。いない人の分を取って置く、これが「タマシうちゅん」である。

タマシとは「誰々のもの」という意味である。「うれー汝《い》ゃータマシ」は、「これは君のもの」という事になる。このタマシは「魂」のことで夕飯の食は単なる「物」ではなく「魂」が入っていると言う意味なのだろう。

また「うれー汝ゃータマシ」は、「これは君の仕事」「君の役割」という意味にもなる。親から「うれー汝ゃータマシ」と畑や庭の草刈り作業を指示される。この場合のタマシが「仕事・役割」という意味である。水タンクの水汲みは僕のタマシであった。

物事を失敗すると「タマシぬねーらん」とか「ブタマシ」と笑われる。「君は軽率・浅はか」という意味である。何事もブタマシではいけない。タマシを込めてタマシを落としてはならない。人の基本はタマシどぅやくとぅ。

《ともしびの　夕餉《ゆうげ》のタマシ　母はうち》

＊タマシうちゅん＝「うちゅん」は「打つ」ではなく「置（う）ちゅん・置いておく」ではないかと思う。「タマシうちゅん」は「その人の分を取って置く」という意味だと解したい。

＊ブタマシ＝不、無タマシか。魂がなく「軽率」「浅はか」という意味になるか。
＊タマシ落とぅ《う》すん、タマシ抜《ぬ》がすん＝タマシを落とすほど驚く、タマシが抜けるほどびっくりする。
＊たまげる、たまげた＝魂の無くなるほど非常に驚く、びっくりすること。「魂が消える」が語源らしい。
タマシはヤマトグチの魂から変化したウチナーグチだと思われる。

喜屋武子どもエイサー歌

一、七月《しちぐゎち》うじぐゎー　　盆に供えるキビを
倒《とー》ーすんでぃ　　キビ畑で倒していたら
蜂《はち》やーにー　　無数の蜂が襲って来て
射《い》らってアッカーよー　　顔中刺されて痛かったよ
エイサーサーサー　　エイサーサーサー

盆のウークイを済ませた夜一〇時頃から子ども達がこのエイサーを唱えながら集落内を練り歩く。リーダー格の中学生の銅鑼鐘に合わせて大きな声で叫ぶように唱える。曲はない。詞は子ども達が詠んだものなので他愛もない。

盆のキビはグサンウジ（祖先の杖用のキビ）といって祖先があの世へ帰る時の杖だという。グサンとは杖のことである。仏壇の両側に立てて供えるグサンウジを準備するのは子どもの役割である。キビ畑には蜂が住み着いている。小さなヌカー蜂、大きなスズメ蜂がキビの葉に巣《つぶらー》を作っている。その巣を切り倒すのだから蜂が黙っているわけがない。子どもと蜂との格闘がはじまる。蜂は子ども目がけて襲って来る。

蜂に刺された子どもがアッカヨー（痛いよ）と叫ぶのである。盆前になると蜂に刺された子ども達の目《みぃ》ブクラー（腫れた目）の姿が痛々しく哀れである。ウートートゥ・カートートゥ御見舞《うみめー》さびら。

《キビ畑　蜂に刺されて　目《みぃ》ブクラー》

＊エイサー＝古くは集団舞踊をエサオモロと呼んだらしい。その「エサ」から生まれた言葉とも言われる。また、囃子の「エイサーエイサー」の囃子言葉から来たとも言われる。

＊サトーキビの品種は大茎種（たいけいしゅ）で字のごとく茎の太いキビだった。そして次にＮＣＯ、現在は二八号である。キビで喜ばれるのはクヮシウジである。クヮシ（お菓子）という名前からも分かるようにお菓子のような特別に甘いキビである。黒糖の原料と言うより食用のキビ。お菓子のない時代の美味いクヮシウジは盆の楽しみのひとつであった。

＊グサンウジだけでなく仏壇の両側に三〇cm程のキビを束ねたのを供えた。七月リー（親戚回り）のお土産だった。

二、七月豆腐《どーふ》や欠《か》き豆腐　　盆の豆腐が欠けているよ
鼠《えんちゅ》ぬ喰《くゎー》てーし　　鼠が食べたのではないか
やんでぃんどー　　きっとそうだよ
エイサーサーサー　　エイサッサーサー

盆の豆腐が欠けているのは鼠に食べられたからだという。しかし鼠が豆腐を食べている現場を見たことはない。豆腐は鼠の好物だろうか。豆腐が欠けているのは鼠が犯人ではなく実は人間がガチマヤー（盗み喰い）したからではないか。

鼠を叱ってはいけない。鼠を叱るとカツオ節をかじられたり背広を食いちぎられる。鼠は人の言動を天井裏から耳を澄まして監視しているという。鼠を「ウエンチュ」というのは「上の人」のことだと半田のおばぁはいう。

上の人だから人間の言葉が分かり悪口を言われるとその仕返しをする。カツオ節や背広の被害はそれだという。鼠とは仲良くしなければならない。豆腐を食べられても黙っておくことにしよう。

《欠け豆腐　君が食べたか　鼠さん》

三、カメたーくんぶぐゎー　　カメ婆さん達のシークヮーサーを
むいんでぃ　　盗んで食べたら見つかり
おばぁがムラかい　　カメ婆さんに

すんちゅんでぃー　　ムラヤーに連行されたよ

エイサーサーサー　　エイサッサーサー

カメ婆さんたちのシークヮサーは実が大きく甘く格別であった。その時期になると誰もが隠れて盗った。その現場をカメ婆さんに押さえられムラヤーに連行される。泥棒はムラヤーに引っ張られる。ムラヤーは警察なのである。

各家庭の庭にあるシークヮサーやバンシュルー《グワバ》を盗み獲るのはエイサーの楽しみのひとつである。盗んだのがバレてカメ婆さんに連行された子どもの恨みがこの歌には隠されている。おばぁのケチ！

シークヮーサーは御馳走である。それを狙う子どもたちから守るためにT家ではシークヮーサーの枝に幾つもの石を括り付けていた。枝を揺すると石が落下して下のトタンの音で犯人を見つける工夫である。現在の防犯ブザーであり監視カメラである。盗る人と盗られる人のジンブンスーブ（知恵比べ）である。

《シークヮサー　盗《ぬす》でぃ食《か》まい　すびかってぃ》

＊喜屋武ではシークヮーサーと呼ばずに単にクンブと呼んだ。クンブの汁をスネやクンダに塗ると足が速くなると言われた。現在の陸上選手のスプレーである。銅鑼鐘を磨くのにも使った。シークヮーサーのシーは酢のことなので酢の効果を期待したのである。酢が浸みてヒリヒリ沁みることをスプタリーンという。シークヮーサーの語源は「酢を加える」ではなく「酢のお菓子」の可能性もある

と池宮正治は説いている。お菓子を「クァーシ」と言うからである。（沖縄ことばの散歩道）。
＊すびかってぃ＝連行されて。「すびちゅん」は、引っ張る、連行されて。

四、外間《ふかま》ぬ前《めー》ぬ　　東風平村外間の
カンパーギリ　　カンパチだらけの人
いくちがあらやー　　いくつあるのか
ゆまらんどー　　数えられないよ
エイサーサーサー　　エイサッサーサー

東風平の外間（宜壽次）に戦争の砲弾の傷が首や顔にありカンパチだらけのおじさんがいた。喜屋武の子ども達がその人を見てカンパチの多さに驚いてストレートに詠んだ詞である。カンパーギリとはカンパチだらけという意味である。

終戦直後は戦《いくさ》で目をやられた片目の人、足をやられたネーグー《ビッコ》の人、そしてカンパチだらけの人たちがいた。カンパチは戦争の傷跡である。カンパチだらけの原因が分からない子ども達が不思議に思って詠んだ詞である。

外間とわざわざ地名を入れているのは実際にそんな人がいたという証拠である。子どもがさらっと詠んだ歌だが終戦直後の沖縄の様子をよく伝えている。今後、カンパーギリが出ない社会を作らないとならない。この詞からそう感じ取りたいものである。

《カンパーギリ　戦《いくさ》の傷だよ　顔一杯》

＊カンパーギリ＝「カンパチのまじり」が詰まったものではないかと思う。「ギリ」は「まじり」で「全部」という意味。「うまんちゅぬまじり」は「世間の人すべて」。

五、アサギやーぬ　　　大里村アサギヤーの
タンメーよ　　　　　おじぃさんの
はぶけているのに　　チンチンは半皮なのに
はいかーして　　　　丸見えで歩いているよ
エイサーサーサー　　エイサッサーサー

アサギヤーのおじいさんは精神に異常がある。下半身裸であのムラこのムラを徘徊している。よく我が喜屋武にもやって来る。子ども達はその姿を見てからかい半分にこの歌を詠んだ。チンチンをブラブラさせている姿に狙いを定めて詠んでいる。

終戦直後の沖縄には戦争トラウマの人達がいた。戦争で見た、或いは自ら体験した非人道的で残酷な場面を思い起こし精神に異常をきたす人たちがいた。その人たちはアルコール中毒になったり精神の病に侵されたりした。

アサギヤー（屋号）のタンメーが戦争トラウマだったかは分からない。僕たちの小学校の頃までは

確かに精神に異常がある人たちが徘徊する姿があった。ムヌクーヤー（乞食）もいた。何気ない他愛のない子ども達の描写だが時代をよく捉えている。

《タンメーや　チンチンブラブラ　マルバイして》

＊マルバイ＝丸見え。下半身丸裸。はいかーと同じ。「チンチンブラブラ　ソーセージ」。

《シーブン四二》ちゃんと言え！

僕のムラに琉球絣の取材に新聞記者がやって来た。

「ここはキャンですか」

広場で遊んでいる子どもを捕まえて聞いた。

「キャン？」

怪訝《けげん》そうに子どもが答えた。

「キャンはここですか」

再度、記者が聞いた。

「ここはキャンではない、ちゃんと言え！ちゃんと」

自分の地名がちゃんと言える、ちゃんの子どもは、ちゃんとした、ちゃぬんちゅ　なのである。

《ちゃんと言う　ちゃんの子どもは　ちゃんとして》

＊地名はウチナーグチ呼称で呼びたいものである。次は南風原の字名である。与那覇《ゆなふぁ》、宮城《なーぐすく》、宮平《なーでーら》、兼城《かにぐすく》、本部《むとぅぶ》、喜屋武《ちゃん》、照屋《てぃーら》、津嘉山《ちかざん》、山川《やまがー》、神里《かんざとぅ》、慶原《きばる》。

豊見城市に保栄茂がある。「びん」と読む。保栄茂はもともと「ぼえも」と呼ばれていた。「ぼえも」が保栄茂と表記され「ぼえ」が「び」に変化し、「あれもこれも」が「ありんくりん」となるように「も」が「ん」に変化して「びん」となった。因みに浦添市に「勢理客《じっちゃく》」、沖縄市には「大工廻《だくじゃく》」がある。

＊次は浦添市の字対抗陸上競技大会でのアナウンス。

「只今の一着は　じっちゃく　です」（十着・勢理客）

＊本土でこんな会話があったとか。

A「あなたは何処で生まれましたか？」（出身地は？）

B「おんなの　いんぶ　です」（女の陰部・恩納村伊武部）

A「えっ何ぃ？」

A「あなたは？」

C「へんな　ムラ　です」（変な村・勝連村平安名）

南米の新《みー》ウチナーグチ

一、コージふちょーん

ブラジルのカンポグランデ市の城間ジョルゼ家を訪ねた。僕が来たので食事を一緒にとジョルゼさんが友人を電話で誘った。

「汝《い》ゃーや　銭小《じんぐゎー》　まんどーん？」（君はお金沢山あるか）から会話がはじまった。

「もしもし」

とは言わなかった。「銭小《じんぐゎー》まんどーん？」は「君は儲かっているか」という意味である。つまり、「景気はどうだ？」ということなのだろう。

電話の友人は答えた。

「どぅく　まんでぃ　コージふちょーん」（使いきれなくてカビが生えているよ）

コージとは糀《こうじ》、つまりカビのことである。「お金がコージふちょーん」（お金が有り余って使えずにカビしている）とは見事なウチナーグチあらに。ユーモアを忘れないブラジルウチナーンチュに乾杯！。

《どぅくまんでぃ《ありすぎて》　余《あま》とる銭《じん》や　コージふち》

＊カンポグランデ＝サンパウロ市から北に約九〇〇km人口一〇〇万の町。沖縄県人が多く住み沖縄そばは市の文化財に指定されている。「沖縄そば屋」が三〇軒以上もある。賭博師・イッパチ（儀保蒲太）が活躍した町。沖縄県と姉妹都市。カンポは平原、グランデは大きい。

＊城間ジョルゼ＝南風原町津嘉山二世。ジョルゼ＝ジョージ。空手二段

＊銭ぐゎーまんどん？＝かつて沖縄の挨拶は「儲うきらりーみ」から始まった。この「儲うきらりーみ」が「銭ぐゎーまんどん」に変化したと思われる。「まんどーん」は沢山。

＊どぅくまんでぃ＝ありすぎて。「どぅく」はとても、「まんでぃ」は沢山。
＊戦前に移民した人たちは電話がなかったので「もしもし」を知らない。

二、火殺《ひーく》るさー

与那嶺克さんの車でサントスをドライブしているとサイレンを鳴らして走り去る消防車とすれちがった。
「あれー　ひーくるさー　どぅやっさい」（あれは火を殺す車だよ）
克さんが言った。消防車を「火くるさー」（火を殺す車）。言い得て妙なるウチナーグチではないか。火を消すより火を殺すの方が火に立ち向かう姿勢が徹底している。「火を消す」は燃えカスから再び燃え上がる可能性があるが「火を殺し」たらその可能性はない。火は消すのではなく殺さなければならない。
《消防車　走るよブラジル　火殺《ひく》るさー》

＊与那嶺克＝よなみねかつ。プライアグランデ市会議員。南風原町宮城一世。一世たちの沖縄時代は消防車がなかったので消防車という名前を知らない。
＊救急車は「命《ぬち》ぐるまー」（命の車）と言うかも。

三、いしあみ

プライアグランデの大城松寛さん宅に食事を招待された。

「夕べぇー　いしあみぬ　ふてぃ　うとぅるさたん」（昨夜は石雨が降って怖かった）

石雨とはどうやらアラレのことらしい。ブラジルのアラレはソフトボール程もあり車の屋根を壊し牧場の牛も殺す事もあると言う。

アラレと言われてもアラレを知らなければ何のことか分からない。いしあみ（石雨）であればすぐに分かる。アラレは確かに硬い。アラレを石雨とはなるほど納得の新ウチナーグチではないか。

《まぎアラレ　牛も殺すよ　石の雨》

＊大城松寛＝おおしろまつひろ。南風原町宮平一世。戦前、沖縄にアラレという言葉がなかったのだろう。だから石のような雨、イシアミと表現したと思われる。
＊プライアグランデ＝サントスの隣の海に面した町。サントス、サンビセンテ、プライアグランデは県人が多く住んでいる。プライアは海、グランデは大きい。サンビセンテ市は那覇市の姉妹都市。
＊まぎアラレ＝ソフトボール程の大きいアラレ。「まぎ」は大きい。

四、ジンブンクサラー

「くまぬ政治家や　むる　ジンブンクサラー」（ブラジルの政治家は腐敗している）
友人の城間エンリケさんの言葉である。ジンブンは知恵、クサラーは腐れた人という意味である。
政治家の地位を悪用して利権をむさぼり汚職を繰り返しているブラジルの政治家を批判したウチナー

グチである。腐れたジンブンは世の中の害だと言っている。

ブラジルはトラック王国である。トラックが止まればブラジルが止まると言われる。そのトラック会社の社長たちが政治家なのである。電車を普及させようとしたら反対される。だからブラジルは電車が発達してない。ジンブンクサラーの国である。

普通は「ヤナジンブナー」(悪知恵)という。エンリケさんの「ジンブンクサラー」(腐敗)の方が痛烈でパンチが効いている。ジンブンを腐らせてはならない。腐れる前に世のために使いたいものである。

《政治家は　ジンブン腐りてぃ　金儲《もうきじく》け》

＊城間エンリケ＝南風原町津嘉山二世。第一回移民・城間鉄夫の長男、カンポグランデの城間ジョルゼの従弟。ジンブンクサラーは一世の親たちが使っていたウチナーグチだろう。

＊サンパウロは車の渋滞が世界一と言われる。僕も何度かその渋滞に巻き込まれ立往生したことがある。その渋滞のことをエンリケさんは「いっぺー　いばとーん　めーんかい　あっかさらん」と言った。「とても混みあって前に進めない」という意味である。第一回移民二世であるエンリケさんは渋滞という日本語を知らない。渋滞は「いばとーん」なのである。

五、しーはんしーねー食《か》みはんすん

ブラジル最大の菓子会社パンコ社長、与那嶺清照さんの言葉である。パンコはパンや菓子類で七〇％のシェアを誇る大企業である。他にもラーメン工場や車の修理工場も経営している。沖縄そば屋も賑やかだ。

「しーはんしーねー」はやるべきことをしない、状況判断を誤ること。「喰《か》みはんすん」は失敗するという意味である。与那嶺さんは研究熱心でいつでもアメリカや日本の情報を取り入れている。だから「しーはんすん」ことはない。

「喰《か》みはんすん」は直訳すれば「食べることが出来ない」ということ。ここでは事業に失敗するという意味になる。研究熱心や正確な情報が「しーはんさん喰みはんさん」に繋がっている。お互いの人生も「しーはんして」いないだろうか。心したい与那嶺清照パンコ社長の言葉である。

《しーはんさん　食《か》みはんさん　知恵持《じんぶなー》ち》

＊パンコ＝ブラジル全土に九つのパン製菓工場があり本社工場だけで八〇〇〇人の社員、トラック等の車両七〇〇台、ペリコプター四機を所有している。パンコはパン粉で小麦粉のこと。

＊しーはんすん＝「しーやんじゅん」とも言う。

六、寺《てぃら》

「今日《ちゅう》や寺見《てぃらん》ちくーやー」（今日は寺見学に行こうね）

ブエノスアイレスの大城昇さんが僕を誘った。寺を見に行こうと言う。アルゼンチンにも寺があるのか？。不思議だった。京都の清水寺を想像した。坊主や鳩もいるのだろうか。

何と着いたところは天を切り裂く巨大な教会だった。アルゼンチンで最古で最大の教会という。

寺とは教会か、なるほど。

《寺なれど　十字架掛けて　空に立つ》

＊大城　昇＝おおしろのぼる。南風原町兼城一世。昇さんはウチナーグチの宝庫である。
＊ブエノスアイレスはアルゼンチンの首都。県人が多く住む町。ブエノスは良い、アイレスは空気。いつもよく晴れている町という意味。なるほど雨に会ったことはない。

七、ソーミン

寺（教会）見学の帰りお昼になった。

「ソーミン喰《か》でぃくーやー」（お昼ご飯はソーミンにしよう）

昇さんが言った。

「やった！ソーミンチャプルーだ」

僕は手を叩いて喜んだ。そろそろウチナームン（沖縄料理）が欲しくなっていた。ソーミンチャンプルーが食べられるぞ！。

入ったレストランは白人ばかりの高級そうな店だった。こんなところにソーメンチャンプルーがあるの？スペイン語が飛び交って賑やかだ。隣の白人女性が手を振って挨拶した。メニューを見てみた。ソーミンを探したが分からない。

背の高い若いボーイがやって来た。ワインを注いだ。しばらくして料理が来た。笑顔で料理をテーブルに置いた。一瞬目を疑った。スパゲティだった。

《ブエノスの　ソーミン化《ば》けて　スパゲティ》

八、道借《みちか》いでぃまー

従弟の仲座正夫さんとブエノスアイレス郊外の沖縄県人会のうるま園に高速道路で向かった。町人会のゲートボール大会と僕の歓迎会が予定されているという。うるま園近くの高速道路出口の料金所に並んだ。正夫さんに聞いて見た。

「高速料金を何という?」

僕はスペイン語の答えを予想していた。

「みちかいでぃまー」（道を借りた謝礼金）

正夫さんは答えた。何!「道借ぃでぃまー」?。そうか、高速道路の道は借りているのだ。その借り賃が「道借いでぃまー」なのだ。てぃまは手間賃のことである。高速料金を「道借ぃでぃまー」。これも納得の新ウチナーグチである。

《高速の　道借い手間《でぃま》の　アルゼンチン》

＊仲座正夫＝なかざまさお。南風原町喜屋武一世。ボリビアからの転住者。僕の従弟。正夫の沖縄時代に高速道路はなかった。だから高速料金という言葉を知らない。「道借ぃでまー」は一世達が考

え出したアルゼンチンウチナーグチなのである。

九、イリチャーメー

アルゼンチン南風原町人会の最長老・野原光徳さんに食事を誘われた。
光徳「イリチャーメーかまやー」（炒め御飯を注文しようね）
和喜「チャーハンですね」
光徳「・・・・・・・・」
出て来た料理はオムライスだった。なるほど・・・。
《オムライス　コーガーキージュシー　イリチャメー》

＊野原光徳＝のはらこうとく。南風原町兼城一世。古典音楽の指導者で九三歳の最長老。
＊一九五〇年代、沖縄ではオムライスを「コーガーキージュシー」と言った。「ほほかむりジューシー」と言う意味で沖縄らしい命名である。

《シーブン四三》二世・三世たちのウチナーグチ
二世たちまではウチナーグチを話す人も多い。ポルトゲスとウチナーグチのチャンプルーをよく耳にする。
「明日《あちゃ》やドミンゴ（日曜日）やくとぅ　我んとぅまじゅーん　プライアんかい行かやー」

明日は日曜日だから僕と一緒に海に行かないか、という意味である。三世になると片言のウチナーグチしか分からない。ガチマヤー（食いしん坊）、カンパチャー（傷跡だらけ）、ユフー（なまけ者）、フリムン（馬鹿者）、ユクサー（嘘つき）、ハナビラー（平たい鼻）、ガチマヤー（欲張り）などである。ほとんどがヤナグチ（悪口）である。

これ等の言葉は一世の祖父や祖母たちが子や孫たちを仕付ける時のウチナーグチである。このようなウチナーグチで育てられたことが体に染み付いたのであろう。二世・三世にフユーもフリムンもユクサーもいない。ウチナーグチの肝心《ちむぐくる》で教育されたのだから。

伊佐ヘイヨー　　　　　　　伊佐のお姉さん
いったー家《や》―やまーぬ　　　あなたの家は何処の
まんぐらが　　　　　　　　どの辺ですか

カラオケで民謡をよく歌う。日本語の文字は読めない。画面のローマ字で歌う。歌詞の意味は分からない。だが曲のリズムや発音はバッチリ。沖縄の血が流れている。沖縄人は朱に交わっても赤く染まらないのだ。

二世、三世は確かにウチナーグチを忘れた沖縄人である。だが歌を忘れたカナリヤのように裏山に捨ててはならない。沖縄の肝心を持った沖縄人なのだから。海を遠く隔てても血の繋がったチュチョーデーであり永遠のアミーガ・アミーゴなのである。

《二・三世　民謡歌って　スペイン語》

＊肝心＝ちむぐくる。「ヤマトは心ひとつだが沖縄には肝と心ふたつある」。ブラジルの空手家の友人（故）与那嶺一徳さんの沖縄を讃える言葉。
＊民謡・伊佐へイヨーは南米の二・三世にも人気の歌である。
＊チュチョーデー＝同じ血の繋がった兄弟、一族。
＊アミーガ・アミーゴ＝アミーガは女友達、アミーゴは男友達。

第七章　おわりに

一九七〇年代、ハワイ原住民の公民権運動の高まりとともに消滅危機言語であるハワイ語の復活運動が始まった。その結果一九七八年にハワイ州の公用語として認定され、さらに一九八三年にはハワイ語で授業する学校が設立された。

ハワイ語を話せる人が二〇〇〇人弱にまで減少しその九割が七〇歳以上であったが、今ではハワイ語復活運動の成果で話せる人が何万人まで増えたと言われる。消滅寸前のハワイ語が徐々に復活し広がりつつあると言う。

残念ながら我がウチナーグチも消滅危機言語である。今や老人達までもヤマトグチを使い「歌を忘れたカナリヤ」になっている。言葉はアイデンティティの拠り所である。そしてまた「生まれ島ぬ言葉《くとぅば》忘《わし》りーねー国ん失いん」のである。

ハワイの運動に学びながらも先ずは話せる僕たち世代が家庭や地域でウチナーグチを積極的に使わなければならない。お金は使うとなくなるが言葉は使わないとなくなる。行政だけにその責任を負わせてはならない。

本稿ではウチナーグチの実に豊かな世界を見て来た。この豊かなウチナーグチを守り子や孫に継承して行くことが出来るのは僕たち以外にない。これは僕たち世代のタマシであり責任あらに。国失わん為《たみ》の。

一、方言論争

一九四〇年（昭和一五）、沖縄県学務部が標準語励行運動を展開していたのに対し柳宗悦等の日本民芸協会がこれを批判したことが発端となって方言論争が起こった。柳等は次のように県を批判した。

「県の推進する標準語励行運動は方言の侮蔑や抑圧につながり県民に屈辱感を与えるものではないか、地方語の価値を否定してこれをないがしろにするような態度には賛成できない」

県はこれに対して次のように反論した。

「県民は標準語の能力が劣りそのために県外にあって誤解や不利益を受けている。標準語励行こそ県民を繁栄に導く唯一の道である。だから徹底的にこの道を邁進しなければならない」

これらの論争に対して県民は意外にも沖縄県の主張に賛成する者が多かった。新時代の生活に適応するためには標準語使用の強制、方言禁止はやむを得ないという考えだった。この沖縄人の中央に追随する乞食的体質は現在も変わりない。

この論争を通して沖縄の人々にたいして安易な中央追随を反省せしめ、郷土文化（方言）の価値を再認識させた柳等の功績は大きい。軍国主義が横行する時代にあっても政府方針に意義を唱える柳の姿勢に拍手を送りたい。これは民芸運動の実践だったのだろう。

ウチナーグチを窮地に追いやったのは獏の詩にある沖縄戦ではない。日本政府なのである。「ウチナーグチ　マディン　ムル　日本政府に　サッタル　バーヤサ」。いや正確に言うと中央に迎合した沖縄県や県民自身もウチナーグチの首を自ら絞めたのである。

＊標準語励行＝一九六〇年代まで学校教育の中で方言禁止の教育方針があった。教職員が中心となり「方言札《ほうげんふだ》」等でウチナーグチ排斥運動を展開した。復帰運動と連動していたかもしれない。ウチナーグチを衰退させたのはヤマトの政策だけでなく沖縄人も同罪である。現在は「シマクトゥバの日」（九月一八日）を定めその普及を目指している。ウチナーグチの継承は理屈や理論ではなく使うことである。

＊沖縄對話＝一八八〇年（明治一三）に沖縄県学務課が沖縄方言と標準語を対比した教科書。

＊あるグループはかつての「方言札」に対抗して「琉球《りゅうきゅう》諸語《しょご》励行札《れいこうふだ》」でウチナーグチ奨励運動を展開している。「標準語札」か「共通語札」か、いやいっそ「方言札」がいいのではないかと僕は思う。

＊名字に小川、島、古蔵、嘉納がある。小川は小橋川、島は島袋、古蔵は古波蔵、嘉納は嘉手納からの改姓である。名字で沖縄人とバレるいう理由で改姓したようである。小川は「橋」がなければ渡れない、嘉納は「手」抜き、古蔵は「波（は）」を抜いて「歯科医師法違反」と揶揄された。伝統ある名字まで代えたのは標準語励行、皇民化教育の一連の流れだったのだろう。

＊柳宗悦＝やなぎむねよし。一八八九年（明治二二）～一九六一年（昭和三六）。思想家、美術評論家民芸運動の父。沖縄に調査で四回来ている。柳の民芸や地方への愛着を表す言葉がある。

「名もなき職人が実用のためにつくり庶民の日常生活のなかで使われてきたものこそ美しい」
「無名の職人だからといって軽んじてはなりません彼らは品物で勝負しているのであります」
「都会から遠く離れた地方には日本独特のものが多いもしそれらを失ったら日本は日本の特色を持たなくなるでしょう」

＊弾を浴びた島（山之口貘）
島の土を踏んだとたんに
ガンジューイとあいさつしたところ
お元気ですか
はいおかげさまで元気ですとかいって
郷愁はいささか戸惑ってしまって
ウチーナーグチ　マディン　ムル　　＊ウチナーグチまでも
イクサニ　サッタル　バスイと言うと　　＊戦にやられたのか
島の人は苦笑したのだが
沖縄語は上手ですねと来たのだ

＊山之口獏＝やまのぐちばく。一九〇三年（明治三六）～一九六三年（昭和三八）。本名は山口重三郎。那覇市出身。一九七編の詩を書き四冊の詩集を出した。
＊沖縄県はウチナーグチの表記をカタカナに決めた。これに対してウチナーグチの普及に取り組む団体は仮名・漢字交じりにすべきと主張している。僕もこれに賛成である。ただし本稿では敢えてカ

タカナ表記した箇所がある。文章の中では仮名・漢字交じりよりカタカナ表記の方がより有効な場合があると思われる。

二、戦後再建の原動力

僕のムラ（喜屋武）は沖縄戦で人口八五六人中三五〇人が戦死した。戦士率四一％である。一九四六年（昭和二一）七月、一年二カ月ぶりに収容所からムラに帰ってきた。そしてすぐに戦後の再建に取りかかった。まず区長や役員、青年会、婦人会などのムラの組織を復活させた。

そして帰村わずか一カ月後にムラが誇る伝統行事の十五夜遊びを行った。ムラの中心である中毛小にカーバイトランプを灯して伝統芸能の数々を楽しんだ。家族や親戚、知人、友人を失いながらも歌と踊りに慰められ力が湧いてきた。

心を奮い立たせ戦後再建を誓った。その原動力となったのはムラの歌と踊りだった。いや僕のムラだけはない。一九四五年（昭和二〇）、沖縄諮詢会（後に沖縄民政府）は松・竹・梅三つの劇団を結成し戦争で打ちひしがれた県民を鼓舞し生きる力と希望を与えた。

戦後復興の精神的原動力となったのは沖縄の歌と踊り、そして沖縄芝居、つまり「沖縄口《うちなーぐち》」であった。

＊カーバイトランプ＝アセチレンのランプ。

＊沖縄諮詢会＝おきなわしじゅんかい。一九四五年（昭和二〇）に設立された戦後最初の一五人の委員からなる中央政治行政機関。委員長・志喜屋孝信。一九四六年（昭和二一）に沖縄民政府へ移行した。

＊松・竹・梅・劇団＝松劇団の団長は島袋光裕で担当区域は中部。竹劇団の団長は平良良勝で担当区域は北部。梅劇団の団長は伊良波尹吉で担当区域は南部。

三、「沖縄口《うちなーぐち》」か「島言葉《しまくぅとぅば》」か

僕は「島言葉」より「沖縄口」の方に親しみと愛着を感じている。沖縄県は地域によって言葉が違うから「島言葉」にしたという。だが日本も地域や都道府県によっても言葉は違うではないか。九州弁、広島弁、関西弁、東北弁をひっくるめて「日本語」と呼んでいる。

日本の言葉だから「日本語」、沖縄《うちなー》の言葉だから「沖縄口《うちなーぐち》」なのである。そしてヤマトの言葉は「ヤマトグチ」なのだからウチナーの言葉は「ウチナーグチ」なのである。

世界のどの国でも地域によって言葉は違うはずである。地域によって歴史も文化も違うのだから言葉が違うのは当たり前である。それでもやはりイギリスは英語でありフランスはフランス語と呼んでいる。

南米のウチナーンチュは「島言葉《しまくぅとぅば》」に違和感を持っている。「島言葉《しまくぅとぅば》」では何処の国の言葉か分からない。何処の国の人間か分からない。「沖縄口《うちなーぐち》」であれば沖縄の誇りとアイデンテティを持つことが出来る。僕は誰が何と言おうと堂々と誇りを持って「沖縄口《うちなーぐち》」で通して行くつもりでいる。「沖縄口《うちなーぐち》」が消えないように。

四、ウチリ（熾火）

ウチナーグチマディン　　ウチナーグチまでも
ムル　イクサニ　　すべて戦争に
サッタルバスイ　　やられてしまったのか

山之口貘は「弾を浴びた島」でそう詠んだ。しかし見よ。南米のウチナーンチュを。面白い新ウチナーグチを生み出しているではないか。いや「弾を浴びた」この沖縄でもウチナーグチは生き続けている。

　蛇皮線を忘れずに
泡盛を忘れずに
日本語の
日本に帰って来ることだ

同じく貘の「沖縄よどこへ行く」の結語である。沖縄は日本語の日本へ帰れと貘は叫んでいる。間違いあらに。沖縄の蛇皮線も泡盛も強調しながら何故、日本語の日本に帰れなのか。僕は「沖縄語の沖縄に帰れ」と拳を振り上げたいのである。

生まれ島ぬ　言葉忘しりーねー　国ん失いん

生まれ島の言葉を忘れることは故郷も親兄弟も失うことと同じだと言う。それぐらい言葉は人間の依って立つ核なのである。誇りある我ったーウチナーグチは「イクサニサッタル」（戦にやられた）訳ではない。ウチリ（熾火）は残っている。

確かに話す人は減っている。だがウチリは静かに燃え続けている。ウチリに息を吹きかけると再び火は燃え上がる。どう吹きかけるか知恵を出そう。子ども達にはわらべ歌や黄金言葉、なぞなぞを大人には琉歌や民謡を勧めよう。

「地方人は地方の言葉で話した時に真に解放される」（柳宗悦）。

東京の環状線の電車の中でも遠慮なく誇りを持って堂々とウチナーグチで会話したいものである。外国人が自国語で大きな声で遠慮なく話すように。

《忘してぃ忘しらりみ　我した沖縄口《うちなぐち》　一期何時《いちぐいち》までぃん　残《ぬ》くち行かな》

了

「父ちゃんと母ちゃんはインチキ」

小学校三年の娘に言われた言葉である。「自分たちだけウチナーグチを話して私たち子どもには教えなかった」という抗議である。確かに夫婦間はウチナーグチでも子ども達にはヤマトグチだった。子ども達がウチナーグチを話せない責任は僕たちにある。反省しなければならない。今更ながら子ども達もウチナーグチに関心を持って欲しい。片言のウチナーグチでもいい。一節のわらべ歌でも片言の単語でもいい。

本土や海外旅行から帰って来た時に体が要求するのはソーキ汁や豆腐チャンプルーである。そして沖縄民謡を聞くと帰って来たな、と実感する。さらにウチナーグチで話すと何だか解放された気分になりホッとする。

ウチナーグチの時代は終わったのか。あらん、ウチリ（熾火）はまだある。滅びた訳ではない。ウチリに息を吹きかけてウチナーグチの火を消してはならない。沖縄の赤い血を守らなければならない。我ったーや豆腐と酒と三線で歌い踊る琉球民族でーむん。

《参考図書》

＊南風原のわらべ歌・昔歌（南風原町役場）
＊喜屋武の歴史と文化（南風原町喜屋武公民館）
＊喜屋武の移り変わり（喜屋武公民館）
＊上筋から（喜屋武公民館広報誌）
＊南風原の文献資料（南風原町史編集室）
＊南風原の民話一・二（南風原町教育委員会）
＊沖縄ことわざ事典（仲井眞元楷・月刊沖縄社）
＊黄金言葉（仲村優子・琉球新報社）
＊琉球文学大系一一《琉歌》（名桜大学・ゆまに書房）
＊琉球文学大系二八《球陽》（名桜大学・ゆまに書房）
＊沖縄の民俗芸能（芸能交流会一二年・南風原町教育委員会）
＊琉歌集（島袋盛敏・風土記社）
＊しまうた流れ（仲宗根幸市・ボーダーインク）
＊沖縄大百科事典（沖縄タイムス社）
＊沖縄ことばの散歩道（池宮正治・ひるぎ社）
＊続・沖縄ことばの散歩道（池宮正治・ひるぎ社）
＊夏の出来事（大城和喜・ボーダーインク）
＊村の散歩道（大城和喜・自費出版）
＊南方見聞録（大城和喜・新星図書）
＊琉文手帳二一（新城栄徳）
＊沖縄の古典文学（野村朝常・沖縄文化社）
＊山之口貘詩集（高良　勉編・岩波新書）
＊随筆集・遺言のつもりで（岡部伊都子・藤原書店）
＊沖縄タイムス（二〇二四・七・一九）
＊柳田国男の民俗学と沖縄（赤嶺政信・榕樹書林）
＊沖縄民謡レコード歌詞カード（丸福・ソニー）
＊沖縄島唄紀行（藤田正・大城弘明・小学館）
＊続・沖縄戦を知る事典（古賀徳子他・吉川弘文館）
＊しまくとぅば単語帳（読谷村史編集室）
＊たるーの島唄まじめな研究（関洋、広島県在住）

著者　大城和喜（おおしろかずき）

1949年生まれ。琉球大学法文学部法政学科卒。元南風原文化センター館長。インパール平和資料館建設委員。
著書「夏の出来事」「父の約束」「寝たい起たい這たい」「村の散歩道」「南方見聞録」「人生の並木道」。

沖縄ことばの遊《あし》び庭《なー》

2025年4月21日　第1版1刷発行

著　者　大城　和喜
さし絵　親泊　賢次
発行人　川満　昭広
発　行　株式会社インパクト出版会
東京都文京区本郷 2-5-11 服部ビル2階
Tel 03-3818-7576　Fax 03-3818-8676
impact@jca.apc.org　http://impact-shuppankai.com
郵便振替　0010-9-83148

印刷・製本　モリモト印刷